베스트

BEST

중국어

4

베스트 BEST 중국어 4

초판인쇄	2024년 8월 20일
초판발행	2024년 9월 1일

저자	최재영, 소영, 이은주
편집	최미진, 연윤영, 高霞
펴낸이	엄태상
디자인	진지화
조판	이서영
콘텐츠 제작	김선웅, 장형진
마케팅본부	이승욱, 왕성석, 노원준, 조성민, 이선민
경영기획	조성근, 최성훈, 김다미, 최수진, 오희연
물류	정종진, 윤덕현, 신승진, 구윤주

펴낸곳	시사중국어사(시사북스)
주소	서울시 종로구 자하문로 300 시사빌딩
주문 및 문의	1588-1582
팩스	0502-989-9592
홈페이지	http://www.sisabooks.com
이메일	book_chinese@sisadream.com
등록일자	1988년 2월 12일
등록번호	제300 - 2014 - 89호

ISBN 979-11-5720-264-5 14720
     979-11-5720-206-5 (set)

머리말

1990년대 이후 중국의 경제적 부상과 더불어 국내에서도 중국에 대한 관심과 중국어를 배우고자 하는 열기가 크게 일었고 중국어 교재 시장도 괄목할 만한 성장을 거두었다. 이와 함께 중국어 학습이 전공자에 국한되지 않고 다양한 학습 동기와 목적에 따라 대중화됨에 따라 교재의 내용과 수준도 매우 다양해졌다. 그러나 지금까지 국내 중국어 교재 시장은 실제 중국인과 대화를 나눌 수 있는 의사소통 기능에 초점을 맞춘 회화 교재가 주를 이루고 있기 때문에, 중국어 학습자를 위한 종합적인 성격의 교재를 찾기는 쉽지 않은 편이다.

집필진은 문법과 독해 실력을 종합적으로 배양할 수 있는 전공 중국어 교재의 필요성에 공감하고, 오랜 시간 심도 있는 논의와 정리 그리고 퇴고를 거쳐 본 도서를 집필하였다. 다음은 본 도서의 특징이다.

1. 상황을 통한 문형과 대화 연습을 통해 중국어 회화 표현력과 의사소통 능력을 효과적으로 배양하도록 하였다.

2. 본문 독해의 주제와 내용을 다양화하고 주요 문법 포인트와 표현을 반복적으로 활용하여 학습이 유기적으로 연결되도록 하였다. 또한 독해문의 형식 역시 다양하게 제시하여 학습에 도움이 되도록 하였다.

3. 꼼꼼하고 체계적인 문법 설명을 앞서 배운 주요 예문과 함께 제시하여, 학습한 내용이 유기적으로 연결되고 나선형으로 심화될 수 있도록 하였다.

4. 어떤 언어를 이해하려면 그 언어를 사용하는 사람들의 사고방식이 반영된 문화적 특성도 함께 이해할 필요가 있다. 이런 점을 고려하여 중국 문화 소개 코너를 배치하여 개별적이고 구체적인 문화 항목을 다루었다.

5. 배우고 익힌 내용은 복습을 통해 더욱 기억에 오래 남고 또 그것을 적절하게 사용할 수 있게 된다. 이에 제7과와 제14과에 복습과를 두 번 배치하여 학습한 내용을 확실히 이해하고 자신의 것으로 소화할 수 있도록 하였다.

현재 많은 학습자가 회화 위주의 중국어 학습을 선호하지만, 문형–독해–문법에 대한 이해 없이 중고급 단계로 도약하기란 쉽지 않다. 무쪼록 본서가 중국어 실력 향상을 목표로 하는 학습자에게 'BEST' 최고의 선택이 되길 바란다.

마지막으로 출판 시장이 어려운 지금 흔쾌히 본서의 기획과 출판을 함께해 준 시사중국어사와 여러 차례의 수정 요청에도 늘 성심으로 응대해 준 편집자에게 진심 어린 감사의 마음을 전한다.

旺山 守愚斋에서 저자 일동

목차

제1과 他汉语说得不如你流利。 그는 중국어를 당신만큼 유창하게 하지 못해요. 11
Tā Hànyǔ shuō de bù rú nǐ liúlì.

제2과 她是哪国人我看出来了。 그녀가 어느 나라 사람인지 나는 알아차렸어요. 27
Tā shì nǎ guó rén wǒ kàn chūlái le.

제3과 我来中国快一年了。 저는 중국에 온 지 곧 1년이 됩니다. 43
Wǒ lái Zhōngguó kuài yì nián le.

제4과 你应该起床了。 당신은 일어나야 해요. 57
Nǐ yīnggāi qǐ chuáng le.

제5과 心急吃不了热豆腐。 조급하게 서두르면 되는 일이 없어요. 73
Xīn jí chī bu liǎo rè dòufu.

제6과 昨天丢的书包我找着了。 어제 잃어버린 책가방을 찾았어요. 89
Zuótiān diū de shūbāo wǒ zhǎozháo le.

제7과 복습 (제1~6과) 103

제8과 我们一定要找到他，好向他表示感谢。
Wǒmen yídìng yào zhǎodào tā, hǎo xiàng tā biǎoshì gǎnxiè.
우리는 꼭 그를 찾아야 해요. 그에게 감사를 표하기 위해서. 115

제9과 他一个人就吃了一盘比萨饼。
Tā yí ge rén jiù chī le yì pán bǐsàbǐng.
그는 혼자서 피자 한 판을 먹었어요. 131

제10과 书架上的杂志不都是科技类的。
Shūjià shang de zázhì bù dōu shì kējì lèi de.
책꽂이의 잡지가 모두 과학 기술류는 아니에요. 147

제11과 三天打鱼，两天晒网。 작심삼일. 163
Sān tiān dǎ yú, liǎng tiān shài wǎng.

제12과 说曹操，曹操就到。 호랑이도 제 말하면 온다. 179
Shuō Cáo Cāo, Cáo Cāo jiù dào.

제13과 活到老，学到老。 배움의 길은 끝이 없다. 195
Huódào lǎo, xuédào lǎo.

제14과 복습 (제8~13과) 211

해석과 정답 223

학습 목표와 내용

과	학습 목표	주요 표현	학습 내용
1	① '不如'를 사용하여 차등비교 표현하기 ② 분수, 배수, 소수 표현하기 ③ 같은 의미를 나타내는 '差点儿'과 '差点儿+没' 파악하기	• 他的汉语水平很好，不过我觉得还不如你。 • 他汉语说得不如你流利。 • 今年这个新城市的人口比去年增加了三倍。 • 我差点儿迟到了。/我差点儿没迟到	• '不如' 비교구문 • 분수, 배수, 소수 • 부사 '差点儿'과 '差点儿+没' • 관용 표현 '拍马屁' 중국 문화 관용어(惯用语)로 읽는 중국 문화
2	① 1인칭 인칭대체사의 복수형식 구분하여 표현하기 ② 방향보어 '出来, 过来, 上去'의 파생의미 표현하기 ③ 어림수 나타내기 ④ 심리동사의 목적어를 비교하는 구문 표현하기	• 你快一点儿，我们在大门口等你。 • 她是哪国人我看出来了。 • 这么多资料，我看不过来。 • 我弟弟今年长了五厘米左右。	• 인칭대체사 '咱们' • 방향보어(4) '出来', '过来', '上去' • 어림수(3) '左右', '上下', '前后' • 의미상의 비교구문 '跟A相比, ……', '比起A(来), ……' • 관용 표현 '小肚鸡肠' 중국 문화 중국에서 병원가기
3	① 시량보어 지속량과 경과량 구분하기 ② '又'를 사용하여 동작의 반복 표현하기 ③ '难道'를 사용하여 반문하기 ④ 접속어로 선택관계 표현하기	• 我来中国快一年了。 • 我解释了又解释，他还是生气了。 • 难道你不相信我吗？ • 她现在不是在家，就是在学校。	• 시량보어(2) • 부사 '又'(2) • '难道'를 사용한 반어의문문 • 접속어 '不是……，就是……' • 관용 표현 '趁热打铁' 중국 문화 중국의 마스코트, 판다
4	① 의무와 추측의 의미 나타내기 ② 부정의 어감 표현하기 ③ 동작의 대상 표현하기 ④ 접속어로 양보관계 표현하기	• 已经上午十一点了，你应该起床了。 • 我并没有把你的大衣弄脏。 • 今天是妈妈的生日，李丽替妈妈做了晚饭。 • 即使明天下大雪，我也要去郊区野营。	• 조동사 '应该', '该' • 부사 '决'와 '并' • 전치사 '替'와 '为' • 접속어 '即使……，也……' • 관용 표현 '抬头不见低头见' 중국 문화 老北京이 좋아하는 전통 과자점, 北京稻香村

5	① 양사 앞과 뒤에 오는 '半' 구분하여 사용하기 ② '多'를 사용하여 어림수 나타내기 ③ 같은 의미를 나타내는 '几乎'와 '几乎+没' 파악하기 ④ 전환 관계 표현하기	· 我学了两年半汉语。 · 这个行李(有)十五公斤多重。 · 他们俩几乎打了起来。 · 她那个人尽管说话难听，但是人并不坏。	· '半', '多'를 사용한 어림수 표시법 · 부사 '几乎'와 '几乎+没' · 접속어 '尽管……，但是/可是……' · 관용 표현 '心急吃不了热豆腐' **중국 문화** 중국을 대표하는 술, 黄酒와 白酒
6	① 동작이나 행위의 결과 표현하기 ② '不是……吗?'로 반어의문문 표현하기 ③ 접속어로 양보 관계 표현하기	· 昨天丢的书包我找着了。 · 随着社会的发展，人们的生活水平提高了很多。 · 明天有考试，我得努力学习。 · 我们再困难也要坚持下去。	· 결과보어 '着', '住' · 전치사 '随着'와 '顺着' · 반어의문문 '不是……吗?' · 접속어 '再……也/都……' · 관용 표현 '开夜车' **중국 문화** 중국에서 여가 생활 즐기기
7	복습 (제1~6과)		
8	① 다양한 접속어를 사용하여 달성하고자 하는 목적 표현하기 ② 동작의 대상 나타내기 ③ 인과관계 표현하기	· 我们一定要找到他，好向他表示感谢。 · 我为了考上好大学(而)努力学习。 · 对于面试官的提问，他回答得很自然。 · 由于天气突然变冷，因此我(们)决定不去野营了。	· 접속어 '……，好(2)……' · 접속어 '为了……，……' · 전치사 '对于' · 접속어 '由于……，(因此/所以)……' · 관용 표현 '天外有天，人外有人' **중국 문화** 중국식 주민등록제도, 户口制度
9	① '就'와 '才'로 수가 크고 작음을 표현하기 ② 동작의 대상, 도구 표현하기 ③ 접속어로 조건 관계 표현하기	· 胡安一个人就吃了一盘比萨饼。 · 据专家分析，我们的新产品将会非常受欢迎。 · 拿梦想来说，我想成为一名成功的企业家。 · 不管有多大困难，他都要按时完成任务。	· 부사 '就'(2), '才'(2) · 전치사 '据'와 '凭' · 전치사 '拿' · 접속어 '不管/无论……，都/也……' · 관용 표현 '功夫不负有心人' **중국 문화** 세계 속 중국, 차이나타운

10	① 목적어를 화제화하여 표현하기 ② 동작이나 행위의 시간 나타내기 ③ 전체부정과 부분부정 표현하기 ④ 양보관계 표현하기	• 录取通知书，我今天终于收到了。 • 当我感到孤独的时候，我会和朋友聊天。 • 书架上的杂志都不是科技类的。 • 书架上的杂志不都是科技类的。 • 哪怕遇到困难，我也要坚持下去。	• 목적어 화제화 구문 • 전치사 '当' • 전체부정과 부분부정 '都不/都没, 全不/全没', '不都/没都, 不全/没全' • 접속어 '哪怕……, 也……' • 관용 표현 '笑一笑, 十年少' [중국 문화] 한자의 매력과 중국인의 국민 취미 书法
11	① '根本'과 '从'으로 부정 표현하기 ② '很'과 '太'로 부정 표현하기 ③ 동작의 시간, 장소 표현하기	• 甜的吃多了对身体很不好，要少吃甜品！ • 这件事情根本不重要，你不用担心。 • 这里的交通很不方便，上下班路上要花不少时间。 • 我自从搬到这个城市，生活变得更方便了。	• 주어의 생략 • 부사 '根本'과 '从' • 전체부정과 부분부정 '很不/不很'과 '太不/不太' • 전치사 '自'와 '自从' • 관용 표현 '三天打鱼, 两天晒网' [중국 문화] 시의 나라, 중국
12	① 의문대체사 '怎么'로 정도 표현하기 ② 의문대체사 '怎么'로 반문 표현내기 ③ 정도가 약함을 나타내기	• 他身体不怎么好。 • 离高铁发车只有十分钟，我怎么赶得到呢！ • 我觉得这双鞋稍微大了点儿。 • 除了大行李以外，我还有两个小包。	• '怎么'의 특수 용법 • 부사 '稍微' • 접속어 '除了……(以外), ……还/也/都……' • 관용 표현 '说曹操, 曹操就到' [중국 문화] 성격을 알아보는 별자리와 12간지
13	① 인칭대체사 '人家'의 의미 표현하기 ② '谁'와 '哪(儿)'로 반어의문 표현하기 ③ 두 절 모두 선택 가능함을 나타내기	• 人家在准备明天的面试呢！别打扰他。 • 谁说胡安最近不太用功！他一直很努力学习，这次口语考试取得了好成绩！ • 最近我忙不过来，哪能休息两天？ • 这次假期，要么去云南大理，要么去海南岛，我都行。	• 인칭대체사 '人家' • '谁'와 '哪(儿)'의 특수 용법 • 접속어 '要么……, 要么……' • 관용 표현 '活到老, 学到老' [중국 문화] 중국의 소셜미디어 엿보기
14	복습 (제8~13과)		

이 책의 구성

문형 학습

본 과의 주요 문형에 단어 및 구를 교체하여
다양한 문장으로 응용하며
말하기를 연습합니다.

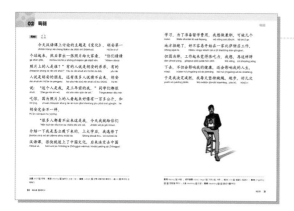

독해

등장 인물들의 이야기를 비롯한
다양한 성격의 지문을 학습합니다.

문법 학습

독해 속 중국어 문장의 주요 문법을 학습합니다.

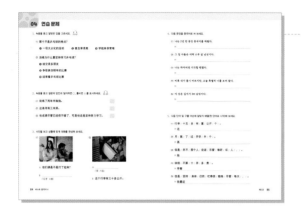

연습 문제

본 과에서 학습한 내용을 듣기, 쓰기의
문제 형식으로 복습합니다.

중국 문화

중국 전통 문화와 오늘날 중국의
다양한 생활 문화를 소개합니다.

복습

앞에서 학습한 6개 과의
단어, 문장, 주요 표현을 복습합니다.

등장인물

박지민
朴智敏 Piáo Zhìmǐn
한국 유학생

김윤서
金允瑞 Jīn Yǔnruì
한국 유학생

톰 그랜트
汤姆·格兰特 Tāngmǔ Gélántè
미국 유학생 ·박지민의 룸메이트

스즈키 소노코
铃木园子 Língmù Yuánzǐ
일본 유학생 ·김윤서의 룸메이트

후안 카를로스
胡安·卡洛斯 Hú'ān Kǎluòsī
스페인 유학생

왕밍
王明 Wáng Míng
중국 학생

장옌
张燕 Zhāng Yàn
중국 학생

리우 선생님
刘老师 Liú lǎoshī
중국 선생님

他汉语说得不如你流利。

그는 중국어를 당신만큼 유창하게 하지 못해요.

〈학습 목표〉

❶ '不如'를 사용하여 차등비교 표현하기

❷ 분수, 배수, 소수 표현하기

❸ 같은 의미를 나타내는 '差点儿'과 '差点儿+没' 파악하기

문형 1

他的汉语水平很好，不过我觉得还不如你。

01-01 Tā de Hànyǔ shuǐpíng hěn hǎo, búguò wǒ juéde hái bù rú nǐ.

그의 중국어 실력은 좋지만, 나는 (그가) 아직 너보다 못한 것 같다.

她的成绩 Tā de chéngjì	你 nǐ
他的沟通能力 Tā de gōutōng nénglì	你 nǐ
这儿的生活条件 Zhèr de shēnghuó tiáojiàn	那儿 nàr

A 他的汉语水平怎么样?
Tā de Hànyǔ shuǐpíng zěnmeyàng?

他的汉语水平很好，不过我觉得还不如你。 **B**
Tā de Hànyǔ shuǐpíng hěn hǎo, búguò wǒ juéde hái bù rú nǐ.

 문형 2

他汉语说得不如你流利。 그의 중국어는 너만큼 유창하지 않다.

01-02 Tā Hànyǔ shuō de bù rú nǐ liúlì.

这次考试 Zhè cì kǎoshì	上次容易 shàngcì róngyì
那儿的风景 Nàr de fēngjǐng	这儿美 zhèr měi
这个时候坐公交车 Zhè ge shíhou zuò gōngjiāochē	坐地铁快 zuò dìtiě kuài

A 他汉语说得流利吗?
Tā Hànyǔ shuō de liúlì ma?

他汉语说得不如你流利。 **B**
Tā Hànyǔ shuō de bù rú nǐ liúlì.

不如 bù rú ~보다 못하다, ~만큼 ~하지 않다 | **沟通** gōutōng 동 소통하다, 교류하다 | **能力** nénglì 명 능력

今年这个新城市的人口比去年增加了三倍。

 01-03

Jīnnián zhè ge xīn chéngshì de rénkǒu bǐ qùnián zēngjiā le sān bèi.

올해 이 신도시의 인구는 작년에 비해 3배 증가했다.

我的收入 wǒ de shōurù	增加了一倍 zēngjiā le yí bèi
我们公司的业绩 wǒmen gōngsī de yèjì	减少了5% jiǎnshǎo le bǎi fēnzhī wǔ
这台笔记本电脑的价格 zhè tái bǐjìběn diànnǎo de jiàgé	降低了三分之一 jiàngdī le sān fēnzhī yī

 A

今年这个新城市的人口增加了多少?
Jīnnián zhè ge xīn chéngshì de rénkǒu zēngjiā le duōshao?

今年这个新城市的人口比去年增加了三倍。
Jīnnián zhè ge xīn chéngshì de rénkǒu bǐ qùnián zēngjiā le sān bèi. B

 我差点儿迟到了。/ 我差点儿没迟到。

 01-04

Wǒ chàdiǎnr chídào le. / Wǒ chàdiǎnr méi chídào.

나는 하마터면 늦을 뻔했다. / 나는 다행히도 늦지 않았다.

摔倒了 shuāidǎo le	摔倒 shuāidǎo
忘记了那件事 wàngjì le nà jiàn shì	忘记那件事 wàngjì nà jiàn shì
吓死了 xiàsǐ le	吓死 xiàsǐ

A

你是不是迟到了?
Nǐ shì bu shì chídào le?

我差点儿迟到了。/ 我差点儿没迟到。
Wǒ chàdiǎnr chídào le. / Wǒ chàdiǎnr méi chídào. B

 人口 rénkǒu 명 인구 | **增加** zēngjiā 동 증가하다, 더하다 | **倍** bèi 양 배, 배수 | **收入** shōurù 명 수입, 소득 | **业绩** yèjì 명 업적, 성과 | **降低** jiàngdī 동 떨어지다, 감소하다 | **分之** fēnzhī ~분의 | **差点儿** chàdiǎnr 부 하마터면

독해1 🎧 01-05

可能很多人看手机时， 看得最多的就是视频。
Kěnéng hěn duō rén kàn shǒujī shí, kàn de zuì duō de jiù shì shìpín.

视频的内容越来越丰富， 做视频的人也越来越多。
Shìpín de nèiróng yuè lái yuè fēngfù, zuò shìpín de rén yě yuè lái yuè duō.

最近王明和张燕对这方面很感兴趣， 所以他们一起
Zuìjìn Wáng Míng hé Zhāng Yàn duì zhè fāngmiàn hěn gǎn xìngqù, suǒyǐ tāmen yìqǐ

查找资料， 写了一份关于中国娱乐直播方面的报告。
cházhǎo zīliào, xiě le yí fèn guānyú Zhōngguó yúlè zhíbō fāngmiàn de bàogào.

他们的报告中说， 2022年一年主播账号开通了
Tāmen de bàogào zhōng shuō, èr líng èr èr nián yì nián zhǔbō zhànghào kāitōng le

1032万个， 比前一年增加了7%。 中国主播账号
yìqiān líng sānshí'èrwàn ge, bǐ qián yì nián zēngjiā le bǎi fēnzhī qī. Zhōngguó zhǔbō zhànghào

一共开通了1.5亿个左右。 也就是说， 大概十个人中就有
yígòng kāitōng le yī diǎn wǔyì ge zuǒyòu. Yě jiù shì shuō, dàgài shí ge rén zhōng jiù yǒu

一个人是主播。
yí ge rén shì zhǔbō.

丰富 fēngfù 형 풍부하다 | 方面 fāngmiàn 명 방면, 분야 | 关于 guānyú 전 ~에 관하여(관해서) | 娱乐 yúlè 명 오락, 예능 | 直播 zhíbō 동 생방송하다 | 报告 bàogào 명 보고(서), 리포트 | 主播 zhǔbō 명 아나운서, 크리에이터 | 账号 zhànghào 명 (은행) 계좌번호, (컴퓨터) 계정 | 开通 kāitōng 동 개통하다, 열다 | 亿 yì 수 억

从性别来看，男性主播占52.2%，比女性主播
Cóng xìngbié lái kàn, nánxìng zhǔbō zhàn bǎi fēnzhī wǔshíèr diǎn èr, bǐ nǚxìng zhǔbō

多5%；从年龄来看，18-29岁的主播占全部主播的
duō bǎi fēnzhī wǔ; cóng niánlíng lái kàn, shíbā dào èrshíjiǔ suì de zhǔbō zhàn quánbù zhǔbō de

64.2%，比其他年龄段的主播多一倍；从收入来看，
bǎi fēnzhī liùshísì diǎn èr, bǐ qítā niánlíng duàn de zhǔbō duō yí bèi; cóng shōurù lái kàn,

95%的人每个月收入在5000元以下，他们说还不如
bǎi fēnzhī jiǔshíwǔ de rén měi ge yuè shōurù zài wǔqiān yuán yǐxià, tāmen shuō hái bù rú

外卖员。因为竞争激烈，高收入主播的收入也在降低，
wàimài yuán. Yīnwèi jìngzhēng jīliè, gāo shōurù zhǔbō de shōurù yě zài jiàngdī,

甚至比以前降低了三分之一。
shènzhì bǐ yǐqián jiàngdī le sān fēnzhī yī.

性别 xìngbié 명 성별 性으로 쓰기도 함 | **性** xìng 명 성 男性/女性 | **年龄** niánlíng 명 나이 | **段** duàn 양 구간 시간이나 공간의 일정한 거리를 나타냄 | **外卖** wàimài 동 (음식을) 포장 판매하다 명 배달 음식 | **员** yuán 명 원 어떤 직업에 종사하거나 어떤 직무를 담당하는 사람 | **竞争** jìngzhēng 동 경쟁하다 | **激烈** jīliè 형 격렬하다, 치열하다 | **甚至** shènzhì 부 심지어, ~조차도

看了他们的报告，你觉得网络主播未来会怎样
Kàn le tāmen de bàogào, nǐ juéde wǎngluò zhǔbō wèilái huì zěnyàng

发展呢？
fāzhǎn ne?

1. 왕밍과 장옌은 어느 분야에 관심이 생겼습니까?

   ① 写报告　　　　　　② 网络视频　　　　　　③ 外卖

2. 인터넷 생방송 크리에이터 중 가장 큰 비중을 차지하는 사람은 누구입니까?

   ① 男性主播　　　　② 18~29岁的男性主播　　　③ 18~29岁的女性主播

未来 wèilái 명 미래 | **怎样** zěnyàng 대 어떠하다, 어떻게 | **发展** fāzhǎn 동 발전하다, 확대하다

拍马屁的技巧

为什么讨好别人说 "拍马屁" 呢？因为元代
Wèishénme tǎo hǎo biéren shuō 'pāi mǎpì' ne? Yīnwèi Yuándài

蒙古人善于骑马，他们有个习惯，见面时，要在
Měnggǔrén shànyú qí mǎ, tāmen yǒu ge xíguàn, jiàn miàn shí, yào zài

对方的马屁股上拍一下，这样可以表示对对方的
duìfāng de mǎ pìgu shang pāi yíxià, zhèyàng kěyǐ biǎoshì duì duìfāng de

尊敬。 "拍马屁" 后来慢慢儿发生了变化。工作时，
zūnjìng. 'Pāi mǎpì' hòulái mànmānr fāshēng le biànhuà. Gōngzuò shí,

对上司说一些好听的话来讨好上司，或者为了让
duì shàngsi shuō yìxiē hǎotīng de huà lái tǎo hǎo shàngsi, huòzhě wèile ràng

别人喜欢自己，说一些甜言蜜语等，这些都被称为
biéren xǐhuan zìjǐ, shuō yìxiē tián yán mì yǔ děng, zhè xiē dōu bèi chēngwéi

"拍马屁"。
'pāi mǎpì'.

拍马屁要有技巧，如果只是简单地说： "我不如
Pāi mǎpì yào yǒu jìqiǎo, rúguǒ zhǐshì jiǎndān de shuō: "Wǒ bù rú

您"、 "他们穿这件衣服都不如您好看" 等，会让人
nín", "Tāmen chuān zhè jiàn yīfu dōu bù rú nín hǎokàn" děng, huì ràng rén

感到很不舒服。甚至有人说，听到这种话，差点儿
gǎndào hěn bù shūfu. Shènzhì yǒurén shuō, tīngdào zhè zhǒng huà, chàdiǎnr

---

拍马屁 pāi mǎpì 아부하다, 아첨하다 | 技巧 jìqiǎo 명 기교, 테크닉 | 讨好 tǎo//hǎo 동 잘 보이다 讨别人的好 | 元代 Yuándài 고유 원나라 왕조 시대 | 蒙古人 Měnggǔrén 고유 몽골인 | 善于 shànyú 동 ~에 능숙하다 | 对方 duìfāng 명 상대방 | 屁股 pìgu 명 엉덩이, 꽁무니 | 表示 biǎoshì 동 나타내다, 표시하다 | 尊敬 zūnjìng 동 존경하다 | 上司 shàngsi 명 상사 | 甜言蜜语 tián yán mì yǔ (남의 환심을 사거나 속이기 위한) 달콤한 말, 감언이설

吐出来。所以拍马屁并不是一件容易的事情，它也
tù chūlái. Suǒyǐ pāi mǎpì bìng bú shì yí jiàn róngyì de shìqing, tā yě

需要技巧。
xūyào jìqiǎo.

下面介绍几个拍上司马屁的好方法。第一，让
Xiàmian jièshào jǐ ge pāi shàngsi mǎpì de hǎo fāngfǎ. Dì yī, ràng

上司给自己一些好建议。比如，"您的业绩比我高两
shàngsi gěi zìjǐ yìxiē hǎo jiànyì. Bǐrú, "Nín de yèjì bǐ wǒ gāo liǎng

倍，您是怎么做到的？能不能分享一些经验？"
bèi, nín shì zěnme zuòdào de? Néng bu néng fēnxiǎng yìxiē jīngyàn?"

这样，听起来不是甜言蜜语，但其实也是在拍马屁。
Zhèyàng, tīng qǐlái bú shì tián yán mì yǔ, dàn qíshí yě shì zài pāi mǎpì.

第二，使用肢体语言。拍马屁不一定要用嘴说，有
Dì èr, shǐyòng zhītǐ yǔyán. Pāi mǎpì bù yídìng yào yòng zuǐ shuō, yǒu

时候使用肢体语言，比如给上司伸个大拇指或鼓掌，
shíhou shǐyòng zhītǐ yǔyán, bǐrú gěi shàngsi shēn ge dà mǔzhǐ huò gǔ zhǎng,

可能比用嘴说好一百倍。
kěnéng bǐ yòng zuǐ shuō hǎo yìbǎi bèi.

吐 tù 동 구토하다 | 并 bìng 부 결코, 전혀 | 比如 bǐrú 접 예를 들면 | 分享 fēnxiǎng 동 (행복·기쁨 따위를) 함께 나누다 | 使用 shǐyòng 동 사용하다 | 肢体 zhītǐ 명 사지와 몸통, 신체 | 嘴 zuǐ 명 입 | 伸 shēn 동 펴다, 뻗다 | 大拇指 dà mǔzhǐ 명 엄지손가락

拍马屁时要注意: 一定要在合适的时间、合适
Pāi mǎpì shí yào zhùyì: yídìng yào zài héshì de shíjiān,   héshì

的地方拍马屁, 最重要的是态度一定要真诚!
de dìfang pāi mǎpì,   zuì zhòngyào de shì tàidu yídìng yào zhēnchéng!

**독해 2
확인 학습**

1. '拍马屁'는 어느 왕조의 습관에서 유래되었습니까?
  ① 唐代　　　　　　　② 宋代　　　　　　　③ 元代

2. 상대방에게 아첨하는 방식 중 좋은 방법이 <u>아닌</u> 것은 무엇입니까?
  ① 让对方给自己一些好建议　　② 只说甜言蜜语　　③ 使用肢体语言

3. 아첨할 때 주의해야 하는 것이 <u>아닌</u> 것은 무엇입니까?
  ① 年龄　　　　　　　② 时间　　　　　　　③ 地方

态度 tàidu 몡 태도, 입장 | **真诚** zhēnchéng 혱 진실하다, 정직하다

03 문법 학습

1. '不如' 비교구문

글말에 주로 사용하는 '不如' 비교구문은 'A+不如+B(+C)' 형식으로 쓰여 'A가 B보다 (~하지) 못하다'라는 의미를 나타냅니다. 같은 의미를 나타내는 'A+没有+B+C'에 비해 '不如' 비교구문은 말하는 사람의 태도나 경향을 나타내는 데 더 자주 쓰이며 주관성이 좀 더 강한 편입니다.

▶ 他的汉语水平很好，不过我觉得还不如你。

　(*他的汉语水平很好，不过我觉得还没有你。)

▶ 这次考试不如上次容易。 / 这次考试没有上次容易。

▶ 今天不如昨天热。 / 今天没有昨天热。

▶ 哥哥不如弟弟高。 / 哥哥没有弟弟高。

1 비교하는 부분을 확실히

'不如'는 자체로 비교결과를 나타낼 수 있어서 따로 C가 출현하지 않기도 합니다. 그러나 C가 따로 출현하지 않으면 비교하고자 하는 것이 어느 부분인지 불분명하므로 비교하는 부분을 명확히 언급해 주어야 합니다.

▶ ? 他不如你。　　　→ 讲技术，他不如你。(他的技术不如你。)

▶ ? 他不如你好。　　→ 论人品，他不如你好。(他的人品不如你好。)

2 비교결과는 긍정의미 형용사를 사용

'比, 没有, 不如'를 사용하는 차등비교구문의 C에 형용사가 출현할 경우 '好, 大, 流利'와 같은 긍정의미의 형용사만 올 수 있습니다.

▶ 这张照片不如那张好。(*这张照片不如那张差/不好。)

▶ 他汉语说得不如你流利。(*他汉语说得不如你差。)

技术 jìshù 몡 기술, 기교 ｜ 人品 rénpǐn 몡 인품, 인격

2. 분수, 배수, 소수

1 분수

분수는 'A+分之+B'를 사용하여 나타냅니다. 퍼센트(%)도 이 '分之'를 사용하여 나타내는데, 분모 자리에 '百'만 사용함에 주의해야 합니다.

▶ 二分之一 1/2　　▶ 四分之三 3/4　　▶ 百分之十 10%　　▶ 百分之七十五 75%

2 배수

배수는 '수사+倍'를 사용하여 나타냅니다. 배수 중 '두 배'는 '一倍'와 '两倍'를 모두 쓸 수 있는데, 사용에 주의해야 합니다.

▶ 工作效率提高了一倍。(=工作效率提高到两倍。)

원래보다 많거나 증가했을 때는 주로 배수로 표현하고, 원래보다 적거나 감소했을 때는 주로 분수로 표현합니다.

▶ 今年我们公司的产量比去年增加了两倍。
▶ 今年我们公司的产量比去年减少了5%。

3 소수

소수는 소수점을 나타내는 '点'을 사용하여 'A+点+B'로 표현합니다. 소수점 이하는 몇 자리라도 자릿수를 읽지 않습니다.

▶ 零点五六 0.56　　　　　　　　▶ 三点一四一五九二 3.141592

效率 xiàolǜ 명 효율, 능률

3. 부사 '差点儿'과 '差点儿+没'

'差点儿'은 '하마터면/자칫하면'이라는 의미의 부사입니다. 말하는 사람이 어떤 일이 발생하지 않길 바랄 때 '差点儿+V'와 '差点儿+没+V'는 모두 '다행히 그렇게 되지 않았다'라는 의미를 나타냅니다. 구체적으로 '差点儿+V'는 '하마터면 ~할 뻔했다'라는 의미를, '差点儿+没+V'는 '다행히 ~하지 않았다'라는 의미를 강조합니다.

▶ 我差点儿迟到了。

▶ 我差点儿没迟到。

4. '拍马屁'

'拍马屁'는 '아부하다, 아첨하다'라고 표현할 때 사용합니다.

▶ 他这个人很会拍马屁。

▶ 不要靠拍马屁讨好别人。

靠 kào 동 의지하다, 의거하다

04 연습 문제

1. 녹음을 듣고 알맞은 답을 고르세요. 01-07

   (1) 根据课文，很多人看手机时，看得最多的是什么？

   ❶ 报告   ❷ 视频   ❸ 小说

   (2) 2022年一年中国主播账号比前一年增加了多少？

   ❶ 5%   ❷ 1.5%   ❸ 7%

2. 녹음을 듣고 질문의 답안과 일치하면 ○, 틀리면 ✕를 표시하세요. 01-08

   (1) 女的成绩不如男的。

   (2) 今年这台笔记本电脑的价格比去年降低了5%。

   (3) 我忘记了那件事。

3. 사진이나 그림을 보고 상황에 맞게 대화를 완성해 보세요.

   (1)

   A: 这次考试容易吗？

   B: _____

   (2)

   A: 你是不是迟到了？

   B: _____
   ('差点儿' 사용)

4. 다음 문장을 중국어로 써 보세요.

(1) 그곳의 풍경은 이곳만큼 아름답지 않다.

   » _____

(2) 나는 다행히도 넘어지지 않았다.

   » _____

(3) 나는 하마터면 넘어질 뻔했다.

   » _____

(4) 3/4(분수 읽기)

   » _____

(5) 0.56(소수 읽기)

   » _____

5. 다음 단어 및 구를 어순에 알맞게 배열(첫 단어로 시작)해 보세요.

(1) 热 / 不如 / 昨天 / 。

   » 今天 _____

(2) 两倍 / 到 / 效率 / 提高 / 。

   » 工作 _____

(3) 忘记 / 件 / 事 / 那 / 没 / 差点儿 / 。

   » 我 _____

(4) 不如 / 好 / 你 / 人品 / 的 / 。

   » 他 _____

(5) 事情 / 容易 / 一件 / 不是 / 并 / 的 / 。

   » 拍马屁 _____

중국 문화

관용어(惯用语 guànyòngyǔ)로 읽는 중국 문화

✦ **惯用语란?** tip 成语(성어) – 제3권 25~26쪽, 歇后语(끝줄임말) – 제3권 73~74쪽

惯用语는 중국인들이 일상 회화에서 자주 사용하는 표현으로, 중국의 관습과 문화가 녹아 있는 표현이다. '아첨하다'를 '拍马屁'라는 비유적인 표현을 사용하는 것이 그 예이다. 惯用语의 사전적 정의는 '관습적으로 사용되는 주로 3음절의 고정된 형식의 구이며, 비유 등의 방식을 통해 수사 효과를 얻는 단어구'이다.

惯用语는 유래가 있거나, 중국인들의 관습 문화를 반영하는 표현이기 때문에 글자 그대로의 의미만 생각하면 제대로 이해하기가 쉽지 않다. 대화 문맥상 유추가 가능한 것도 있지만, 惯用语 대부분은 함축적이며 비유적인 표현이 많기 때문이다. 예를 들어, 자주 쓰는 惯用语인 '情人眼里出西施 Qíngrén yǎn li chū Xīshī'는 '사랑하는 사람의 눈에는 상대방이 (춘추전국시대 월 나라 미인) 서시(西施)로 보인다'는 의미 즉, '콩깍지가 씌었다'라는 의미이다. 또 다른 예로, '走后门 zǒu hòumén'은 '뒷문으로 들어간다'는 문자적 의미가 아닌 '연줄이나 관계를 통한 부당한 방법으로 입학하거나 취직한다'는 의미로 사용된다. 이처럼 惯用语를 통해 중국인의 생활 습관과 인생관, 언어에 내포된 중국 문화를 이해할 수 있으며 무엇보다 중국인들과 자연스러운 일상 회화를 구사할 수 있을 것이다.

☁ 동물과 관련된 **惯用语**

관용어	발음	뜻
炒鱿鱼	chǎo yóuyú	해고하다
出头鸟	chū tóu niǎo	앞장서서 일하는 사람, 나서서 일하는 사람
吹牛	chuī niú	허풍치다('吹牛皮'라고도 함)
赶鸭子上架	gǎn yāzi shàng jià	할 수 없는 일을 남에게 강요하다, 남을 곤경에 빠뜨리다
落汤鸡	luò tāng jī	끓는 물에 빠진 닭, 물 독에 빠진 생쥐, (비유) 사람의 옷차림이 흠뻑 젖어 초라한 모습

음식과 관련된 惯用语

관용어	발음	뜻
吃鸭蛋	chī yādàn	시험 또는 시합에서 0점을 받다
民以食为天	mín yǐ shí wéi tiān	백성은 먹는 것을 하늘처럼 여긴다, 금강산도 식후경
天上不会掉馅饼	tiānshang bú huì diào xiànbǐng	세상에 공짜는 없다
小菜一碟	xiǎo cài yì dié	식은 죽 먹기, 별것 아닌 쉬운 일
种瓜得瓜，种豆得豆	zhòng guā dé guā, zhòng dòu dé dòu	콩 심은 데 콩 나고, 팥 심은 데 팥 난다

전설, 고사에서 유래된 惯用语

관용어	발음	뜻
唱空城计	chàng kōngchéngjì	• 《三国演义 Sānguó Yǎnyì》에서 제갈량이 성을 비우는 전술을 써서 적을 물리친 고사에서 유래 • 허장성세하여 상대방을 속이다 • 모두 자리를 비우다 • 배가 고파 배에서 꼬르륵 소리가 나다
吃闭门羹	chī bìméngēng	• 유명한 기녀 사봉(史凤 Shǐ Fèng)은 그녀를 찾아오는 손님의 등급을 나누어 대우했는데, 지위가 낮은 손님은 만나지 않고 문전박대했다는 고사에서 유래 • 문전박대를 당하다, 헛걸음하다
借东风	jiè dōngfēng	• 《三国演义》에서 제갈량이 동풍을 이용해 적벽대전에서 승리한 고사에서 유래 • 좋은 형세를 이용하다
念紧箍咒	niàn jǐngūzhòu	• 《西游记》에서 삼장법사가 주문을 외워 손오공 머리의 금테를 조인 고사에서 유래 • 사람을 구속하고 억압하다
上西天	shàng xītiān	• 불교 여래불(如来佛 Rúláifó)이 서천(西天)에 거주한다고 전해지는 전설에서 유래 • 저승으로 가다, 사망하다

제2과

她是哪国人我看出来了。

그녀가 어느 나라 사람인지 나는 알아차렸어요.

〈학습 목표〉

❶ 1인칭 인칭대체사의 복수형식 구분하여 표현하기

❷ 방향보어 '出来, 过来, 上去'의 파생의미 표현하기

❸ 어림수 나타내기

❹ 심리동사의 목적어를 비교하는 구문 표현하기

문형 1

你快一点儿，我们在大门口等你。

🎧 02-01

Nǐ kuài yìdiǎnr, wǒmen zài dà ménkǒu děng nǐ.

너 좀 서둘러, 우리는 대문 앞에서 널 기다릴게.

就要迟到了
jiù yào chídào le

一会儿就得下去
yíhuìr jiù děi xiàqù

要来不及了
yào lái bu jí le

 A 你们等我一下，咱们一起走。
Nǐmen děng wǒ yíxià, zánmen yìqǐ zǒu.

你快一点儿，我们在大门口等你。 **B**
Nǐ kuài yìdiǎnr, wǒmen zài dà ménkǒu děng nǐ.

 문형 2

她是哪国人我看出来了。

🎧 02-02

Tā shì nǎ guó rén wǒ kàn chūlái le.

그녀가 어느 나라 사람인지 나는 알아차렸다.

那是谁的声音 Nà shì shéi de shēngyīn	我 wǒ	听 tīng
昨天的作业 Zuótiān de zuòyè	我 wǒ	都写 dōu xiě
连这么小的字 Lián zhème xiǎo de zì	爷爷 yéye	都认 dōu rèn

 A 她是哪国人你看出来了吗？
Tā shì nǎ guó rén nǐ kàn chūlái le ma?

她是哪国人我看出来了。 **B**
Tā shì nǎ guó rén wǒ kàn chūlái le.

 来不及 lái bu jí 제 시간에 도착할 수 없다, 미처 ~하지 못하다

这么多资料，我看不过来。

Zhème duō zīliào, wǒ kàn bu guòlái.

이렇게 많은 자료를 나는 다 볼 수 없다.

02-03

工作任务太多	我一个人	忙
Gōngzuò rènwu tài duō	wǒ yí ge rén	máng

睡懒觉的习惯	我	改
Shuì lǎnjiào de xíguàn	wǒ	gǎi

四个孩子	她一个人	照顾
Sì ge háizi	tā yí ge rén	zhàogù

A 这么多资料，你看得过来吗?
Zhème duō zīliào, nǐ kàn de guòlái ma?

这么多资料，我看不过来。 **B**
Zhème duō zīliào, wǒ kàn bu guòlái.

我弟弟今年长了五厘米左右。

Wǒ dìdi jīnnián zhǎng le wǔ límǐ zuǒyòu.

내 남동생은 올해 5cm 정도 자랐다.

02-04

我孩子	这个月	胖	三公斤
Wǒ háizi	zhè ge yuè	pàng	sān gōngjīn

今天	气温	下降	五度
Jīntiān	qìwēn	xiàjiàng	wǔ dù

这个星期	气温	上升	七度
Zhè ge xīngqī	qìwēn	shàngshēng	qī dù

A 你弟弟今年长了多少?
Nǐ dìdi jīnnián zhǎng le duōshao?

我弟弟今年长了五厘米左右。 **B**
Wǒ dìdi jīnnián zhǎng le wǔ límǐ zuǒyòu.

懒 lǎn 형 게으르다 ㅣ **气温** qìwēn 명 기온 ㅣ **下降** xiàjiàng 동 낮아지다, 줄어들다 ㅣ **上升** shàngshēng 동 상승하다, 증가하다

독해1

독해1 🎧 02-05

今天汉语课上讨论的主题是《变化》。 胡安第一
Jīntiān Hànyǔ kè shang tǎolùn de zhǔtí shì《biànhuà》. Hú'ān dì yī

个站起来, 然后拿出一张照片给大家看。 "你们猜猜
ge zhàn qǐlái, ránhòu náchū yì zhāng zhàopiàn gěi dàjiā kàn. "Nǐmen cāicai

照片上的人是谁?" 有的人说是胡安的弟弟, 有的
zhàopiàn shang de rén shì shéi?" Yǒu de rén shuō shì Hú'ān de dìdi, yǒu de

人说是胡安的朋友, 还有很多人说猜不出来。 胡安
rén shuō shì Hú'ān de péngyou, hái yǒu hěn duō rén shuō cāi bu chūlái. Hú'ān

说: "这个人是我, 是三年前的我。" 同学们都很
shuō: "Zhè ge rén shì wǒ, shì sān nián qián de wǒ." Tóngxuémen dōu hěn

吃惊, 因为照片上的人看起来好像有一百多公斤, 和
chī jīng, yīnwèi zhàopiàn shang de rén kàn qǐlái hǎoxiàng yǒu yìbǎi duō gōngjīn, hé

胡安完全不一样。
Hú'ān wánquán bù yíyàng.

"很多人都看不出来这是我。 今天我就给你们
"Hěn duō rén dōu kàn bu chūlái zhè shì wǒ. Jīntiān wǒ jiù gěi nǐmen

介绍一下我是怎么瘦下来的。 上大学后, 我选修了
jièshào yíxià wǒ shì zěnme shòu xiàlái de. Shàng dàxué hòu, wǒ xuǎnxiū le

汉语课, 很快就迷上了中国文化, 后来决定去中国
Hànyǔ kè, hěn kuài jiù míshàng le Zhōngguó wénhuà, hòulái juédìng qù Zhōngguó

主题 zhǔtí 명 주제 | **吃惊** chī//jīng 동 놀라다 大吃一惊 | **选修** xuǎnxiū 동 선택 과목으로 배우다 | **迷** mí 동 빠지다, 심취하다

学习。 为了准备留学费用, 我想做兼职, 可被几个
xuéxí.　　Wèile zhǔnbèi liú xué fèiyong,　　wǒ xiǎng zuò jiānzhí,　kě bèi jǐ ge

地方拒绝了。 好不容易开始在一家比萨饼店工作,
dìfang jùjué le.　　Hǎobù róngyì kāishǐ zài yì jiā bǐsàbǐng diàn gōngzuò,

但因为胖, 工作起来觉得很吃力。 我想, 再这样胖
dàn yīnwèi pàng,　gōngzuò qǐlái juéde hěn chīlì.　　Wǒ xiǎng,　zài zhèyàng pàng

下去, 不但会影响我的健康, 还会影响我的人生,
xiàqù,　　búdàn huì yǐngxiǎng wǒ de jiànkāng,　hái huì yǐngxiǎng wǒ de rénshēng,

于是我决定减肥。 我每天坚持跳绳、 跑步, 好几次
yúshì wǒ juédìng jiǎnféi.　　Wǒ měitiān jiānchí tiàoshéng,　pǎo bù,　　hǎojǐ cì

费用 fèiyong 명 비용 ｜ **好不容易** hǎobù róngyì 부 가까스로, 겨우 ｜ **吃力** chīlì 형 힘들다, 힘겹다 ｜ **影响** yǐngxiǎng 명 동 영향(을 주다) ｜ **人生** rénshēng 명 인생 ｜ **跳绳** tiàoshéng 명 동 줄넘기(를 하다)

都想放弃，但因为家人的鼓励，我坚持了下来。
dōu xiǎng fàngqì,　dàn yīnwèi jiārén de gǔlì,　　　　wǒ jiānchí le xiàlái.

一年的时间，我瘦了二十公斤左右，现在我的体重
Yì nián de shíjiān,　wǒ shòu le èrshí gōngjīn zuǒyòu,　xiànzài wǒ de tǐzhòng

保持在八十公斤上下。跟以前相比，我变得更有
bǎochí zài bāshí gōngjīn shàngxià.　Gēn yǐqián xiāngbǐ,　wǒ biàn de gèng yǒu

自信，也更帅了。这就是我最大的变化！”
zìxìn,　　　yě gèng shuài le.　Zhè jiù shì wǒ zuì dà de biànhuà!"

독해1 확인 학습	1. 후안은 어디에서 아르바이트를 했습니까?

　① 电脑店　　　　　　　② 比萨饼店　　　　　　③ 咖啡店

　2. 후안은 다이어트로 몇 킬로그램 정도를 뺐습니까?

　① 十公斤左右　　　　② 二十公斤上下　　　　③ 八十公斤上下

放弃 fàngqì 동 버리다, 포기하다 | 鼓励 gǔlì 동 격려하다, 북돋우다 | 体重 tǐzhòng 명 체중 | 上下 shàngxià 명 내외, 쯤 |

相比 xiāngbǐ 동 비교하다 | 自信 zìxìn 명 동 자신(하다)

龙抬头

在中国，把农历二月二日这一天叫作 "龙抬头"，
Zài Zhōngguó, bǎ nónglì èr yuè èr rì zhè yì tiān jiàozuò 'lóng táitóu',

也叫青龙节，是中国民间传统节日。中国古人认为，
yě jiào Qīnglóng Jié, shì Zhōngguó mínjiān chuántǒng jiérì. Zhōngguó gǔrén rènwéi,

龙主管降雨，降雨决定农业收成，所以人们在这一
lóng zhǔguǎn jiàng yǔ, jiàng yǔ juédìng nóngyè shōucheng, suǒyǐ rénmen zài zhè yì

天祈求一年收成好、健康多福。
tiān qíqiú yì nián shōucheng hǎo, jiànkāng duō fú.

关于 "龙抬头" 有一个有意思的传说故事。
Guānyú 'lóng táitóu' yǒu yí ge yǒu yìsi de chuánshuō gùshi.

有一年干旱，半年左右都没下雨，农业没有收成，
Yǒu yì nián gānhàn, bàn nián zuǒyòu dōu méi xià yǔ, nóngyè méi yǒu shōucheng,

老百姓们都吃不饱。人们祈求天帝降雨，但因为
lǎobǎixìngmen dōu chī bu bǎo. Rénmen qíqiú tiāndì jiàng yǔ, dàn yīnwèi

有人得罪了天帝，所以他不愿意降雨。老百姓们都
yǒurén dézuì le tiāndì, suǒyǐ tā bú yuànyì jiàng yǔ. Lǎobǎixìngmen dōu

骂天帝小肚鸡肠。青龙看到老百姓吃不饱，觉得
mà tiāndì xiǎo dù jī cháng. Qīnglóng kàndào lǎobǎixìng chī bu bǎo, juéde

大家太可怜，没有得到天帝的同意就为人们降雨。
dàjiā tài kělián, méiyǒu dédào tiāndì de tóngyì jiù wèi rénmen jiàng yǔ.

龙抬头 lóng táitóu 고유 롱타이터우 | 农历 nónglì 명 음력 | 青龙节 Qīnglóng Jié 고유 칭롱제 음력 2월 2일의 별칭 | 民间 mínjiān 명 민간 | 传统 chuántǒng 명 형 전통(적이다) | 节日 jiérì 명 명절, 기념일 | 主管 zhǔguǎn 동 주관하다 | 降 jiàng 동 내리다, 떨어지다 | 农业 nóngyè 명 농업 | 收成 shōucheng 명 수확 | 祈求 qíqiú 동 간청하다 | 传说 chuánshuō 명 전설, 설화 | 干旱 gānhàn 명 가뭄 동 가물다 | 老百姓 lǎobǎixìng 명 백성, 일반인 | 得罪 dézuì 동 죄를 짓다, 미움을 사다 | 骂 mà 동 욕하다, 꾸짖다 | 小肚鸡肠 xiǎo dù jī cháng 조그만 일에 얽매여 큰일은 생각하지 않는다 | 可怜 kělián 형 가련하다, 불쌍하다

下雨后，农业收成好了，人们过上了幸福的生活。
Xià yǔ hòu, nóngyè shōucheng hǎo le, rénmen guòshang le xìngfú de shēnghuó.

为了感谢青龙，人们在自己的家里祭拜青龙。天帝
Wèile gǎnxiè qīnglóng, rénmen zài zìjǐ de jiā li jìbài qīnglóng. Tiāndì

听说青龙为人们降雨，还被百姓们祭拜，非常生气，
tīngshuō qīnglóng wèi rénmen jiàng yǔ, hái bèi bǎixìngmen jìbài, fēicháng shēng qì,

就派人把青龙关了起来。老百姓们问："青龙什么
jiù pài rén bǎ qīnglóng guān le qǐlái. Lǎobǎixìngmen wèn: "Qīnglóng shénme

时候能被放出来？"天帝回答："金豆开花的时候。"
shíhou néng bèi fàng chūlái?" Tiāndì huídá: "Jīndòu kāi huā de shíhou."

大家都想不出来什么是"金豆开花"。有一天，人们
Dàjiā dōu xiǎng bu chūlái shénme shì 'jīndòu kāi huā'. Yǒu yì tiān, rénmen

看到放进锅里的玉米豆变成了爆米花，忽然明白
kàndào fàngjìn guō li de yùmǐdòu biànchéng le bàomǐhuā, hūrán míngbai

感谢 gǎnxiè 동 감사하다 | 祭拜 jìbài 동 제사 지내다

过来，这不就是金豆开花吗？然后就对天帝大喊:
guòlái,　　zhè bú jiù shì jīndòu kāi huā ma?　　Ránhòu jiù duì tiāndì dà hǎn:

"天帝，　您看，　金豆开花了！您要把青龙放出来，
"Tiāndì,　　nín kàn,　jīndòu kāi huā le!　　Nín yào bǎ qīnglóng fàng chūlái,

要不然我们继续骂您小肚鸡肠！"天帝只好把青龙放
yàoburán wǒmen jìxù mà nín xiǎo dù jī cháng!"　　Tiāndì zhǐhǎo bǎ qīnglóng fàng

了出来。二月二日这一天吃爆米花的习俗也流传了
le chūlái.　　Èr yuè èr rì zhè yì tiān chī bàomǐhuā de xísú yě liúchuán le

下来。
xiàlái.

很多地方还有吃面条、饺子的习俗。这时的面条
Hěn duō dìfang hái yǒu chī miàntiáo,　jiǎozi de xísú.　　Zhè shí de miàntiáo

叫"龙须面"，饺子叫"龙耳"，这些都可以看出来
jiào 'lóngxūmiàn',　　jiǎozi jiào 'lóng'ěr',　　zhè xiē dōu kěyǐ kàn chūlái

龙对于古代中国人是多么重要。
lóng duìyú gǔdài Zhōngguórén shì duōme zhòngyào.

독해 2 확인 학습

1. 青龙节는 몇 월 며칠입니까?
　① 二月二日　　　　　② 农历二月二日　　　　　③ 农历一月一日

2. 누가 백성들에게 비를 내려주었습니까?
　① 天帝　　　　　② 老百姓自己　　　　　③ 青龙

3. 青龙节의 민간 풍습은 무엇입니까?
　① 祭拜天帝　　　　　② 吃面条、饺子　　　　　③ 种玉米豆

习俗 xísú 명 풍습 | 流传 liúchuán 동 널리 퍼지다 | 面条 miàntiáo 명 국수

03 문법 학습

1. 인칭대체사 '咱们'

'咱们'은 '我们'과 마찬가지로 1인칭 인칭대체사의 복수형식입니다. '我们'은 듣는 사람을 포함할 수도 있고 포함하지 않을 수도 있는 반면, '咱们'은 말하는 사람과 듣는 사람을 모두 포함합니다.

> ▸ 你们等我一下，咱们一起走。
>
> ▸ 你快一点儿，我们在大门口等你。
>
> ▸ 听说李丽病了，下课后我们/咱们去看看她吧。
>
> ▸ 我们/咱们好不容易聚在一起，再玩儿一会儿吧。

2. 방향보어(4) `tip` 제3권 124쪽, 154쪽

동사서술어 뒤에서 동작의 이동 방식 및 이동 방향을 설명하는 성분을 방향보어라고 하며, 방향보어는 기본의미 외에 본래 의미에서 벗어난 파생 의미도 나타냅니다.

> ▸ 这种水果看起来不怎么样，可是吃起来很甜。
>
> ▸ 她病了，一天天瘦下去了。
>
> ▸ 老师一进来，教室突然就安静下来了。

'出来'는 '동작의 결과가 나타남', '구별해냄', '바깥으로 드러남'의 의미를 나타냅니다.

> ▸ 昨天的作业我都写出来了。
>
> ▸ 他太瘦了，我差点儿没认出他来。
>
> ▸ 她脸上露出来了满意的微笑。

'过来'는 '방향전환', '원래 정상적인 상태로 되돌아옴', '견딤'의 의미를 나타냅니다.

> ▸ "田"倒过来看还是"田"。
>
> ▸ 他睡了12个小时，现在还没醒过来。
>
> ▸ 工作任务太多，我一个人忙不过来。

'上去'는 '아래에서 위로', '추가나 결합'의 의미를 나타냅니다.

> ▸ 昨天的作业已经交上去了。
>
> ▸ 你能不能把她的名字也加上去？

3. 어림수(3) tip 제3권 98쪽, 156쪽

'左右，上下，前后'는 수량표현 뒤에 사용하여 그 숫자보다 조금 많거나 적은 수를 나타냅니다. '左右'의 사용범위가 가장 넓고, '上下'는 주로 나이, 높이(키), 무게 등에 사용하며, '前后'는 주로 특정 시간과 함께 사용합니다.

> ▸ 这个星期气温上升了七度左右。
>
> ▸ 看起来，你的儿子十岁上下。
>
> ▸ 春节前后，各个商场都降价。

醒 xǐng 통 잠에서 깨다 | 前后 qiánhòu 명 전후, 쯤 | 降价 jiàng//jià 통 값을 내리다, 할인하다 降过价

4. 의미상의 비교구문 '跟A相比, ……', '比起A(来), ……'

의미상의 비교구문은 동사 '相比', '比起(来)'를 사용해서 비교를 나타내는 비교구문입니다. 심리 동사의 목적어를 비교할 경우에 이 구문을 사용합니다.

▶ 跟新疆相比，我更希望去云南。

▶ 比起瑜伽，她更喜欢普拉提。

▶ 比起蔬菜来，我家人更喜欢吃肉。

5. '小肚鸡肠'

'小肚鸡肠'는 '조그만 일에 얽매여 큰일은 생각하지 않는다'라는 의미를 표현할 때 사용합니다.

▶ 小肚鸡肠的人总是喜欢算计。

▶ 别人做错的事情，他都不会原谅，真是个小肚鸡肠的人。

新疆 Xīnjiāng 고유 신장 | 普拉提 pǔlātí 명 필라테스 | 蔬菜 shūcài 명 채소 | 算计 suànji 동 계산하다, 셈을 하다 | 原谅 yuánliàng 동 용서하다

04 연습 문제

1. 녹음을 듣고 알맞은 답을 고르세요. 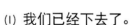 02-07

    ⑴ 今天汉语课讨论的主题是什么?

    ❶ 中国文化　　　　❷ 减肥　　　　❸ 变化

    ⑵ 胡安为什么开始做兼职?

    ❶ 为了减肥　　　❷ 为了准备留学费用　　❸ 为了鼓励家人

2. 녹음을 듣고 질문의 답안과 일치하면 ○, 틀리면 ✕를 표시하세요. 02-08

    ⑴ 我们已经下去了。

    ⑵ 睡懒觉的习惯我改不过来。

    ⑶ 今天气温下降了七度左右。

3. 사진을 보고 상황에 맞게 대화를 완성해 보세요.

    ⑴

    A: "田" 字倒过来看是什么字?

    B: _____
    ('倒过来' 사용)

    ⑵

    A: 工作任务太多, 你忙不过来吗?

    B: _____

4. 다음 문장을 중국어로 써 보세요.

(1) 너희 나 좀 기다려줘. 우리('나'도 포함) 같이 가자.

　　》 _____

(2) 선생님께서 들어오시자, 교실이 갑자기 조용해졌다.

　　》 _____

(3) 이 종류의 과일은 겉보기에는 별로지만, 먹어보면 매우 달다.

　　》 _____

(4) 춘제 전후에 각 쇼핑몰이 모두 값을 내린다.

　　》 _____

(5) 그녀가 어느 나라 사람인지 나는 알아차렸다.

　　》 _____

5. 다음 단어 및 구를 어순에 알맞게 배열(첫 단어로 시작)해 보세요.

(1) 我 / 写 / 作业 / 出来 / 都 / 的 / 了 / 。

》昨天 _____

(2) 我家人 / 吃肉 / 喜欢 / 蔬菜 / 来 / 更 / , / 。

》比起 _____

(3) 上下 / 起来 / 十岁 / 儿子 / 你的 / , / 。

》看 _____

(4) 左右 / 上升 / 七度 / 了 / 气温 / 。

》今天 _____

(5) 一个人 / 多 / 忙 / 任务 / 不过来 / 我 / 太 / , / 。

》工作 _____

중국 문화

중국에서 병원가기

✦ 중국에서 진찰 받기

중국 병원의 진료 시스템은 한국과 대개 비슷하지만, 접수 방법이나 처방전 발급 등에서 약간의 차이가 있다. 중국 병원은 크게 전통적인 중의학 방법으로 치료하는 中医医院 zhōngyī yīyuàn 과 양방 병원, 두 가지 방식을 혼합하여 치료하는 병원으로 나뉜다. 中医医院은 주로 침술과 한약재를 사용하여 치료를 한다. 중의와 양방 두 가지 방법을 혼합한 병원인 中西医 结合医院 zhōngxīyī jiéhé yīyuàn 은 중의학 특징이 반영된 병원으로 환자는 中医 혹은 西医 중 하나의 방식을 택해 진료를 받을 수 있다. 예를 들어, 내과 진료를 받는 경우 환자는 中医内 科나 西医内科 중에서 한 가지 방식을 선택할 수 있다. 이때, 中医 방식을 택한 경우에도 필요한 경우 초음파나 엑스레이 검사를 진행하고, 의사는 검사 결과 판독을 거쳐 중의약을 처방해 준다. 다시 말해, 中西医结合医院에서는 진단은 양방의 방식으로 하고 처방은 중의로 하는 것이 특징이다.

중국은 기본적으로 개인병원은 없고, 진료를 받을 때는 지역 보건소 개념인 诊所 zhěnsuǒ 혹은 医院에서 진료를 받는다. 일정 규모 이상의 대학교 안에는 학교 구성원을 위한 작은 규모의 준종합병원이 있기도 한다.

중국 병원에서 진찰을 받으려면 가장 먼저 挂号 guà hào 라고 불리는 접수를 해야 한다. 한국에서는 진료 원무과에 직접 접수하는 것이 일반적이지만, 중국 병원에서는 1층에 마련된 접수 창구에서 간단히 증상을 말하고 해당 진료과에 접수하는 방식이다. 중국 병원은 대개 오전 8시에서 11시, 점심 식사 후인 1~2시에서 5시 정도까지 접수가 가능하다. 종합 병원은 매우 붐비기 때문에 초진 挂号에 상당한 시간이 소요되기도 한다. 최근에는 병원 APP과 QR을 이용해서 직접 줄을 서지 않고 挂号가 가능하다.

접수 후, 해당 진료과에 가서 순서에 따라 진찰을 받는다. 한국 종합병원 진료와 다른 점은 한국병원 진료 시 간호사나 수련의가 진료실에 함께 있지만, 중국 병원은 진찰하는 의사 1인만이 환자를 진찰한다. 추가 검사가 필요한 경우 혈액 검사나 소변 검사 등을 추가로 진행하고, 处方 chǔfāng 이라고 하는 처방전을 발급받는다.

진료를 마치면 다시 1층 접수처로 가서 병원비를 지불하고 접수처 맞은 편에 있는 药房 yàofáng 에서 처방받은 약을 수령한다. 중국 병원은 복용 약 외에 수액 처방을 하는 경우가 많은데, 이때 환자는 药房에서 직접 수액과 주사를 구입한 뒤 주사실로 이동해야 한다. 중국에서 수액을 맞을 때는 누워서 처방받는 것이 아니라, 별도로 마련된 의자에 앉아 주사를 맞는다는 점이 한국과 다른 점이다.

医疗保险 yīliáo bǎoxiǎn(줄여서 '医保'라고 함)이 있는 경우, 학교 혹은 회사를 통해 의료비를 청구하거나 직접 보험 회사에 신청하여 의료비를 청구할 수 있다.

● 관련 단어 및 표현

단어 및 표현	발음	뜻
挂号	guà hào	등록하다, 접수하다
门诊	ménzhěn	진료, 진찰
急诊	jízhěn	응급 진료(받다)
就诊	jiùzhěn	진찰받다
开(处)方	kāi (chǔ)fāng	처방전을 발급하다
打针	dǎ zhēn	주사를 놓다, 주사를 맞다
血检	xuèjiǎn	혈액검사를 하다

处方笺	chǔfāngjiān	처방전
诊断	zhěnduàn	진단
口服	kǒufú	내복하다
涂抹软膏	túmǒ ruǎngāo	연고를 바르다
点眼药水	diǎn yǎnyàoshuǐ	안약을 넣다

제3과

我来中国快一年了。

저는 중국에 온 지 곧 1년이 됩니다.

◀학습 목표▶

❶ 시량보어 지속량과 경과량 구분하기
❷ '又'를 사용하여 동작의 반복 표현하기
❸ '难道'를 사용하여 반문하기
❹ 접속어로 선택관계 표현하기

문형 1

我来中国快一年了。 나는 중국에 온 지 곧 1년이 됩니다.

 03-01
Wǒ lái Zhōngguó kuài yì nián le.

她 Tā	高中毕业 gāozhōng bì yè	五年 wǔ nián
他们 Tāmen	认识 rènshi	已经两个月 yǐjīng liǎng ge yuè
我们俩 Wǒmen liǎ	结婚 jié hūn	一个星期 yí ge xīngqī

A 你来中国多久了?
Nǐ lái Zhōngguó duōjiǔ le?

B 我来中国快一年了。
Wǒ lái Zhōngguó kuài yì nián le.

 문형 2

我解释了又解释，他还是生气了。

 03-02
Wǒ jiěshì le yòu jiěshì, tā háishi shēng qì le.
내가 해명하고 또 해명했지만, 그는 여전히 화가 났다.

提醒 tíxǐng	忘了 wàng le
讲 jiǎng	不明白(질문은 긍정형으로) bù míngbai
催 cuī	不着急(질문은 긍정형으로) bù zháojí

A 他生气了吗?
Tā shēng qì le ma?

B 我解释了又解释，他还是生气了。
Wǒ jiěshì le yòu jiěshì, tā háishi shēng qì le.

久 jiǔ 형 오래다, 시간이 길다 | 提醒 tíxǐng 동 상기시키다, 일러주다 | 催 cuī 동 독촉하다, 다그치다

难道你不相信我吗? 설마 너 날 못 믿는 거야?

Nándào nǐ bù xiāngxìn wǒ ma?

03-03

还不知道这件事
hái bù zhīdào zhè jiàn shì

不明白我的意思
bù míngbai wǒ de yìsi

忘记了(대답은 부정형으로)
wàngjì le

A 难道你不相信我吗?
Nándào nǐ bù xiāngxìn wǒ ma?

我当然相信你。 **B**
Wǒ dāngrán xiāngxìn nǐ.

她现在不是在家，就是在学校。

Tā xiànzài bú shì zài jiā, jiù shì zài xuéxiào.

03-04

그녀는 지금 집에 있지 않으면 학교에 있다.

他爸爸 Tā bàba	老师 lǎoshī	公务员 gōngwùyuán
我周末 Wǒ zhōumò	去逛街 qù guàngjiē	去野营 qù yěyíng
我每天早上 Wǒ měitiān zǎoshang	跑步 pǎo bù	跳绳 tiàoshéng

A 她现在在家吧?
Tā xiànzài zài jiā ba?

她现在不是在家，就是在学校。 **B**
Tā xiànzài bú shì zài jiā, jiù shì zài xuéxiào.

难道 nándào 분 설마 (~하겠는가?) '吗'와 결합하여 반문의 어기를 강화함

독해1 🎧 03-05

"允瑞, 允瑞！" 张燕叫了金允瑞好几次, 允瑞
"Yǔnruì, Yǔnruì!" Zhāng Yàn jiào le Jīn Yǔnruì hǎojǐ cì, Yǔnruì

都没回答。
dōu méi huídá.

"你在看什么？我叫了你好几次, 难道你都没
"Nǐ zài kàn shénme? Wǒ jiào le nǐ hǎojǐ cì, nándào nǐ dōu méi

听见吗？" 张燕有点儿生气地说。
tīngjiàn ma?" Zhāng Yàn yǒudiǎnr shēng qì de shuō.

"对不起, 我真的没听见！我在看大熊猫的
"Duì bu qǐ, wǒ zhēn de méi tīngjiàn! Wǒ zài kàn dàxióngmāo de

视频。它们长得圆圆的, 胖胖的, 走路的样子可爱
shìpín. Tāmen zhǎng de yuányuán de, pàngpàng de, zǒu lù de yàngzi kě'ài

极了！这两只熊猫出生快两年了, 像小孩子一样
jíle! Zhè liǎng zhī xióngmāo chūshēng kuài liǎng nián le, xiàng xiǎo háizi yíyàng

调皮。不是一起打闹, 就是抢竹子吃。不是在地上
tiáopí. Bú shì yìqǐ dǎnào, jiù shì qiǎng zhúzi chī. Bú shì zài dì shang

打滚儿, 就是爬到树上玩耍。你看这个视频, 熊猫
dǎ gǔnr, jiù shì pádào shù shang wánshuǎ. Nǐ kàn zhè ge shìpín, xióngmāo

爷爷让它们从外面回到房间里, 可它们就是不愿意
yéye ràng tāmen cóng wàimian huídào fángjiān li, kě tāmen jiù shì bú yuànyì

回去。爷爷不是背, 就是抱, 把它们背回去了,
huíqù. Yéye bú shì bēi, jiù shì bào, bǎ tāmen bēi huíqù le,

熊猫 xióngmāo 명 판다 레서판다(小熊猫)와 구분하기 위해 '大熊猫'라고 부르기도 함 | 样子 yàngzi 명 모습, 모양 | 调皮 tiáopí 동 장난치다, 개구쟁이다 | 打闹 dǎnào 동 장난치다, 웃고 떠들며 놀다 | 抢 qiǎng 동 빼앗다 | 竹子 zhúzi 명 대나무 | 打滚(儿) dǎ//gǔn(r) 동 뒹굴다 打起滚来 | 玩耍 wánshuǎ 동 놀다, 장난치다 | 背 bēi 동 업다 | 抱 bào 동 안다, 포옹하다

它们又爬出来, 把它们抱回去了, 它们又逃出来。
tāmen yòu pá chūlái, bǎ tāmen bào huíqù le, tāmen yòu táo chūlái.

爷爷推了又推, 这样闹了半个多小时, 它们才终于
Yéye tuī le yòu tuī, zhèyàng nào le bàn ge duō xiǎoshí, tāmen cái zhōngyú

回到房间里。 疲惫的时候看这些视频的话, 好像
huídào fángjiān li. Píbèi de shíhou kàn zhè xiē shìpín de huà, hǎoxiàng

一切都能治愈。 所以只要一更新, 就一定要马上看,
yíqiè dōu néng zhìyù. Suǒyǐ zhǐyào yì gēngxīn, jiù yídìng yào mǎshàng kàn,

同一个视频也是看了又看。 难道你不觉得它们特别
tóng yí ge shìpín yě shì kàn le yòu kàn. Nándào nǐ bù juéde tāmen tèbié

可爱吗?” 允瑞兴致勃勃地说着。
kě'ài ma?" Yǔnruì xìng zhì bó bó de shuō zhe.

"你这么喜欢熊猫, 那现在咱们就去动物园看
"Nǐ zhème xǐhuan xióngmāo, nà xiànzài zánmen jiù qù dòngwùyuán kàn

熊猫吧, 下次有机会再去四川看。”
xióngmāo ba, xiàcì yǒu jīhuì zài qù Sìchuān kàn."

독해1 확인 학습	

1. 판다의 나이는 몇 살 입니까?

① 不知道　　　　　② 两岁左右　　　　　③ 三岁

2. 윤서가 판다 동영상을 보며 치유받는 느낌을 받을 때는 언제입니까?

① 想打闹的时候　　　② 去动物园的时候　　　③ 疲惫的时候

推 tuī 통 밀다 | 闹 nào 통 떠들다, 장난치다 | 终于 zhōngyú 부 마침내, 결국 | 疲惫 píbèi 형 녹초가 되다, 완전히 지쳐버리다 | 一切 yíqiè 대 전부, 모든 (것) | 治愈 zhìyù 통 치유하다 | 更新 gēngxīn 통 갱신하다, (동영상, SNS의 게시물 등을) 업데이트하다 | 兴致勃勃 xìng zhì bó bó 흥이 나다, 신이 나다 | 动物园 dòngwùyuán 명 동물원 | 四川 Sìchuān 고유 쓰촨

马太效应

《圣经》里有这样一个故事。 主人在出门前，把三
《Shèngjīng》li yǒu zhèyàng yí ge gùshi. Zhǔrén zài chū mén qián, bǎ sān

个仆人叫来， 按照他们的才能， 一个给了五块银子，
ge púrén jiàolái, ànzhào tāmen de cáinéng, yí ge gěi le wǔ kuài yínzi,

一个给了两块， 一个给了一块， 然后就出发了。
yí ge gěi le liǎng kuài, yí ge gěi le yí kuài, ránhòu jiù chūfā le.

主人离开了几个月， 回来后， 第一个仆人报告：
Zhǔrén líkāi le jǐ ge yuè, huílái hòu, dì yī ge púrén bàogào:

"我用您给我的五块银子又赚了五块。" 于是主人
"Wǒ yòng nín gěi wǒ de wǔ kuài yínzi yòu zhuàn le wǔ kuài." Yúshì zhǔrén

奖励了他。 第二个仆人说： "我用两块银子又赚了
jiǎnglì le tā. Dì èr ge púrén shuō: "Wǒ yòng liǎng kuài yínzi yòu zhuàn le

两块。" 主人也奖励了他。 第三个仆人说： "我怕
liǎng kuài." Zhǔrén yě jiǎnglì le tā. Dì sān ge púrén shuō: "Wǒ pà

弄丢， 所以一直放在家里， 没有拿出来。" 于是，
nòngdiū, suǒyǐ yìzhí fàngzài jiā li, méiyǒu ná chūlái." Yúshì,

主人把第三个仆人的银子奖励给了第一个仆人。
zhǔrén bǎ dì sān ge púrén de yínzi jiǎnglì gěi le dì yī ge púrén.

这就是 "马太效应"： 强者更强， 弱者更弱。
Zhè jiù shì 'Mǎtài xiàoyìng': qiáng zhě gèng qiáng, ruò zhě gèng ruò.

马太效应 Mǎtài xiàoyìng 고유 마태 효과(Matthews effect) | 圣经 Shèngjīng 고유 성경 | 仆人 púrén 명 하인, 고용인 |
银子 yínzi 명 화폐용 은화 | 离开 líkāi 동 떠나다, 헤어지다 | 赚 zhuàn 동 돈을 벌다 | 奖励 jiǎnglì 동 장려하다, 표창하다 | 强 qiáng 형 강하다 | 者 zhě 접미 ~한 사람, ~한 것 | 弱 ruò 형 연약하다

我们生活中很多地方都可以见到马太效应。
Wǒmen shēnghuó zhōng hěn duō dìfang dōu kěyǐ jiàndào Mǎtài xiàoyìng.

如果你心情低落，忧伤的歌一定不要听了又听，
Rúguǒ nǐ xīnqíng dīluò, yōushāng de gē yídìng bú yào tīng le yòu tīng,

这样只会让你的心情变得更不好。因为你舒适了，
zhèyàng zhǐ huì ràng nǐ de xīnqíng biàn de gèng bù hǎo. Yīnwèi nǐ shūshì le,

会产生更多的舒适；你难受了，会产生更多的难受。
huì chǎnshēng gèng duō de shūshì; nǐ nánshòu le, huì chǎnshēng gèng duō de nánshòu.

如果你犹豫要不要开始做一件事，那么一定不要想
Rúguǒ nǐ yóuyù yào bu yào kāishǐ zuò yí jiàn shì, nàme yídìng bú yào xiǎng

了又想。如果你想"今天算了吧"，那么明天你会
le yòu xiǎng. Rúguǒ nǐ xiǎng "jīntiān suàn le ba", nàme míngtiān nǐ huì

继续想"算了吧"，
jìxù xiǎng "suàn le ba",

这样你永远不会开始。
zhèyàng nǐ yǒngyuǎn bú huì kāishǐ.

所以想开始做什么的时候，
Suǒyǐ xiǎng kāishǐ zuò shénme de shíhou,

要趁热打铁，立刻行动。
yào chèn rè dǎ tiě, lìkè xíngdòng.

低落 dīluò 형 (정서·사기 따위가) 저하되다 | 忧伤 yōushāng 형 근심스럽고 슬프다 | 舒适 shūshì 형 편안하다 | 产生 chǎnshēng 동 발생하다 | 难受 nánshòu 형 괴롭다 | 犹豫 yóuyù 동 망설이다 | 算 suàn 동 그만두다 뒤에 항상 '了'를 수반함 | 趁热打铁 chèn rè dǎ tiě 쇠는 뜨거울 때 두들겨야 한다 | 立刻 lìkè 부 즉시 | 行动 xíngdòng 동 행동하다

施瓦辛格曾经在演讲中说："成功就是，跌倒站
Shīwǎxīngé céngjīng zài yǎnjiǎng zhōng shuō："Chénggōng jiù shì, diēdǎo zhàn

起来，再跌倒再站起来。也就是说，跌倒不代表
qǐlái, zài diēdǎo zài zhàn qǐlái. Yě jiù shì shuō, diēdǎo bú dàibiǎo

失败，只要不放弃，总有一天会成功的。"这就是
shībài, zhǐyào bú fàngqì, zǒng yǒu yì tiān huì chénggōng de." Zhè jiù shì

马太效应给你的奖励。所以你想要做一点点事情，
Mǎtài xiàoyìng gěi nǐ de jiǎnglì. Suǒyǐ nǐ xiǎng yào zuò yìdiǎndiǎn shìqing,

尽一点点努力的时候，不要小看这"一点点"，这是
jìn yìdiǎndiǎn nǔlì de shíhou, bú yào xiǎokàn zhè 'yìdiǎndiǎn', zhè shì

能做更多事情、尽更大努力的开始。如果你不断
néng zuò gèng duō shìqing, jìn gèng dà nǔlì de kāishǐ. Rúguǒ nǐ búduàn

坚持下去，你就是"强者"，就会越做越好。所以想
jiānchí xiàqù, nǐ jiù shì 'qiáng zhě', jiù huì yuè zuò yuè hǎo. Suǒyǐ xiǎng

努力，一定要趁热打铁！
nǔlì, yídìng yào chèn rè dǎ tiě!

독해 2 확인 학습

1. 주인은 세 번째 하인에게 얼마를 표창했습니까?

① 没奖励他　　　② 给了五块银子　　　③ 给了两块银子

2. 마태 효과에 따르면, 어떤 일을 시작하고자 할 때 어떻게 행동해야 합니까?

① 不断地听忧伤的歌　　② 坚持"算了吧"的想法　　③ 立刻行动

3. 아놀드 슈왈제너거의 강연 주제는 무엇입니까?

① 赚钱的方法　　　② 成功的方法　　　③ 运动的方法

施瓦辛格 Shīwǎxīngé [고유] 아놀드 슈왈제네거 | **演讲** yǎnjiǎng [명] [동] 강연(하다), 연설(하다) | **成功** chénggōng [형] 성공
적 [동] 성공하다 | **跌倒** diēdǎo [동] 넘어지다, 쓰러지다 | **代表** dàibiǎo [동] 나타내다 | **失败** shībài [형] 실패적 [동] 실패하다 |
总 zǒng [부] 결국, 반드시 | **尽** jìn [동] 다하다, 완수하다 | **小看** xiǎokàn [동] 경시하다 | **不断** búduàn [부] 부단히, 끊임없이

03 문법 학습

1. 시량보어(2) tip 시량보어(1) - 제2권 74쪽

동사서술어 뒤에 시간의 양을 나타내는 성분을 더해 동작이나 상태가 지속된 시간(지속량)을 나타낼 수도 있고, 동작이 끝나고 지금까지 얼마의 시간이 지났는지(경과량)를 나타낼 수도 있습니다.

▶ 我工作了八个小时。 지속량

▶ 我忙了一天。 지속량

▶ 我来中国一年了。 경과량

▶ 她高中毕业五年了。 경과량

동사서술어가 경과량을 나타내는 시량보어와 목적어를 동시에 수반할 경우, 동사를 중복할 수 없으며 시량보어는 목적어 뒤에 놓습니다.

▶ 我来北京一年了。(*我来北京来一年了。)

▶ 我们下课已经三十分钟了。(*我们下课已经下三十分钟了。)

부정은 시량보어 앞에 '不'와 '没(有)'를 사용하여 '일정 시량이 아니다/일정 시량이 되지 않았다'라는 의미를 나타냅니다.

▶ 她大学毕业没几天。(*她大学没毕业几天。)

▶ 我们俩结婚还不到一年。(*我们俩不结婚一年。)

2. 부사 '又'(2) tip 又(1) - 제3권 53쪽

'又'는 'V了又V'의 형태로 사용되어 동작이 여러 번 반복됨을 나타냅니다.

▶ 我解释了又解释，他还是生气了。

▶ 我讲了又讲，他还是不明白。

3. '难道'를 사용한 반어의문문

의문문의 형식이지만 강한 긍정이나 부정의 의미를 나타내는 반어의문문에 자주 쓰이는 '难道'는 '难道……吗?'의 형태로 쓰여 '설마 ~하겠는가?(그럴 리 없다)'의 뜻을 나타냅니다.

▸ 难道你不相信我吗?

▸ 难道你忘记了吗?

4. '不是……，就是……'

'不是……，就是……'는 '~가 아니면 ~이다/~이거나 ~이다'라는 의미로 둘 중 하나의 경우만이 사실임을 나타내는 선택 관계 접속어입니다.

▸ 她现在不是在家，就是在学校。

▸ 他爸爸不是老师，就是公务员。

5. '趁热打铁'

'趁热打铁'는 '유리한 시기와 조건을 잘 이용해서 일을 해야 한다'는 의미를 표현할 때 사용합니다.

▸ HSK四级考试成绩不错，趁热打铁，继续准备五级。

▸ 学习要趁热打铁，学过的内容要马上复习。

级 jí 명 등급, 레벨

04 연습 문제

1. 녹음을 듣고 알맞은 답을 고르세요. 🎧 03-07

   (1) 哪个不是熊猫的玩耍方式？

   ❶ 在地上打滚儿　　❷ 两只一起打闹　　❸ 回到房间吃竹子

   (2) 下次有机会的话，允瑞和张燕会去哪儿看熊猫？

   ❶ 四川　　　　　❷ 动物园　　　　❸ 森林

2. 녹음을 듣고 질문의 답안과 일치하면 ○, 틀리면 ✕를 표시하세요. 🎧 03-08

   (1) 我还不知道那件事。

   (2) 他现在很着急。

   (3) 他爸爸是老师。

3. 사진이나 그림을 보고 상황에 맞게 대화를 완성해 보세요.

   (1)

   A: 你工作多久了？

   B: _____

   (2)

   A: _____
   ('难道' 사용)

   B: 我当然相信你。

4. 다음 문장을 중국어로 써 보세요.

(1) 나는 베이징에 온 지 1년이 되었다.

>> _____

(2) 내가 해명하고 또 해명했지만, 그는 여전히 화가 났다.

>> _____

(3) 설마 너 잊은 거야?(네가 잊었을 리 없다.)

>> _____

(4) 그의 아버지는 선생님이 아니면 공무원이시다.

>> _____

(5) 우리는 이미 수업이 끝난 지 30분이 되었다.

>> _____

5. 다음 단어 및 구를 어순에 알맞게 배열(첫 단어로 시작)해 보세요.

(1) 毕业 / 了 / 五年 / 高中 / 。

>> 她 _____

(2) 讲(2회) / 还是 / 他 / 不明白 / 又 / 了 / , / 。

>> 我 _____

(3) 毕业 / 几天 / 没 / 大学 / 。

>> 她 _____

(4) 可爱 / 特别 / 它们 / 你 / 吗 / 不觉得 / ？

>> 难道 _____

(5) 动物园 / 熊猫 / 现在 / 咱们 / 看 / 吧 / 就 / 去 / ！

>> 那 _____

중국의 마스코트, 판다

둥글둥글한 몸집으로 주변을 어슬렁거리거나, 대나무를 질겅질겅 씹는 판다는 전 세계인이 사랑하는 동물 중 하나이다. 검은 반점의 두 눈덩이와 조그만 귀는 피부와 배를 둘러싼 흰 털과 조화되어 귀여운 판다의 이미지를 완성한다. 중국어로는 熊猫라 불리는 판다의 정확한 명칭은 大熊猫(자이언트 판다, 대왕판다)이다. 小熊猫 xiǎoxióngmāo(레서판다)는 너구리과에 속하는 동물로 우리가 판다라고 할 때 떠올리는 이미지와는 전혀 다른 외양을 가진다. 大熊猫는 1.2~1.8m까지 자라는 곰과 비슷한 체형을 가진 포유류과에 속하는 동물로, 주로 중국 四川省에 서식하며, 하루 평균 9~14kg의 대나무를 섭취한다.

大熊猫

小熊猫

✦ 猫熊에서 熊猫로! 다시 '国宝'로!

판다가 熊猫로 불리게 된 데에는 재미난 일화가 하나 있다. 근대 중국의 글쓰기 방식이 바로 오늘날 熊猫라는 이름을 만들어낸 것이다. 원래 중국 고문헌에서는 '貘 mò(동물 맥)' 자로 판다를 기록했다. 판다가 대중에게 알려지기 시작한 것은 19세기 이후부터인데, 중국에서는 1939년 重庆 Chóngqìng의 한 동물

표본 전시를 통해 많은 이들에게 알려지게 되었다. 당시 중국은 '오른쪽에서 시작해서 왼쪽으로 쓰는 전통적 글쓰기 방식'을 '왼쪽에서 시작해서 오른쪽으로 쓰는 가로쓰기 방식'으로 변경하던 시기였다. 전시에서는 새로운 방식 (읽기 방향: →)에 근거하여 '猫熊'으로 표기했으나, 오른쪽부터 읽기가 더 익숙했던 관객들은 猫熊이 아닌 熊猫로 잘못 읽는 불상사가 발생했다. 판다 전시가 선풍적인 인기를 끌었던 만큼 '熊猫'라는 명칭은 많은 사람들에게 빠르게 각인되었고, 결국에는 熊猫라는 명칭으로 굳어지게 되었다.

판다의 귀여운 이미지는 중국인뿐 아니라, 동서양 전 세계인의 사랑을 받으며 중국을 상징하는 대표적인 国宝 guóbǎo 로 자리매김했다. 중국은 2022년 베이징 동계 올림픽에서 얼음옷을 입은 판다인 冰墩墩 Bīngdūndūn(영문 표기: Bing Dwen Dwen, 빙둔둔)을 마스코트로 정해 많은 이들의 사랑을 받았다.

✦ 판다로 맺어진 친선

중국은 판다를 통해 세계 각국과 친선을 다지기도 한다. 판다를 다른 나라에 대여해 주고, 1년마다 미화 백만 달러를 기금으로 가져가는데, 이 기금은 전 세계적으로 멸종위기에 처한 판다 보존을 위한 판다 번식 기금으로 사용된다.

한국의 경우, 2016년 '사랑을 주는 보물'이라는 뜻의 爱宝 Àibǎo 와 '기쁨을 주는 보물'을 의미하는 乐宝 Lèbǎo 암수 한 쌍이 판다 외교관 자격으로 한국 땅을 밟았다. 둘 사이에서 태어난 福宝 Fúbǎo 는 '복을 주는 보물'이라는 이름에 걸맞게 많은 한국인의 사랑을 한 몸에 받았다.

제4과

你应该起床了。

당신은 일어나야 해요.

◀ 학습 목표 ▶

❶ 의무와 추측의 의미 나타내기
❷ 부정의 어감 표현하기
❸ 동작의 대상 표현하기
❹ 접속어로 양보관계 표현하기

已经上午十一点了，你应该起床了。

04-01 Yǐjīng shàngwǔ shíyī diǎn le, nǐ yīnggāi qǐ chuáng le.
이미 오전 11시야, 너 일어나야 해.

快期末考试了 Kuài qīmò kǎoshì le	好好儿 hǎohāor	复习 fùxí
这么重要的事 Zhème zhòngyào de shì	早点儿 zǎo diǎnr	告诉她 gàosu tā
她是新来的 Tā shì xīn lái de		帮助她 bāngzhù tā

Ⓐ 我该起床了吗?
Wǒ gāi qǐ chuáng le ma?

Ⓑ 已经上午十一点了，你应该起床了。
Yǐjīng shàngwǔ shíyī diǎn le, nǐ yīnggāi qǐ chuáng le.

 我并没有把你的大衣弄脏。

04-02 Wǒ bìng méiyǒu bǎ nǐ de dàyī nòngzāng.
나는 결코 네 코트를 더럽히지 않았다.

那辆车 nà liàng chē	开坏 kāihuài
你的笔记本电脑 nǐ de bǐjìběn diànnǎo	弄坏 nònghuài
那张信用卡 nà zhāng xìnyòngkǎ	弄丢 nòngdiū

Ⓐ 你怎么弄脏了我的大衣?
Nǐ zěnme nòngzāng le wǒ de dàyī?

Ⓑ 我并没有把你的大衣弄脏。
Wǒ bìng méiyǒu bǎ nǐ de dàyī nòngzāng.

期末 qīmò 명 학기말

文형 ③

今天是妈妈的生日，李丽替妈妈做了晚饭。

04-03

Jīntiān shì māma de shēngrì, Lǐ Lì tì māma zuò le wǎnfàn.

오늘이 엄마 생일이라, 리리가 엄마를 대신해 저녁밥을 했다.

胡安感冒了 Hú'ān gǎnmào le	王明 Wáng Míng	他 tā	去药店买了感冒药 qù yàodiàn mǎi le gǎnmào yào
这星期王小芬请假了 Zhè xīngqī Wáng Xiǎofēn qǐng jià le	李现 Lǐ Xiàn	她 tā	出差去了 chū chāi qù le
金允瑞下午有考试 Jīn Yǔnruì xiàwǔ yǒu kǎoshì	张燕 Zhāng Yàn	她 tā	送她的父母去了机场 sòng tā de fùmǔ qù le jīchǎng

 A 李丽替妈妈做什么？
Lǐ Lì tì māma zuò shénme?

今天是妈妈的生日，李丽替妈妈做了晚饭。 **B**
Jīntiān shì māma de shēngrì, Lǐ Lì tì māma zuò le wǎnfàn.

 文형 ④

即使明天下大雪，我也要去郊区野营。

04-04

Jíshǐ míngtiān xià dàxuě, wǒ yě yào qù jiāoqū yěyíng.

설령 내일 눈이 많이 내려도, 나는 교외로 캠핑 갈 것이다.

天气不好 tiānqì bù hǎo	去跑步 qù pǎo bù
再困难 zài kùnnan	坚持下去 jiānchí xiàqù
天塌下来 tiān tā xiàlái	通过这次考试 tōngguò zhè cì kǎoshì

 A 你要去郊区野营吗？
Nǐ yào qù jiāoqū yěyíng ma?

即使明天下大雪，我也要去郊区野营。 **B**
Jíshǐ míngtiān xià dàxuě, wǒ yě yào qù jiāoqū yěyíng.

即使 jíshǐ 접 설령 ~하더라도 | **郊区** jiāoqū 명 교외 지역 | **困难** kùnnan 형 곤란하다, 어렵다 | **塌** tā 동 넘어지다, 무너지다 | **通过** tōngguò 동 건너가다, 통과하다 通不过

독해1 🎧 04-05

为什么汉语中用"吃醋"这个词来表示"男女
Wèishéme Hànyǔ zhōng yòng 'chī cù' zhè ge cí lái biǎoshì   "nán nǚ

之间嫉妒"的意思？今天上课时刘老师给同学们讲
zhījiān jídù" de yìsi?   Jīntiān shàng kè shí Liú lǎoshī gěi tóngxuémen jiǎng

了一个故事，这个故事发生在唐代。
le yí ge gùshi,   zhè ge gùshi fāshēng zài Tángdài.

唐太宗李世民治理国家时，他的宰相房玄龄尽心
Táng Tàizōng Lǐ Shìmín zhìlǐ guójiā shí,   tā de zǎixiàng Fáng Xuánlíng jìn xīn

尽力地帮助李世民。李世民说："你给国家做出了这么
jìn lì de bāngzhù Lǐ Shìmín.   Lǐ Shìmín shuō: "Nǐ gěi guójiā zuòchū le zhème

大的贡献，应该得到奖励，所以我要把两个美女赐给
dà de gòngxiàn,   yīnggāi dédào jiǎnglì,   suǒyǐ wǒ yào bǎ liǎng ge měinǚ cìgěi

你。"房玄龄非常爱他的妻子，听了唐太宗的话，急忙
nǐ."   Fáng Xuánlíng fēicháng ài tā de qīzi,   tīng le Táng Tàizōng de huà,   jímáng

说："我决不能接受，我的妻子会嫉妒的。"李世民
shuō: "Wǒ jué bù néng jiēshòu,   wǒ de qīzi huì jídù de."   Lǐ Shìmín

---

吃醋 chī//cù 동 질투하다 吃他的醋 | 词 cí 명 단어, 말 | 之间 zhījiān 명 (두 개의 장소, 시간, 사람, 사물, 수량의) 사이 |
嫉妒 jídù 동 질투하다 | 唐代 Tángdài 고유 당나라 왕조 시대 | 唐太宗 Táng Tàizōng 고유 당 태종 | 李世民 Lǐ Shìmín
고유 리스민 | 治理 zhìlǐ 동 통치하다, 관리하다 | 宰相 zǎixiàng 명 재상 | 房玄龄 Fáng Xuánlíng 고유 팡쉬엔링 | 尽心
尽力 jìn xīn jìn lì 온갖 정성을 다하다 | 贡献 gòngxiàn 명 동 공헌(하다) | 美女 měinǚ 명 미녀 | 赐 cì 동 하사하다 | 急
忙 jímáng 형 급하다, 바쁘다 | 接受 jiēshòu 동 받아들이다

听到后： "我是皇帝， 难道你们要违抗我的命令吗？
tīngdào hòu: "Wǒ shì huángdì, nándào nǐmen yào wéikàng wǒ de mìnglìng ma?

你们应该感谢我才对。" 房玄龄只好带着两个美女回到
Nǐmen yīnggāi gǎnxiè wǒ cái duì." Fáng Xuánlíng zhǐhǎo dài zhe liǎng ge měinǚ huídào

了家。 妻子看到后， 非常生气地说： "即使违抗命令，
le jiā. Qīzi kàndào hòu, fēicháng shēng qì de shuō: "Jíshǐ wéikàng mìnglìng,

你也不应该接受。 明天我要去见皇帝。"
nǐ yě bù yīnggāi jiēshòu. Míngtiān wǒ yào qù jiàn huángdì."

皇帝 huángdì 명 황제 ┃ 违抗 wéikàng 동 거역하다 ┃ 命令 mìnglìng 명 동 명령(하다)

第二天，　房玄龄的妻子来见李世民，　"我并不想
Dì èr tiān,　　Fáng Xuánlíng de qīzi lái jiàn Lǐ Shìmín,　　"Wǒ bìng bù xiǎng

违抗您的命令，但我决不能接受。" 李世民想了想，
wéikàng nín de mìnglìng,　dàn wǒ jué bù néng jiēshòu."　　Lǐ Shìmín xiǎng le xiǎng,

说：　"那我给你两个选择，第一，　收下这两个女人；
shuō：　"Nà wǒ gěi nǐ liǎng ge xuǎnzé,　dì yī,　　shōuxià zhè liǎng ge nǚrén;

第二，喝下这杯毒酒。" 房玄龄的妻子毫不犹豫地说：
dì èr,　　hēxià zhè bēi dújiǔ."　　Fáng Xuánlíng de qīzi háobù yóuyù de shuō:

"即使死，我也不能收下。" 说完就把酒喝光了。
"Jíshǐ sǐ,　　wǒ yě bù néng shōuxià."　　Shuōwán jiù bǎ jiǔ hēguāng le.

李世民哈哈大笑：　"其实这并不是毒酒，而是醋。
Lǐ Shìmín hāhā dà xiào:　　"Qíshí zhè bìng bú shì dújiǔ,　　ér shì cù.

你都喝下了，那我就收回命令吧。"
Nǐ dōu hēxià le,　　nà wǒ jiù shōuhuí mìnglìng ba."

독해1 확인 학습	1. '吃醋' 고사가 유래한 시기는 언제입니까?

　　　① 唐代　　　　　　　② 宋代　　　　　　　③ 元代

　　2. 황제가 팡쉬엔링의 아내에게 마시게 한 것은 원래 무엇이었습니까?

　　　① 毒酒　　　　　　　② 酒　　　　　　　③ 醋

选择 xuǎnzé 동 선택하다 | 毒酒 dújiǔ 명 독주 | 毫不 háobù 부 조금도 ~ 않다, 전혀 ~ 않다 | 哈哈 hāhā 하하(웃는 소리) | 醋 cù 명 식초 | 收回 shōuhuí 회수하다, 취소하다

请回答1988——北京版

二十世纪八十年代的北京, 很多人都住在
Èrshí shìjì bāshí niándài de Běijīng, hěn duō rén dōu zhùzài

大杂院里。 一个院子里住着十几家, 甚至几十家。
dàzáyuàn li. Yí ge yuànzi li zhù zhe shí jǐ jiā, shènzhì jǐ shí jiā.

大家每天抬头不见低头见的, 出门互相打招呼,
Dàjiā měitiān tái tóu bú jiàn dī tóu jiàn de, chū mén hùxiāng dǎ zhāohu,

相处得像一家人。 你上班了, 邮局送来的信件、
xiāngchǔ de xiàng yì jiārén. Nǐ shàng bān le, yóujú sònglái de xìnjiàn,

包裹, 邻居的爷爷奶奶抢着替你收下来; 碰到刮风
bāoguǒ, línjū de yéye nǎinai qiǎng zhe tì nǐ shōu xiàlái; pèngdào guā fēng

下雨的日子, 会有人替你把晾在外面的衣服被子
xià yǔ de rìzi, huì yǒurén tì nǐ bǎ liàngzài wàimian de yīfu bèizi

收起来; 做饭的时候, 少了油盐什么的, 说一声就
shōu qǐlái; zuò fàn de shíhou, shǎo le yóu yán shénmede, shuō yì shēng jiù

可以去邻居家的厨房拿。 如果突然来了客人, 可主人
kěyǐ qù línjū jiā de chúfáng ná. Rúguǒ tūrán lái le kèrén, kě zhǔrén

---

世纪 shìjì 명 세기 | 年代 niándài 명 연대, 시대 | 大杂院 dàzáyuàn 명 공동주택 | 抬头不见低头见 tái tóu bú jiàn dī tóu jiàn 시도 때도 없이 자주 만나다 | 互相 hùxiāng 부 서로 | 打招呼 dǎ zhāohu 인사하다 | 相处 xiāngchǔ 동 함께 살다 | 信件 xìnjiàn 명 우편물 | 包裹 bāoguǒ 명 소포 동 포장하다 | 晾 liàng 동 말리다 | 厨房 chúfáng 명 주방

不在家，那时候没有手机，不能马上联系上，
bú zài jiā, nà shíhou méi yǒu shǒujī, bù néng mǎshàng liánxì shang,

邻居们就会把客人请到自己家，热情接待。邻居们
línjūmen jiù huì bǎ kèrén qǐngdào zìjǐ jiā, rèqíng jiēdài. Línjūmen

互相信任，出门的时候即使不锁门，也不会丢东西。
hùxiāng xìnrèn, chū mén de shíhou jíshǐ bù suǒ mén, yě bú huì diū dōngxi.

北京人都很客气，说话时总要带个"您"字，
Běijīngrén dōu hěn kèqi, shuō huà shí zǒng yào dài ge 'nín' zì,

"您吃啦"、"您去哪儿啊"，听起来特别亲切、
"nín chī la", "nín qù nǎr a", tīng qǐlái tèbié qīnqiè,

舒服。要是问什么事情，或者求别人帮忙，一定会说
shūfu. Yàoshi wèn shénme shìqing, huòzhě qiú biéren bāng máng, yídìng huì shuō

"劳驾"、"麻烦您了"。谁家做了什么好吃的，
"láo jià", "máfan nín le". Shéi jiā zuò le shénme hǎochī de,

一定会送来一盘让你尝尝。你要是道谢，得到的回答
yídìng huì sònglái yì pán ràng nǐ chángchang. Nǐ yàoshi dào xiè, dédào de huídá

肯定是"咱们谁跟谁呀"、"甭客气"、
kěndìng shì "zánmen shéi gēn shéi ya", "béng kèqi",

"这是应该的"。
"zhè shì yīnggāi de".

联系 liánxì 명 동 연락(하다) | **接待** jiēdài 동 접대하다 | **信任** xìnrèn 동 신임하다 | **亲切** qīnqiè 형 친절하다, 다정하다 |
劳驾 láo//jià 동 죄송합니다, 수고하셨습니다 劳您驾 | **道谢** dào//xiè 동 감사의 말을 하다 向他道谢 | **肯定** kěndìng 부 확
실히, 꼭 | **甭** béng 부 ~할 필요 없다

现在很多人都住楼里，虽然居住条件比以前好
Xiànzài hěn duō rén dōu zhù lóu li,　suīrán jūzhù tiáojiàn bǐ yǐqián hǎo

得多，虽然和邻居也是抬头不见低头见的，但很少
de duō,　suīrán hé línjū yě shì tái tóu bú jiàn dī tóu jiàn de,　dàn hěn shǎo

有人知道对方叫什么名字，
yǒurén zhīdào duìfāng jiào shénme míngzi,

甚至见了面也不打招呼。
shènzhì jiàn le miàn yě bù dǎ zhāohu.

请回答1988！怀念那时
Qǐng huídá yī jiǔ bā bā! Huáiniàn nà shí

大杂院里邻居们的
dàzáyuàn li línjūmen de

温暖和真诚！
wēnnuǎn hé zhēnchéng!

독해 2
확인 학습

1. 80년대 베이징 사람들이 주로 거주하던 주택의 형태는 무엇입니까?
① 大杂院　　② 楼里　　③ 不知道

2. 과거 베이징 사람들의 생활에서 서로 밀접한 영향을 주고받았던 이들은 누구입니까?
① 上司　　② 邻居们　　③ 客人

3. 아래 보기 중 베이징 사람들이 자주 쓰는 '客气话'가 아닌 것은 무엇입니까?
① 咱们谁跟谁呀　　② 这是应该的　　③ 抬头不见低头见

居住 jūzhù 동 거주하다 ｜ 怀念 huáiniàn 동 그리워하다 ｜ 温暖 wēnnuǎn 형 따스하다

03 문법 학습

1. '应该', '该'

조동사 '应该'와 '该'는 사회적인 통념, 상식의 기준에서의 의무라는 의미를 나타내며, 추측의 의미도 나타낼 수 있습니다. 부정형식인 '不应该'와 '不该'는 대부분 의무의 부정으로 사용하며, 간혹 추측의 부정으로도 사용합니다.

▶ 现代人应该多走路, 多晒太阳。

▶ 已经上午十一点了, 你该起床了。

▶ 他是东北人, 不应该怕冷吧。

▶ 凌晨一点了, 妈妈又该生气了。

2. '决'와 '并'

부사 '决'와 '并'은 모두 '결코'라는 의미로 주로 부정부사 앞에 출현하여 부정의 어감을 강조합니다.

▶ 这是我自己选择的, 我决不后悔。

▶ 我并没有把你的大衣弄脏。

3. '替'와 '为'

전치사 '替'와 '为'는 '~에게/대신에/위하여'라는 의미로 동작의 '대상'을 나타냅니다.

▶ 今天是妈妈的生日, 李丽替妈妈做了晚饭。

▶ 空姐热情地为每位乘客提供服务。

▶ 我为朋友买了一份礼物。

晒太阳 shài tàiyáng 햇볕을 쬐다 | **空姐** kōngjiě 명 스튜어디스 空中小姐의 준말 | **提供** tígōng 동 제공하다

4. '即使……, 也……'

'即使……, 也……'는 양보관계를 나타내는 접속어로 '(설령) ~하더라도, 그래도 ~하다'라는 의미를 나타냅니다. 선행절에서는 어떤 사실을 인정하고 받아들이고, 후행절에서는 이런 조건에서 발생한 결과를 나타냅니다.

▶她每天都去做运动，即使天气不好也去跑步。

▶他工作非常认真，即使生病也从来不请假。

▶你的意见即使不说我也知道。

▶即使天塌下来，我也要通过这次考试。

5. '抬头不见低头见'

'抬头不见低头见'은 '시도 때도 없이 자주 만난다'라는 의미를 표현할 때 사용합니다.

▶你们俩抬头不见低头见的，一直这样不说话不太好吧？

▶邻居之间抬头不见低头见的，应该互相照顾，好好儿相处。

1. 녹음을 듣고 알맞은 답을 고르세요. 🎧 04-07

   (1) 房玄龄为什么不接受皇帝的奖励？

   ❶ 房玄龄怕别人嫉妒

   ❷ 房玄龄非常爱他的妻子，怕妻子嫉妒

   ❸ 房玄龄并没拒绝皇帝的命令

   (2) 皇帝给了房玄龄的妻子几个选择？

   ❶ 一个 　　　　　　❷ 两个 　　　　　　❸ 三个

2. 녹음을 듣고 질문의 답안과 일치하면 ○, 틀리면 ✕를 표시하세요. 🎧 04-08

   (1) 李丽为妈妈做了晚饭。　　　　　　　　　　□

   (2) 我不小心把你的电脑弄坏了。　　　　　　　□

   (3) 快期末考试了，我应该好好儿复习。　　　　□

3. 사진을 보고 상황에 맞게 대화를 완성해 보세요.

   (1)

   A: 你要去郊区野营吗？

   B: _____
   　　('即使…也' 사용)

   (2)

   A: _____
   　　('替' 사용)

   B: 我朋友下午有考试，
   　　我替她送她的父母去了机场。

4. 다음 문장을 중국어로 써 보세요.

(1) 현대인들은 많이 걷고, 햇볕을 많이 쬐야 한다.

   》 _____

(2) 나는 결코 네 코트를 더럽히지 않았다.

   》 _____

(3) 그가 감기에 걸려서, 나는 그를 대신해 약국에 가서 감기약을 샀다.

   》 _____

(4) 그는 일을 무척 열심히 하는데, 병이 나도 절대 휴가를 내지 않는다.

   》 _____

(5) 이웃들끼리 서로 신뢰해서, 외출할 때 문을 잠그지 않아도 물건이
     없어지지 않는다.

   》 _____

5. 다음 단어 및 구를 어순에 알맞게 배열(첫 단어로 시작)해 보세요.

(1) 了(2회) / 起床 / 十一点 / 该 / 你 / 上午 / , / 。
   》已经 _____

(2) 后悔 / 我自己 / 决 / 我 / 不 / 的 / 选择 / , / 。
   》这是 _____

(3) 不说 / 知道 / 意见 / 即使 / 也 / 我 / 。
   》你的 _____

(4) 毒酒 / 醋 / 并 / 而是 / 不是 / , / 。
   》这 _____

(5) 怕冷 / 东北人 / 不应该 / 吧 / 是 / , / 。
   》他 _____

더 알아보아요!

중국 문화

老北京이 좋아하는 전통 과자점, 北京稻香村 Běijīng Dàoxiāngcūn

✦ 100년 이상의 역사와 맛을 자랑하는 전통 과자점, 北京稻香村

베이징 거리를 다니다 보면 北京稻香村이란 이름을 가진 빨간색 간판의 상점이 곳곳에서 눈에 띈다. 혹은 베이징의 대형 마트 한 쪽에는 어김없이 北京稻香村 판매대가 마련되어 있다. 이 상점을 드나드는 사람들이 찾는 것은 베이징의 다양한 전통 간식이다. 월병, 과자, 중국식 케이크 등의 디저트류는 물론 말린 두부나 조린 달걀, 냉동식품, 각종 조미료 등도 취급하는 이 상점은 오랜 역사를 자랑하는 베이징을 대표하는 과자점 北京稻香村이다.

1895년 南京 출신인 郭玉生 Guō Yùshēng이 베이징 중심인 前门大街 Qiánmén Dàjiē에 처음 문을 연 이래로 稻香村은 많은 老北京의 사랑을 받아왔다. 중국의 대문호 鲁迅(Lǔ Xùn, 1881~1936) 역시 베이징에 머물던 시절 稻香村을 자주 찾았던 것으로 유명한데, 그의 일기에도 여러 차례 언급되어 있다.

北京稻香村은 남방식으로 만든 제철 식품과 전통 과자류 600여 종을 생산하고 있으며, 1993년에는 오랜 역사와 브랜드 가치를 인정받아 中华老字号 Zhōnghuá lǎozìhào 로 선정되기도 했다. 전통 과자류를 주로 취급하는 北京稻香村은 최근 故宫과 협업하여 월병 선물 세트, 端午节 스페셜 과자 세트와 굿즈 등을 출시하기도 하고 상하이를 대표하는 과자 브랜드와 협업하여 특별 선물 세트를 출시하는 등 다양한 시도를 하며 여전히 많은 사람들의 사랑을 받고 있다.

베이징에 방문하면 北京稻香村에 들러 전통 간식을 구입해 보자. 아침 일찍부터 줄을 서서 마음에 드는 간식을 하나씩 고르다 보면 어느새 老北京이 된 듯한 로컬의 기분을 느낄 수 있을 것이다.

北京稻香村이 故宮과 협업해 만든 선물세트   단오절 과자 세트

✦ 베이징 전통 茶馆 cháguǎn과 생활 속 茶 문화

중국에는 茶馆에 모여 차를 마시며 담소를 나누는 문화가 일찍부터 자리 잡았다. 茶楼 chálóu, 茶肆 chásì, 茶坊 cháfāng 이라고도 하는 찻집에 대한 기록은 고대에서부터 찾아볼 수 있다. 중국의 茶馆은 얼핏 유럽의 살롱(salon)과 유사한 것 같지만, 이 둘은 차이가 있다. 살롱이 귀족층에 제한되었던 반면 중국의 茶馆은 개방된 장소로, 대중을 위한 휴식의 공간이었다. 베이징을 대표하는 작가 老舍(Lǎo Shě, 1899~1966)의 희곡《茶馆》에는 이러한 찻집의 특징이 잘 드러난다.

베이징에는 현재에도 차를 마시며 문화와 여가를 즐길 수 있는 특색있는 茶馆이 곳곳에 존재한다. 다양한 차 제품과 다기 세트, 관련 전시와 굿즈 등 볼거리가 가득한 茶馆은 현지인과 관광객들로 북적인다. 특히, 중국 전통 간식과 함께 차를 마시며 전통 공연극인 京剧 jīngjù, 몇 초 만에 얼굴 가면을 바꾸는 变脸 biànliǎn, 중국식 전통 스탠드 개그에 해당하는 相声 xiàngsheng 등을 한꺼번에 관람하는 패키지 상품은 언제나 인기가 많아서 예약하지 않으면 관람이 어려울 정도이다.

베이징을 대표하는 작가 老舍의 이름을 따서 1988년에 설립된 老舍茶馆 Lǎo Shě Cháguǎn 은 베이징 시내 중심인 天安门 근처에 위치하며, 매일 저녁 전통 공연을 관람할 수 있다.

이밖에, 중국인들은 생활 속에서도 집 근처에 위치한 현대식 茶艺馆 cháyì guǎn 에 들러 차를 맛보는 品茶 pǐn chá 활동을 즐기거나, 차와 관련된 전문적인 수업을 듣기도 하며 생활 속에서 차 문화를 이어가고 있다.

제5과

心急吃不了热豆腐。

조급하게 서두르면 되는 일이 없어요.

《 학습 목표 》

❶ 양사 앞과 뒤에 오는 '半' 구분하여 사용하기

❷ '多'를 사용하여 어림수 나타내기

❸ 같은 의미를 나타내는 '几乎'와 '几乎+没' 파악하기

❹ 전환 관계 표현하기

01 문형 학습

문형 1

我学了两年半汉语。 나는 2년 반 동안 중국어를 배웠다.

05-01 Wǒ xué le liǎng nián bàn Hànyǔ.

坐 zuò	一个半小时 yí ge bàn xiǎoshí	飞机 fēijī
弹 tán	半年 bàn nián	钢琴 gāngqín
练 liàn	半个月 bàn ge yuè	瑜伽 yújiā

A 你学了多长时间汉语?
Nǐ xué le duō cháng shíjiān Hànyǔ?

B 我学了两年半汉语。
Wǒ xué le liǎng nián bàn Hànyǔ.

문형 2

这个行李(有)十五公斤多重。 이 짐은 무게가 15kg 남짓이다.

05-02 Zhè ge xíngli (yǒu) shíwǔ gōngjīn duō zhòng.

这条河 Zhè tiáo hé	三米多深 sān mǐ duō shēn
这条河大约 Zhè tiáo hé dàyuē	四百五十多米宽 sìbǎi wǔshí duō mǐ kuān
他家儿子大概 Tā jiā érzi dàgài	二十多岁 èrshí duō suì

A 这个行李(有)多重?
Zhè ge xíngli (yǒu) duō zhòng?

B 这个行李(有)十五公斤多重。
Zhè ge xíngli (yǒu) shíwǔ gōngjīn duō zhòng.

练 liàn 동 연습하다, 훈련하다 | 多 duō 수 여, 남짓 | 河 hé 명 강, 하천 | 大约 dàyuē 부 대략 | 宽 kuān 형 (폭·범위·면적 따위가) 넓다

문형 ❸

他们俩几乎打了起来。 그 두 사람은 하마터면 싸울 뻔했다.

🎧 05-03
Tāmen liǎ jīhū dǎ le qǐlái.

她	摔倒了
Tā	shuāidǎo le

我	迟到了
Wǒ	chídào le

我	忘记了
Wǒ	wàngjì le

 A 他们俩是不是打了起来?
Tāmen liǎ shì bu shì dǎ le qǐlái?

他们俩几乎打了起来。 **B**
Tāmen liǎ jīhū dǎ le qǐlái.

문형 ❹

她那个人尽管说话难听，但是人并不坏。

🎧 05-04
Tā nà ge rén jǐnguǎn shuō huà nántīng, dànshì rén bìng bú huài.
그녀는 비록 말은 험하게 해도 사람이 결코 나쁜 건 아니다.

我最近	忙得很	但是仍然坚持每天锻炼身体
Wǒ zuìjìn	máng de hěn	dànshì réngrán jiānchí měitiān duànliàn shēntǐ
学习	很累、很苦	可是我仍然坚持着
Xuéxí	hěn lèi, hěn kǔ	kěshì wǒ réngrán jiānchí zhe
他成绩	已经很优秀了	可是他仍旧不断地努力
Tā chéngjì	yǐjīng hěn yōuxiù le	kěshì tā réngjiù búduàn de nǔlì

 A 她那个人怎么样?
Tā nà ge rén zěnmeyàng?

她那个人尽管说话难听，但是人并不坏。 **B**
Tā nà ge rén jǐnguǎn shuō huà nántīng, dànshì rén bìng bú huài.

几乎 jīhū 부 거의, 하마터면 | **尽管** jǐnguǎn 접 비록(설령) ~라 하더라도 | **难听** nántīng 형 귀에 거슬리다 | **仍然** réngrán 부 여전히, 아직도 | **苦** kǔ 형 고되다, 고생스럽다 | **优秀** yōuxiù 형 우수하다, 뛰어나다

"一个小球，   又圆又滑， 东蹦西跳， 两头挨打。"
"Yí ge xiǎo qiú,   yòu yuán yòu huá, dōng bèng xī tiào, liǎngtóu ái dǎ."

这是什么呢？这就是乒乓球。在中国，乒乓球是一项
Zhè shì shénme ne? Zhè jiù shì pīngpāngqiú. Zài Zhōngguó, pīngpāngqiú shì yí xiàng

大众化的运动，普及率非常高，几乎在各个年龄段中都
dàzhònghuà de yùndòng,   pǔjílǜ fēicháng gāo,   jīhū zài gègè niánlíngduàn zhōng dōu

能看到人们打乒乓球的身影，无论是孩子还是老人，
néng kàndào rénmen dǎ pīngpāngqiú de shēnyǐng, wúlùn shì háizi háishi lǎorén,

打乒乓球的都非常多。无论是在学校、公司，还是
dǎ pīngpāngqiú de dōu fēicháng duō. Wúlùn shì zài xuéxiào,   gōngsī,   háishi

在小区，人们都可以方便地找到乒乓球桌一起娱乐。
zài xiǎoqū,   rénmen dōu kěyǐ fāngbiàn de zhǎodào pīngpāng qiúzhuō yìqǐ yúlè.

许多人通过打乒乓球来结交朋友、锻炼身体，并
Xǔduō rén tōngguò dǎ pīngpāngqiú lái jiéjiāo péngyou,   duànliàn shēntǐ,   bìng

享受运动带来的乐趣。
xiǎngshòu yùndòng dàilái de lèqù.

滑 huá 형 반들반들하다, 매끈매끈하다 | 蹦 bèng 동 튀다, 튀어오르다 | 两头 liǎngtóu 명 두 끝, 양쪽 | 挨打 ái//dǎ 동
얻어 맞다 挨过打 | 乒乓球 pīngpāngqiú 명 탁구, 탁구공 | 普及率 pǔjílǜ 명 보급률 | 身影 shēnyǐng 명 그림자, 모습 |
无论 wúlùn 접 ~을 막론하고 | 球桌 qiúzhuō 명 탁구대, 테이블 | 结交 jiéjiāo 동 사귀다, 친분을 쌓다 | 乐趣 lèqù 명 즐
거움

汤姆来到中国以后，也开始学打乒乓球，到
Tāngmǔ láidào Zhōngguó yǐhòu, yě kāishǐ xué dǎ pīngpāngqiú, dào

现在已经学了一年半了。在这个两米多长、一米多
xiànzài yǐjīng xué le yì nián bàn le. Zài zhè ge liǎng mǐ duō cháng, yì mǐ duō

宽的乒乓球桌上，一个小球飞来飞去，汤姆觉得
kuān de pīngpāng qiúzhuō shang, yí ge xiǎo qiú fēi lái fēi qù, Tāngmǔ juéde

非常有意思。他还经常看乒乓球比赛，有时选手们
fēicháng yǒu yìsi. Tā hái jīngcháng kàn pīngpāngqiú bǐsài, yǒushí xuǎnshǒumen

为了接球，几乎退到场地的最后边，但还是能把球
wèile jiē qiú, jīhū tuìdào chǎngdì de zuì hòubian, dàn háishi néng bǎ qiú

选手 xuǎnshǒu 명 선수 | **退** tuì 동 물러나다 | **场地** chǎngdì 명 장소, 경기장

再打回球桌上；有时球的速度快得几乎看不到球。
zài dǎhuí qiúzhuō shang; yǒushí qiú de sùdù kuài de jīhū kàn bu dào qiú.

汤姆感到不可思议，觉得这就是乒乓球的魅力。
Tāngmǔ gǎndào bù kě sī yì, juéde zhè jiù shì pīngpāngqiú de mèilì.

尽管汤姆在中国的生活很忙，但他想坚持学下去，
Jǐnguǎn Tāngmǔ zài Zhōngguó de shēnghuó hěn máng, dàn tā xiǎng jiānchí xué xiàqù,

争取明年参加一次乒乓球比赛。
zhēngqǔ míngnián cānjiā yí cì pīngpāngqiú bǐsài.

<table>
<tr><td rowspan="2">독해1
확인 학습</td><td colspan="3">1. 톰은 탁구를 얼마 동안 배웠습니까?</td></tr>
<tr><td>① 半年</td><td>② 一年</td><td>③ 一年半</td></tr>
<tr><td></td><td colspan="3">2. 탁구대의 넓이는 얼마입니까?</td></tr>
<tr><td></td><td>① 两米多长</td><td>② 一米多宽</td><td>③ 不知道</td></tr>
</table>

速度 sùdù 명 속도 | 不可思议 bù kě sī yì 상상할 수 없다, 불가사의하다 | 魅力 mèilì 명 매력 | 争取 zhēngqǔ 동 쟁취하다, 노력하다

🎧 05-06

钓鱼

钓鱼是一项户外休闲运动，它没有其他运动
Diào yú shì yí xiàng hùwài xiūxián yùndòng,　tā méiyǒu qítā yùndòng

那么激烈，最重要的是要有耐心。很多时候，可能
nàme jīliè,　　zuì zhòngyào de shì yào yǒu nàixīn.　Hěn duō shíhou,　kěnéng

要等一个小时、两个小时，甚至半天，有时候甚至
yào děng yí ge xiǎoshí,　　liǎng ge xiǎoshí,　shènzhì bàn tiān,　yǒu shíhou shènzhì

一整天都没有什么收获。
yì zhěngtiān dōu méi yǒu shénme shōuhuò.

小时候，爸爸妈妈总是在晴朗的日子带我去
Xiǎo shíhou,　bàba māma zǒngshì zài qínglǎng de rìzi dài wǒ qù

钓鱼。还记得第一次去钓鱼的那天，我们在河边
diào yú.　Hái jìde dì yī cì qù diào yú de nà tiān,　　wǒmen zài hébiān

找到一个合适的地方后开始准备。爸爸熟练地拿出
zhǎodào yí ge héshì de dìfang hòu kāishǐ zhǔnbèi.　　Bàba shúliàn de náchū

鱼竿，把鱼饵放在鱼钩上，然后把鱼线抛出去。我
yúgān,　　bǎ yú'ěr fàngzài yúgōu shang,　　ránhòu bǎ yúxiàn pāo chūqù.　　Wǒ

也学着爸爸的样子把鱼线抛出去后，就坐下来等待。
yě xué zhe bàba de yàngzi bǎ yúxiàn pāo chūqù hòu,　　jiù zuò xiàlái děngdài.

钓 diào 동 낚다, 낚시질하다 | **鱼** yú 명 물고기 | **休闲** xiūxián 동 휴식 레저 활동을 하다 | **耐心** nàixīn 명 형 인내심(이 강하다) | **收获** shōuhuò 명 동 수확(하다), 성과 | **晴朗** qínglǎng 형 맑다 | **熟练** shúliàn 형 숙련되다 | **鱼竿** yúgān 명 낚싯대 | **鱼饵** yú'ěr 명 미끼, 낚싯밥 | **鱼钩** yúgōu 명 낚싯바늘 | **鱼线** yúxiàn 명 낚싯줄 | **抛** pāo 동 던지다 | **样子** yàngzi 명 모습 | **等待** děngdài 동 기다리다

我把鱼竿紧紧地握在手中， 眼睛一直盯着河面。 等
Wǒ bǎ yúgān jǐnjǐn de wòzài shǒu zhōng, yǎnjing yìzhí dīng zhe hémiàn. Děng

了十多分钟， 没有动静， 等了一个多小时， 还是没
le shí duō fēnzhōng, méi yǒu dòngjing, děng le yí ge duō xiǎoshí, háishi méi

有动静。 可是爸爸已经钓到了两条鱼， 其他来钓鱼
yǒu dòngjing. Kěshì bàba yǐjīng diàodào le liǎng tiáo yú, qítā lái diào yú

的人也几乎都钓到了。 我失望地说： "我这里没有鱼，
de rén yě jīhū dōu diàodào le. Wǒ shīwàng de shuō: "Wǒ zhèli méi yǒu yú,

我不想钓了。" 爸爸安慰我说： "心急吃不了热豆腐，
wǒ bù xiǎng diào le." Bàba ānwèi wǒ shuō: "Xīn jí chī bu liǎo rè dòufu,

要有耐心。" 在我几乎要放弃的时候， 忽然， 我发现
yào yǒu nàixīn." Zài wǒ jīhū yào fàngqì de shíhou, hūrán, wǒ fāxiàn

鱼竿在抖动， 就马上向上拉， 可惜鱼逃走了。 尽管
yúgān zài dǒudòng, jiù mǎshàng xiàng shàng lā, kěxī yú táozǒu le. Jǐnguǎn

很累、 很无聊， 但我看到了希望。 我又继续等， 又
hěn lèi, hěn wúliáo, dàn wǒ kàndào le xīwàng. Wǒ yòu jìxù děng, yòu

紧 jǐn 형 팽팽하다 동 팽팽히 당기다 | 握 wò 동 잡다, 쥐다 | 盯 dīng 동 응시하다 | 河面 hémiàn 명 강(하천)의 수면 |
动静 dòngjing 명 동정, 기미 | 心急吃不了热豆腐 xīn jí chī bu liǎo rè dòufu 조급하게 서두르면 되는 일이 없다 | 抖动
dǒudòng 동 떨(리)다 | 可惜 kěxī 형 아쉽다 | 无聊 wúliáo 형 지루하다

过了半个多小时, 终于钓上来了一条, 尽管是一条
guò le bàn ge duō xiǎoshí,　　zhōngyú diào shànglái le yì tiáo,　jǐnguǎn shì yì tiáo

小鱼, 但我高兴极了。 后来我又钓到了两条鱼, 大
xiǎo yú,　　dàn wǒ gāoxìng jíle.　　Hòulái wǒ yòu diàodào le liǎng tiáo yú,　　dà

的有一斤多重。
de yǒu yì jīn duō zhòng.

那天的收获非常大, 我们一共钓到了十几条鱼。
Nà tiān de shōuhuò fēicháng dà,　wǒmen yígòng diàodào le shí jǐ tiáo yú.

最重要的收获是, 这次钓鱼让我明白一个道理: 做
Zuì zhòngyào de shōuhuò shì, zhè cì diào yú ràng wǒ míngbai yí ge dàoli:　　Zuò

什么事, 都不能着急, 心急吃不了热豆腐。 只要不
shénme shì,　　dōu bù néng zháojí,　　xīn jí chī bu liǎo rè dòufu.　　Zhǐyào bú

放弃, 耐心等待, 就一定能得到好结果。
fàngqì,　　nàixīn děngdài,　　jiù yídìng néng dédào hǎo jiéguǒ.

**독해 2
확인 학습**

1. 낚시의 특징이 <u>아닌</u> 것은 무엇입니까?
　① 一项户外休闲运动　　　② 需要耐心等待　　　③ 动作激烈

2. 나는 누구와 언제 처음 낚시를 갔습니까?
　① 到中国后朋友们教我钓鱼
　② 小时候, 父母带我去钓鱼
　③ 长大后, 我自己去河边开始钓鱼

3. 생애 첫 낚시에서 나는 물고기 몇 마리를 잡았습니까?
　① 两条鱼　　　　　② 三条鱼　　　　　③ 十几条鱼

道理 dàoli 몡 법칙, 도리 | 结果 jiéguǒ 몡 결과, 결실

03 문법 학습

1. 수사 '半'

수사 '半'은 1/2을 나타냅니다. '半' 앞에 정수가 있으면 '수사+양사+半(+명사)'의 형식으로 쓰고, '半' 앞에 정수가 없으면 '半+양사(+명사)'의 형식으로 씁니다.

- ▶我学了两年半汉语。
- ▶我弹了半年钢琴。
- ▶再过半个月就开学了。

2. '多'를 사용한 어림수 표시법

'多'는 수량사 중간이나 수량사 뒤에 출현하여 해당 숫자를 조금 넘는 확정적이지 않은 나머지 수가 있음을 나타냅니다. 마지막 자릿수가 '1~9'로 끝나는 경우 '수사+양사+多'의 형식으로 표현하고, '0'으로 끝나는 경우 '수사+多+양사'의 형식으로 표현합니다.

- ▶早餐十多块钱并不算贵。
- ▶这些东西(有)十五公斤多重。
- ▶他家儿子大概(有)二十多岁。

3. 부사 '几乎'와 '几乎+没'

'几乎'는 '差点儿'과 마찬가지로 '하마터면/자칫하면'이라는 의미의 부사입니다. 말하는 사람이 어떤 일이 발생하지 않길 바랄 때 '几乎+V'와 '几乎+没+V'는 모두 '다행히도 결국 발생하지 않았다'라는 의미를 나타냅니다. 둘 다 같은 의미를 나타내지만 '几乎+V'는 '하마터면 ~할 뻔했다', '几乎+没+V'는 '다행히 ~하지 않았다'의 어감을 나타냅니다. 입말에서는 '几乎'보다 '差点儿'을 좀 더 많이 사용합니다.

- ▶他们俩几乎打了起来。(=他们俩差点儿打了起来。)
- ▶他们俩几乎没打起来。(=他们俩差点儿没打起来。)

早餐 zǎocān 명 아침 식사

4. '尽管……，但是/可是……'

'尽管'은 '비록 ~라 하더라도'라는 의미로 복문의 선행절에 쓰여 '虽然'과 동일한 기능을 합니다. 후행절에는 '但是/可是' 등이 쓰입니다.

> ▸她那个人尽管说话难听，但是人并不坏。
>
> ▸他成绩尽管已经很优秀了，可是他仍旧不断地努力。
>
> ▸尽管我忙得很，但是今天特意来看你。

5. '心急吃不了热豆腐'

'心急吃不了热豆腐'는 '조급하게 서두르면 되는 일이 없다'라는 의미를 표현할 때 사용합니다.

> ▸做事不能太着急，心急吃不了热豆腐。
>
> ▸心急吃不了热豆腐，这件事再等等，会有结果的。

特意 tèyì 부 특별히, 일부러

04 연습 문제

1. 녹음을 듣고 알맞은 답을 고르세요. 🎧 05-07

   (1) 哪个不是乒乓球的特点?

   ❶ 一项大众化的运动　　❷ 普及率很高　　❸ 学起来非常难

   (2) 汤姆为什么要坚持学习乒乓球?

   ❶ 结交很多朋友

   ❷ 争取参加明年的比赛

   ❸ 经常看乒乓球比赛

2. 녹음을 듣고 질문의 답안과 일치하면 ○, 틀리면 ✕를 표시하세요. 🎧 05-08

   (1) 我练了两年半瑜伽。

   (2) 这条河有三米深。

   (3) 他成绩尽管已经很不错了，可是他还是坚持努力学习。

3. 사진을 보고 상황에 맞게 대화를 완성해 보세요.

   (1)

   A: 他们俩是不是打了起来?

   B: _____
   　　('几乎' 사용)

   (2)

   A: _____
   　　('多' 사용)

   B: 这个行李有三十多公斤。

4. 다음 문장을 중국어로 써 보세요.

(1) 나는 2년 반 동안 중국어를 배웠다.

» _____

(2) 그 집 아들은 대략 스무 살 남짓이다.

» _____

(3) 나는 하마터면 지각할 뻔했다.

» _____

(4) 비록 내가 몹시 바쁘지만, 오늘 특별히 너를 보러 왔다.

» _____

(5) 이 강은 깊이가 3m 남짓이다.

» _____

5. 다음 단어 및 구를 어순에 알맞게 배열(첫 단어로 시작)해 보세요.

(1) 行李 / 十五 / 多 / 有 / 重 / 公斤 / 个 / 。

» 这 _____

(2) 月 / 就 / 了 / 过 / 开学 / 半 / 个 / 。

» 再 _____

(3) 但是 / 并不 / 那个人 / 说话 / 尽管 / 难听 / 坏 / 人 / , / 。

» 她 _____

(4) 块钱 / 不算 / 十 / 并 / 多 / 贵 / 。

» 早餐 _____

(5) 但是 / 坚持 / 身体 / 仍然 / 忙得很 / 锻炼 / 尽管 / 每天 / , / 。

» 我最近 _____

중국 문화

중국을 대표하는 술, 黄酒 huángjiǔ 와 白酒 báijiǔ

✦ 중국을 대표하는 黄酒와 白酒

'无酒不成席 Wú jiǔ bù chéng xí(술이 없으면 자리가 만들어지지 않는다)'라는 말이 있을 만큼 많은 중국인은 술을 사랑하며 즐긴다. 중국의 넓은 땅덩이만큼 중국술은 각 지방의 토양과 기후에 따라 특색있는 풍미와 맛을 가지는데, 주로 곡물을 주원료로 하며 높은 도수와 강한 향을 특징으로 한다.

중국술은 제조 방법에 따라 크게 양조주와 증류주로 나눌 수 있다. 양조주를 대표하는 것은 황색을 띠며 달콤한 맛이 특징인 黄酒이다. 쌀을 비롯한 각종 곡물을 발효시켜 만들기 때문에 米酒 mǐjiǔ 라고도 한다. 중국 고대부터 마셨다고 전해지는 黄酒는 중국 전통 발효주로, 浙江省 Zhèjiāng Shěng 남쪽 도시인 绍兴 Shàoxīng 에서 찹쌀을 발효시켜 만든 绍兴酒가 특히 유명하다. 黄酒는 36~38도 정도로 따스하게 데워서 마시는 것이 전통적인 음용법이나, 최근에는 젊은 층의 취향을 사로잡기 위해 얼음과 함께 차게 마시거나, 레몬과 사이다 등을 섞어 칵테일로 마시는 다양한 방법들이 소개되고 있다.

白酒는 증류 기술의 발전과 밀접한 관련이 있는 술로 38도와 52도의 높은 도수와 강한 향, 무색을 특징으로 한다. 白酒는 향에 따라 분류하는 것이 일반적이며, 발효와 숙성 과정이 길어질수록 맛이 진하고 깊어진다. 백주를 대표하는 브랜드인 贵州省 Guìzhōu Shěng 茅台 Máotái 에서 생산하는 茅台酒와 찹쌀, 수수, 쌀 옥수수, 밀 다섯 가지 곡식을 발효하여 만든 五粮液 wǔliángyè 는 모두 白酒에 속한다. 중국을 대표하는 주류 브랜드이기도 한 茅台酒는 젊은 고객들을 사로잡기 위해 아이스크림과 茅台를 접목하기도 하고, 커피 브랜드와 협업을 이어가는 등 전통과 변화를 동시에 추구하고 있다.

茅台와 협업한 아이스크림

茅台를 넣은 커피인 酱香拿铁 jiàngxiāng nátiě

✦ 중국 十大名酒 shí dà míng jiǔ

1952년 처음 열린 중국 전국주류품평회에서는 중국을 대표하는 名酒를 선별해 오고 있다. 기준에 따라 4대 명주 혹은 8대 명주로 나뉘기도 한다.

茅台 máotái	五粮液 wǔliángyè	泸州老窖 lúzhōulǎojiào	梦之蓝 mèngzhīlán	剑南春 jiànnánchūn
古井贡酒 gǔjǐnggòngjiǔ	郎酒 lángjiǔ	西凤酒 xīfèngjiǔ	汾酒 fénjiǔ	水井坊 shuǐjǐngfáng

알아두면 유용한 표현

단어 및 표현	발음	뜻
干杯	gānbēi	건배
随意	suíyì	원하는 만큼 마시다
代饮	dàiyǐn	대신 마시다, 흑기사
以茶代酒	yǐ chá dài jiǔ	차로써 술을 대신하다

건배사	발음	뜻
为我们的友谊干杯!	Wèi wǒmen de yǒuyì gānbēi!	우리의 우정을 위하여 건배!
感情深一口闷，感情浅舔一舔！	Gǎnqíng shēn yì kǒu mèn, gǎnqíng qiǎn tiǎn yì tiǎn!	정이 깊으면 원샷, 정이 얕으면 입만 대세요!
酒逢知己千杯少，话不投机半句多。	Jiǔ féng zhījǐ qiān bēi shǎo, huà bù tóujī bàn jù duō.	벗을 만나면 천 잔술도 부족하고, 말이 통하지 않는 자와 만나면 반 마디 말도 많은 법.

昨天丢的书包我找着了。

어제 잃어버린 책가방을 찾았어요.

〈학습 목표〉

❶ 동작이나 행위의 결과 표현하기

❷ '不是……吗？'로 반어의문문 표현하기

❸ 접속어로 양보 관계 표현하기

문형 ①

昨天丢的书包我找着了。 어제 잃어버린 책가방을 나는 찾았다.

 06-01
Zuótiān diū de shūbāo wǒ zhǎozháo le.

那双鞋 Nà shuāng xié	他 tā	终于 zhōngyú	买 mǎi
我们家两个孩子 Wǒmen jiā liǎng ge háizi		都 dōu	睡 shuì
这个谜语 Zhè ge míyǔ	我 wǒ		猜 cāi

Ⓐ 昨天丢的书包你找着了吗?
Zuótiān diū de shūbāo nǐ zhǎozháo le ma?

昨天丢的书包我找着了。 Ⓑ
Zuótiān diū de shūbāo wǒ zhǎozháo le.

 문형 ②

随着社会的发展，人们的生活水平提高了很多。

 06-02
Suízhe shèhuì de fāzhǎn, rénmen de shēnghuó shuǐpíng tígāo le hěn duō.
사회가 발전함에 따라, 사람들의 생활 수준이 많이 향상되었다.

医学技术的发展 yīxué jìshù de fāzhǎn	老年人口 lǎonián rénkǒu	逐渐增加 zhújiàn zēngjiā
时代的变化 shídài de biànhuà	科学技术 kēxué jìshù	日益发展 rìyì fāzhǎn
医学的发展 yīxué de fāzhǎn	现代人的寿命 xiàndài rén de shòumìng	越来越长 yuè lái yuè cháng

Ⓐ 随着社会的发展，人们的生活水平有什么变化?
Suízhe shèhuì de fāzhǎn, rénmen de shēnghuó shuǐpíng yǒu shénme biànhuà?

随着社会的发展，人们的生活水平提高了很多。 Ⓑ
Suízhe shèhuì de fāzhǎn, rénmen de shēnghuó shuǐpíng tígāo le hěn duō.

随着 suízhe 전 ~에 따라 | 社会 shèhuì 명 사회 | 医学 yīxué 명 의학 | 老年 lǎonián 명 노인, 노년 | 逐渐 zhújiàn 부
점점 | 时代 shídài 명 시대 | 科学 kēxué 명 과학 | 技术 jìshù 명 기술 | 日益 rìyì 부 갈수록 | 寿命 shòumìng 명 수명

明天有考试，我得努力学习。

 Míngtiān yǒu kǎoshì, wǒ děi nǔlì xuéxí.

06-03 내일 시험이 있어서, 나는 열심히 공부해야 한다.

我 Wǒ	去过香港 qù guo Xiānggǎng	但是还想去那儿玩儿 dànshì hái xiǎng qù nàr wánr
我 Wǒ	刚吃完饭 gāng chīwán fàn	可是这么好吃的甜品，怎么能不吃呀 kěshì zhème hǎochī de tiánpǐn, zěnme néng bù chī ya
我 Wǒ	挺喜欢运动的 tǐng xǐhuan yùndòng de	但是今天太累，想休息休息 dànshì jīntiān tài lèi, xiǎng xiūxi xiūxi

 明天不是有考试吗?
Míngtiān bú shì yǒu kǎoshì ma?

对。明天有考试，我得努力学习。
Duì. Míngtiān yǒu kǎoshì, wǒ děi nǔlì xuéxí.

 我们再困难也要坚持下去。

 Wǒmen zài kùnnan yě yào jiānchí xiàqù.

06-04 우리는 아무리 어려워도 버텨 나가야 한다.

累 lèi	要保持愉快的心情 yào bǎochí yúkuài de xīnqíng
繁忙 fánmáng	不能忽视身体健康 bù néng hūshì shēntǐ jiànkāng
难 nán	不要轻易放弃工作 bú yào qīngyì fàngqì gōngzuò

 我们再困难也要坚持下去。
Wǒmen zài kùnnan yě yào jiānchí xiàqù.

谁说不是啊! 我也这么想的，我们再困难也要坚持下去。
Shéi shuō bú shì a! Wǒ yě zhème xiǎng de, wǒmen zài kùnnan yě yào jiānchí xiàqù. **B**

甜品 tiánpǐn 명 디저트 | 繁忙 fánmáng 형 바쁘다 | 忽视 hūshì 동 소홀히 하다 | 轻易 qīngyì 부 가볍게, 함부로

독해1 🎧 06-05

随着人类社会的发展，　环境问题越来越受到
Suízhe rénlèi shèhuì de fāzhǎn,　huánjìng wèntí yuè lái yuè shòudào

人们的重视。为了保护环境，　垃圾分类是每个人都
rénmen de zhòngshì.　Wèile bǎohù huánjìng,　lājī fēnlèi shì měi ge rén dōu

要参与的。但有这么一群人，　他们认为垃圾分类不
yào cānyù de.　Dàn yǒu zhème yì qún rén,　tāmen rènwéi lājī fēnlèi bú

是解决垃圾问题的根本方法，　他们努力不制造垃圾，
shì jiějué lājī wèntí de gēnběn fāngfǎ,　tāmen nǔlì bú zhìzào lājī,

这就是零垃圾(Zero Waste)环保行动。
zhè jiù shì líng lājī (Zero Waste) huánbǎo xíngdòng.

2008年，　贝亚·强生通过各种生活实验，成功
Èr líng líng bā nián, Bèiyà·Qiángshēng tōngguò gè zhǒng shēnghuó shíyàn, chénggōng

地将一家四口本来每天几公斤的垃圾，　减少到一年只有
de jiāng yì jiā sì kǒu běnlái měitiān jǐ gōngjīn de lājī,　jiǎnshǎo dào yì nián zhǐ yǒu

一小玻璃罐垃圾。贝亚·强生的故事被媒体报道后，
yì xiǎo bōli guàn lājī.　Bèiyà·Qiángshēng de gùshi bèi méitǐ bàodào hòu,

无数人开始过零垃圾生活，　其中一个人就是汤姆。
wúshù rén kāishǐ guò líng lājī shēnghuó,　qízhōng yí ge rén jiù shì Tāngmǔ.

所有人都在"双十一"疯狂购物时，　汤姆尽量
Suǒyǒu rén dōu zài 'Shuāng Shí-Yī' fēngkuáng gòuwù shí,　Tāngmǔ jǐnliàng

不在网上买东西；买东西时，　他总是自带布袋，
bú zài wǎngshang mǎi dōngxi; mǎi dōngxi shí,　tā zǒngshì zì dài bùdài,

---

重视 zhòngshì 동 중시하다 | 参与 cānyù 동 참여하다 | 解决 jiějué 동 해결하다 | 根本 gēnběn 형 중요한, 주요한 |
制造 zhìzào 동 만들다 | 贝亚·强生 Bèiyà·Qiángshēng 고유 비 존슨 | 实验 shíyàn 명 동 실험(하다) | 将 jiāng 전 ~
을/를 | 玻璃 bōli 명 유리 | 罐 guàn 명 항아리, 깡통 | 媒体 méitǐ 명 매체 | 报道 bàodào 명 동 보도(하다) | 疯狂
fēngkuáng 형 실성하다 | 购物 gòuwù 물건을 구입하다 | 尽量 jǐnliàng 부 최대한 | 布袋 bùdài 명 장바구니, (천으로 만
든) 에코백

选择没有包装的产品；他很少买新衣服，而是买
xuǎnzé méi yǒu bāozhuāng de chǎnpǐn; tā hěn shǎo mǎi xīn yīfu, ér shì mǎi

二手衣服或跟别人交换。很多人认为再环保也不能
èrshǒu yīfu huò gēn biéren jiāohuàn. Hěn duō rén rènwéi zài huánbǎo yě bù néng

完全放弃生活中的便利。汤姆说："对。但我发现
wánquán fàngqì shēnghuó zhōng de biànlì. Tāngmǔ shuō: "Duì. Dàn wǒ fāxiàn

生活中有太多不需要的东西，这让我感到焦虑。
shēnghuó zhōng yǒu tài duō bù xūyào de dōngxi, zhè ràng wǒ gǎndào jiāolǜ.

可我开始把东西变少以后，我的生活没有变得不
Kě wǒ kāishǐ bǎ dōngxi biànshǎo yǐhòu, wǒ de shēnghuó méiyǒu biàn de bù

开心，而是活得更轻松、更自由。既让自己开心，
kāixīn, ér shì huó de gèng qīngsōng, gèng zìyóu. Jì ràng zìjǐ kāixīn,

又可以保护环境，这不是一举两得吗？其实'零'
yòu kěyǐ bǎohù huánjìng, zhè bú shì yì jǔ liǎng dé ma? Qíshí 'líng'

不是那么重要，每个人可以做到什么程度，都是
bú shì nàme zhòngyào, měi ge rén kěyǐ zuòdào shénme chéngdù, dōu shì

自己的选择。"
zìjǐ de xuǎnzé."

독해1 확인 학습

1. 생활 쓰레기를 만들지 않기 위해 노력하는 환경운동의 이름은 무엇입니까?
   ① 贝亚环保运动　　② 零垃圾环保运动　　③ 环保实验运动

2. 汤姆가 실천하는 환경운동이 아닌 것은 무엇입니까?
   ① 尽量不在网上买东西
   ② 自带布袋，选择没有包装的产品
   ③ 尽量找到便宜的东西

包装 bāozhuāng 명 동 포장(하다) | 二手 èrshǒu 형 중고의 | 交换 jiāohuàn 명 동 교환(하다) | 焦虑 jiāolǜ 형 초조하다 | 既 jì 접 ~할 뿐만 아니라 뒤에 又와 함께 사용함 | 一举两得 yì jǔ liǎng dé 일거양득, 일석이조 | 程度 chéngdù 명 정도, 수준

精神健康

随着社会的发展， 人们的生活水平提高了很多，
Suízhe shèhuì de fāzhǎn, rénmen de shēnghuó shuǐpíng tígāo le hěn duō,

但人们的压力也越来越大。 先来看看你有没有下面
dàn rénmen de yālì yě yuè lái yuè dà. Xiān lái kànkan nǐ yǒu méi yǒu xiàmian

这些情况。
zhè xiē qíngkuàng.

○ 晚上睡不着
Wǎnshang shuì bu zháo

○ 经常开夜车
Jīngcháng kāi yèchē

○ 经常头疼
Jīngcháng tóuténg

○ 没有胃口
Méi yǒu wèikǒu

○ 吃得太多
Chī de tài duō

○ 记不住要做的事情
Jì bu zhù yào zuò de shìqing

○ 做什么都没有兴趣
Zuò shénme dōu méi yǒu xìngqù

○ 觉得不如别人
Juéde bù rú biéren

○ 有时候想哭
Yǒushíhou xiǎng kū

○ 感到很孤独
Gǎndào hěn gūdú

开夜车 kāi yèchē 밤을 새워 일하다, 밤을 새워 공부하다 | **胃口** wèikǒu 명 식욕 | **孤独** gūdú 형 고독하다

如果超过三项，说明现在你的精神压力比较大。
Rúguǒ chāoguò sān xiàng, shuōmíng xiànzài nǐ de jīngshén yālì bǐjiào dà.

精神压力大的人常常失眠，再困也睡不着。睡眠
Jīngshén yālì dà de rén chángcháng shīmián, zài kùn yě shuì bu zháo.　Shuìmián

质量不好，身体很容易出现各种问题，比如，头疼、
zhìliàng bù hǎo,　shēntǐ hěn róngyì chūxiàn gè zhǒng wèntí,　bǐrú,　tóuténg,

消化不良、免疫力下降等。身体不好，心情会变得
xiāohuà bùliáng,　miǎnyìlì xiàjiàng děng.　Shēntǐ bù hǎo,　xīnqíng huì biàn de

低落，甚至会感到焦虑、抑郁等。
dīluò,　shènzhì huì gǎndào jiāolǜ,　yìyù děng.

但是我们努力学习、努力工作，不就是为了能
Dànshì wǒmen nǔlì xuéxí,　nǔlì gōngzuò,　bú jiù shì wèile néng

有更好的生活吗？所以，我们要学会缓解压力。
yǒu gèng hǎo de shēnghuó ma? Suǒyǐ,　wǒmen yào xuéhuì huǎnjiě yālì.

首先，饮食习惯很重要。要多吃蔬菜水果，少吃
Shǒuxiān,　yǐnshí xíguàn hěn zhòngyào.　Yào duō chī shūcài shuǐguǒ,　shǎo chī

高脂肪、高热量的食物，而且不要喝太多的咖啡；
gāo zhīfáng,　gāo rèliàng de shíwù,　érqiě bú yào hē tài duō de kāfēi;

说明 shuōmíng 명 동 설명(하다) | 失眠 shīmián 동 잠을 이루지 못하다 | 睡眠 shuìmián 명 동 잠(자다) | 出现
chūxiàn 동 출현하다 | 不良 bùliáng 형 좋지 않다 | 免疫力 miǎnyìlì 명 면역력 | 抑郁 yìyù 형 우울하다 | 缓解 huǎnjiě
동 완화되다 | 首先 shǒuxiān 명 맨 먼저, 첫째 | 脂肪 zhīfáng 명 지방 | 热量 rèliàng 명 열량, 칼로리

其次，睡眠时间很重要。有研究说，开一天的夜车
qícì, shuìmián shíjiān hěn zhòngyào. Yǒu yánjiū shuō, kāi yì tiān de yèchē

和喝一瓶烧酒是一样的，对身体健康影响很大，
hé hē yì píng shāojiǔ shì yíyàng de, duì shēntǐ jiànkāng yǐngxiǎng hěn dà,

所以不要熬夜，而且睡觉前最好不看手机。第三，
suǒyǐ bú yào áo yè, érqiě shuì jiào qián zuìhǎo bú kàn shǒujī. Dì sān,

做一项自己喜欢的运动。工作再繁忙也要抽出时间
zuò yí xiàng zìjǐ xǐhuan de yùndòng. Gōngzuò zài fánmáng yě yào chōuchū shíjiān

运动，这样可以放松心情，提高免疫力。最后，和
yùndòng, zhè yàng kěyǐ fàngsōng xīnqíng, tígāo miǎnyìlì. Zuìhòu, hé

家人朋友多交流。不开心的事情说出来，可以得到
jiārén péngyou duō jiāoliú. Bù kāixīn de shìqing shuō chūlái, kěyǐ dédào

支持和鼓励。
zhīchí hé gǔlì.

독해 2
확인 학습

1. 정신적 스트레스를 체크하는 항목에 포함되지 않는 것은 무엇입니까?
   ① 做事感到无聊　　　② 吃得太少　　　③ 经常熬夜

2. 스트레스가 지속될 경우 야기될 수 있는 현상이 아닌 것은 무엇입니까?
   ① 经常丢东西　　　② 感到焦虑　　　③ 免疫力下降

3. 스트레스 해소에 도움이 되는 것은 무엇입니까?
   ① 多吃蔬菜水果、高热量食物
   ② 再困也要继续努力工作
   ③ 和家人朋友多交流

其次 qícì 몡 그 다음 | 烧酒 shāojiǔ 몡 소주 | 熬夜 áo//yè 동 밤을 새다 熬了夜 | 放松 fàngsōng 동 늦추다, 이완시키다 | 支持 zhīchí 동 지지하다

03 문법 학습

1. 결과보어 tip 제2권 46쪽, 169쪽

동사서술어 뒤에서 동작 또는 행위가 발생한 이후의 결과를 보충 설명하는 성분을 결과보어라고 합니다.

결과보어 '着(zháo)'는 동작의 완성이나 목적 달성을 나타내며, 결과보어 '到'의 기능과 같습니다.

▸过了一会儿两个孩子都睡着了。

▸金允瑞终于买着了自己想要的平板电脑。

▸他家在小胡同里，找了半天也没找着。

결과보어 '住'는 동작의 결과가 확고해지거나 정지 또는 고정되었다는 것을 나타냅니다.

▸今天学的生词你都记住了没有？

▸金允瑞一招手，那辆出租车就立刻停住了。

▸那个好机会他抓住了。

동사-결과보어구의 부정 형식은 '没(有)+동사-결과보어'입니다.

▸昨天你给我打电话的时候，我还没睡着呢。

▸他的电话号码我没记住，再告诉我一下吧。

2. '随着'와 '顺着'

전치사 '随着'와 '顺着'는 동작의 '방식'을 나타냅니다.

▸随着时代的变化，科学技术日益发展。

▸顺着这条路一直走就是留学生宿舍。

▸咱们顺着那条河散散步吧。

招手 zhāo//shǒu 동 손짓하다, 손을 흔들다 招了手

3. '不是……吗？'를 사용한 반어의문문

반어의문문 '不是……吗？'는 '~이 아닌가요/하지 않나요?'의 뜻으로 사실이 확실히 그렇다는 의미를 강조합니다.

▸他不是韩国留学生吗？

▸明天不是有考试吗？

▸你不是去过香港吗？

4. '再……也/都……'

압축문은 복문의 의미를 단문형식으로 압축해서 나타내는 문장으로 긴축문이라고도 합니다. 압축문 '再……也/都……'는 '아무리/또 ~하더라도 역시/모두 ~하다'라는 의미로 양보 관계를 나타냅니다.

▸我们再困难也要坚持下去。

▸我们遇到再繁忙的工作也要保持愉快的心情。

▸我们再难的事情都有办法解决。

5. '开夜车'

'开夜车'는 '밤을 새워 공부하거나 일하다'라는 의미를 표현할 때 사용합니다.

▸为了取得好成绩，他每天开夜车学习。

▸经常开夜车会影响人的身体健康。

遇 yù 동 만나다

1. 녹음을 듣고 알맞은 답을 고르세요. 🎧 06-07

   (1) 零垃圾运动是什么时候开始的?

   ❶ 2006 　　　　　　❷ 2008 　　　　　　❸ 2018

   (2) 汤姆参与环保运动后，有什么变化?

   ❶ 他感到焦虑

   ❷ 生活变得开心、轻松

   ❸ 家里的东西更多了

2. 녹음을 듣고 질문의 답안과 일치하면 ○, 틀리면 ✕를 표시하세요. 🎧 06-08

   (1) 这个谜语我没猜着。

   (2) 随着医学技术的发展，人的寿命越来越长。

   (3) 我没有吃饭。

3. 사진이나 그림을 보고 상황에 맞게 대화를 완성해 보세요.

   (1)

   A: 那双鞋你买着了吗?

   B: _____
   (결과보어 '着' 사용)

   (2)

   A: _____
   ('不是' 사용)

   B: 对。明天有考试，我得努力学习。

4. 다음 문장을 중국어로 써 보세요.

(1) 어제 잃어버린 책가방을 나는 찾았다.

　》 _____

(2) 잠시 후 두 아이는 모두 잠들었다.

　》 _____

(3) 오늘 배운 새 단어 너 다 기억했니 못 했니?

　》 _____

(4) 우리 그 강을 따라 산책 좀 하자.

　》 _____

(5) 내일 시험이 있어서, 나는 열심히 공부해야 한다.

　》 _____

5. 다음 단어 및 구를 어순에 알맞게 배열(첫 단어로 시작)해 보세요.

(1) 好机会 / 个 / 了 / 住 / 他 / 抓 / 。

》那 _____

(2) 发展 / 变化 / 科学 / 时代 / 日益 / 技术 / 的 / , / 。

》随着 _____

(3) 一直 / 就是 / 走 / 条 / 这 / 路 / 留学生宿舍 / 。

》顺着 _____

(4) 放弃 / 不要 / 再 / 轻易 / 难 / 也 / 工作 / 。

》我们 _____

(5) 认为 / 再 / 也 / 环保 / 便利 / 生活中的 / 放弃 / 不能 / 。

》很多人 _____

중국 문화

중국에서 여가 생활 즐기기

✦ 중국에서 영화 관람하기

여가 생활을 즐기는 다양한 방법 중 하나는 극장에서
영화 보기일 것이다. 중국에서 영화를 예매하고 관람
하는 것은 한국과 크게 다르지 않다. 주말 저녁이나
공휴일에는 영화 관람을 위해 극장을 찾은 가족과 연
인, 삼삼오오의 인파들이 장사진을 이룬다. 중국 극장
은 할리우드에서 제작한 몇몇 블록버스터급 영화를
제외하면, 중국에서 제작한 중국산 영화를 주로 상영
한다.

중국에서 쉽게 접할 수 있는 영화관은 2005년 설립된
万达影城 Wàndá Yǐngchéng 이나 한국 CJ 기업이 투자
설립한 CGV影城이다. 영화관 티켓은 한국과 마찬가
지로 현장에서 구입하거나 APP을 통해 미리 구입하
는 것이 일반적이다. 한국과 다른 점은 중국에서는 같

은 영화관이라 해도 영화 및 시간마다 티켓 가격이 다르다는 점이다. 이 밖에 대학가 근처에
위치한 극장에서는 대학생을 위한 할인을 연중 내내 진행하기도 한다. 평일 낮에 학생증을
지참하면 20~50%의 할인을 받아 영화를 관람할 수 있다.

같은 극장에서 동시에 상영 중인 두 영화의 서로 다른 티켓 가격 예시

✦ 관련 단어 및 표현

단어 및 표현	발음	뜻
爱情片	àiqíngpiàn	멜로 영화
大片 / 巨片	dàpiàn / jùpiàn	블록버스터(blockbuster) 영화
动画片 / 动漫	dònghuàpiàn / dòngmàn	애니메이션
好莱坞电影	Hǎoláiwū diànyǐng	할리우드(Hollywood) 영화
纪录片	jìlùpiàn	다큐멘터리 영화
恐怖片	kǒngbùpiàn	공포 영화
票房	piàofáng	매표소, 박스 오피스(흥행 수입)
影迷	yǐngmí	영화팬, 영화광

✦ 중국식 버스킹 구경하기

길거리 공연인 '버스킹(busking)'을 중국어로는 街头表演 jiētóu biǎoyǎn 이라고 한다. 사람이 많이 몰리는 곳이나 한적한 공터에서는 악기를 연주하거나, 노래를 부르며 춤을 추는 거리의 예술가들을 종종 만날 수 있다.

중국식 街头表演은 젊은 층만의 전유물이 아니라, 말 그대로 남녀노소 각기 각층이 여유롭게 즐기는 여가 생활이다. 나이 지긋한 노신사가 중국 전통 악기인 二胡 èrhú 를 연주하는가 하면, 단출하게 차려입은 젊은이가 기타 하나 메고 한껏 목청을 높이기도 한다. 이밖에, 잔디밭에서 오케스트라와 중국 전통 악기의 합주가 이루어지기도 하고 멋들어진 밴드가 중국식 포크송이나 팝송을 부르기도 한다.

거리를 지나가던 사람들은 잠시 걸음을 멈춰서 즐겁게 공연을 관람하고, QR 코드로 소정의 관람비를 기꺼이 지출하기도 한다. 하루쯤은 인파에 섞여, 중국식 버스킹인 街头表演을 즐기는 것도 멋진 여가를 보내는 방법일 것이다.

복습

-제1~6과-

단어 · 문장 · 주요 표현

단어 확인 학습 ────────

» 빈칸에 알맞은 단어나 汉语拼音 또는 뜻을 채워 보세요.

제1과

	단어	汉语拼音	뜻
1		jìshù	명 기술, 기교
2		gōutōng	동 소통하다, 교류하다
3		jiàngdī	동 떨어지다, 감소하다
4		fēngfù	형 풍부하다
5		jìngzhēng	명 동 경쟁(하다)
6	效率		명 효율, 능률
7	账号		명 (은행) 계좌번호, (컴퓨터) 계정
8	甚至		부 심지어, ~조차도
9	尊敬		동 존경하다
10	态度		명 태도, 입장
11	增加	zēngjiā	
12	直播	zhíbō	
13	技巧	jìqiǎo	
14	善于	shànyú	
15	分享	fēnxiǎng	

제2과

	단어	汉语拼音	뜻
1		lái bu jí	제 시간에 도착할 수 없다, 미처 ~하지 못하다
2		chī//jīng	동 놀라다
3		fàngqì	동 버리다, 포기하다

	단어	汉语拼音	뜻
4		chuántǒng	몡 휑 전통(적이다)
5		lǎobǎixìng	몡 백성, 일반인
6	懒		휑 게으르다
7	迷		동 빠지다, 심취하다
8	鼓励		동 격려하다, 북돋우다
9	祈求		동 간청하다
10	习俗		몡 풍습
11	小肚鸡肠	xiǎo dù jī cháng	
12	好不容易	hǎobù róngyì	
13	农历	nónglì	
14	可怜	kělián	
15	面条	miàntiáo	

제3과

	단어	汉语拼音	뜻
1		tíxǐng	동 상기시키다, 일러주다
2		tiáopí	동 장난치다, 개구쟁이다
3		líkāi	동 떠나다, 헤어지다
4		yǎnjiǎng	몡 동 강연(하다), 연설(하다)
5		dàibiǎo	동 나타내다
6	级		몡 등급, 레벨
7	催		동 독촉하다, 다그치다
8	抢		동 빼앗다

9	赚		동 돈을 벌다
10	算		동 그만두다 뒤에 항상 '了'를 수반함
11	趁热打铁	chèn rè dǎ tiě	
12	治愈	zhìyù	
13	忧伤	yōushāng	
14	失败	shībài	
15	不断	búduàn	

제4과

	단어	汉语拼音	뜻
1		jíshǐ	접 설령 ~하더라도
2		chī//cù	동 질투하다
3		gòngxiàn	명 동 공헌(하다)
4		jiēdài	동 접대하다
5		qīnqiè	형 친절하다, 다정하다
6	嫉妒		동 질투하다
7	毫不		부 조금도 ~ 않다, 전혀 ~ 않다
8	包裹		명 소포 동 포장하다
9	联系		명 동 연락(하다)
10	怀念		동 그리워하다
11	抬头不见低头见	tái tóu bú jiàn dī tóu jiàn	
12	通过	tōngguò	
13	尽心尽力	jìn xīn jìn lì	

14	犹豫	yóuyù	
15	提供	tígōng	

제5과

	단어	汉语拼音	뜻
1		dàyuē	부 대략
2		jīhū	부 거의, 하마터면
3		réngrán	부 여전히, 아직도
4		ái//dǎ	동 얻어 맞다
5		nàixīn	명 형 인내심(이 강하다)
6	练		동 연습하다, 훈련하다
7	尽管		접 비록(설령) ~라 하더라도
8	滑		형 반들반들하다, 매끈매끈하다
9	普及率		명 보급률
10	熟练		형 숙련되다
11	心急吃不了热豆腐	xīn jí chī bu liǎo rè dòufu	
12	优秀	yōuxiù	
13	结交	jiéjiāo	
14	无聊	wúliáo	
15	道理	dàoli	

제6과

	단어	汉语拼音	뜻
1		zhāo//shǒu	통 손짓하다, 손을 흔들다
2		suízhe	전 ~에 따라
3		rìyì	부 갈수록
4		qīngyì	부 가볍게, 함부로
5		áo//yè	통 밤을 새다
6	逐渐		부 점점, 점차
7	忽视		통 소홀히 하다
8	将		전 ~을/를
9	焦虑		형 초조하다
10	放松		통 늦추다, 이완시키다
11	一举两得	yì jǔ liǎng dé	
12	寿命	shòumìng	
13	媒体	méitǐ	
14	免疫力	miǎnyìlì	
15	支持	zhīchí	

문장 확인 학습

>> 각 문장의 빈칸에 알맞은 문장이나 汉语拼音 또는 뜻을 채워 보세요.

제1과

문장	汉语拼音	뜻
这个时候坐公交车不如坐地铁快。		
他这个人很会拍马屁。		
三点一四一五九二		
	bǎi fēnzhī qīshíwǔ	
	Wǒ chàdiǎnr xiàsǐ le.	
	Jīnnián wǒmen gōngsī de chǎnliàng bǐ qùnián jiǎnshǎo le bǎi fēnzhī wǔ.	

제2과

문장	汉语拼音	뜻
你快一点儿，我们在大门口等你。		
昨天的作业已经交上去了。		
小肚鸡肠的人总是喜欢算计。		
	Bǐqǐ yújiā, tā gèng xǐhuan pǔlātí.	
	Zhème duō zīliào, wǒ kàn bu guòlái.	
	Wǒ dìdi jīnnián zhǎng le wǔ límǐ zuǒyòu.	

제3과

문장	汉语拼音	뜻
我工作了八个小时。		
她现在不是在家，就是在学校。		
他们认识已经两个月了。		
	Wǒmen liǎ jié hūn hái bú dào yì nián.	
	Xuéxí yào chèn rè dǎ tiě, xué guo de nèiróng yào mǎshàng fùxí.	
	Nándào nǐ bù míngbai wǒ de yìsi ma?	

제4과

문장	汉语拼音	뜻
这么重要的事，你应该早点儿告诉她。		
我并没有把那张信用卡弄丢。		
邻居之间抬头不见低头见的，应该互相照顾，好好儿相处。		
	Língchén yī diǎn le, māma yòu gāi shēng qì le.	
	Jíshǐ zài kùnnan, wǒ yě yào jiānchí xiàqù.	
	Wǒ wèi péngyou mǎi le yí fèn lǐwù.	

제5과

문장	汉语拼音	뜻
我弹了半年钢琴。		
他成绩尽管已经很优秀了，可是他仍旧不断地努力。		
心急吃不了热豆腐，这件事再等等，会有结果的。		
	Zǎocān shí duō kuài qián bìng bú suàn guì.	
	Tāmen liǎ jīhū méi dǎ qǐlái.	
	Tā jīhū shuāidǎo le.	

제6과

문장	汉语拼音	뜻
我挺喜欢运动的，但是今天太累，想休息休息。		
为了取得好成绩，他每天开夜车学习。		
他一招手，那辆出租车就立刻停住了。		
	Suízhe shídài de biànhuà, kēxué jìshù rìyì fāzhǎn.	
	Wǒmen zài kùnnan yě yào jiānchí xiàqù.	
	Zuótiān nǐ gěi wǒ dǎ diànhuà de shíhou, wǒ hái méi shuìzháo ne.	

주요 표현 확인 학습 ─────────

» 보기에서 알맞은 단어를 찾아 문장을 완성해 보세요.

제1과

보기
拍马屁　　不如　　分之　　差点儿没　　两倍

① 今年我们公司的产量比去年增加了_____。
올해 우리 회사의 생산량은 작년보다 두 배 증가했다.

② 不要靠_____讨好别人。　아부해서 남에게 잘 보이려고 하지 마라.

③ 他的汉语水平很好，不过我觉得还_____你。
그의 중국어 실력은 좋지만, 나는 그가 너만 못 하다고 생각한다.

④ 二_____一。　(분수) 1/2

⑤ 我_____摔倒。　나는 다행히도 넘어지지 않았다.

제2과

보기
左右　　相比　　不过来　　咱们　　上去

① 你能不能把她的名字也加_____?　너 그녀의 이름도 추가할 수 있니 없니?

② 四个孩子她一个人照顾_____。　아이 넷을 그녀 혼자서는 돌볼 수 없다.

③ 跟新疆_____，我更希望去云南。　신장에 비해, 나는 윈난에 더 가고 싶다.

④ 我孩子这个月胖了三公斤_____。　우리 아이는 이번 달에 3kg 정도 살이 쪘다.

⑤ 你们等我一下，_____一起走。　너희 나 좀 기다려줘. 우리 같이 가자.

제3과

又　　就是　　一天　　趁热打铁　　难道

① _____ 你不相信我吗？　설마 날 못 믿는 거야?

② 我解释了 _____ 解释，他还是生气了。
내가 해명하고 또 해명했지만, 그는 여전히 화가 났다.

③ HSK四级考试成绩不错，_____，继续准备五级。
HSK 4급 시험 성적이 좋으니, 쇠뿔도 단김에 빼라고 했듯이 계속해서 5급을 준비해라.

④ 我周末不是去逛街，_____ 去野营。　나는 주말에 아이쇼핑을 가거나 캠핑을 간다.

⑤ 我忙了 _____。　나는 하루 종일 바빴다.

제4과

即使　　替　　为　　应该　　决

① 王小芬请假了，李现 _____ 她出差去了。
王小芬이 휴가를 내서, 李现이 그녀 대신 출장을 갔다.

② 这是我自己选择的，我 _____ 不后悔。
이건 내 스스로 선택한 것이니, 나는 절대 후회하지 않는다.

③ 你的意见 _____ 不说我也知道。　네 의견은 말하지 않아도 나는 안다.

④ 她是新来的，你 _____ 帮助她。　그녀는 새로 왔으니, 네가 그녀를 도와주어야 한다.

⑤ 空姐热情地 _____ 每位乘客提供服务。
스튜어디스는 친절하게 모든 승객에게 서비스를 제공한다.

제5과

尽管　多　半　几乎　几乎没

① 这条河大约四百五十_____米宽。　이 강은 폭이 대략 450여 미터이다.

② 我_____迟到了。　나는 하마터면 늦을 뻔했다.

③ 学习_____很累、很苦，可是我仍然坚持着。
비록 공부가 힘들고 고되지만, 나는 여전히 지속하고 있다.

④ 她_____摔倒。　그녀는 다행히도 넘어지지 않았다.

⑤ 我继续等，又过了_____个多小时，终于钓上来了一条鱼。
나는 계속 기다렸고, 다시 30여 분 정도가 지나서야 마침내 물고기 한 마리를 낚았다.

제6과

开夜车　着　住　再　不是

① 我们_____繁忙，也不能忽视身体健康。
우리는 아무리 바빠도, 몸 건강을 소홀히 해서는 안 된다.

② 他的电话号码我没记_____，再告诉我一下吧。
그의 전화번호를 나는 기억하지 못했는데, 다시 한번 알려줘.

③ 你_____去过香港吗?　너 홍콩에 가보지 않았니?

④ 经常_____会影响人的身体健康。　자주 밤을 새우는 것은 몸에 영향을 미친다.

⑤ 她终于买_____了自己想要的平板电脑。
그녀는 마침내 자기가 원하던 태블릿 PC를 샀다.

제8과

我们一定要找到他, 好向他表示感谢。

우리는 꼭 그를 찾아야 해요. 그에게 감사를 표하기 위해서.

《학습 목표》

❶ 다양한 접속어를 사용하여 달성하고자 하는 목적 표현하기
❷ 동작의 대상 나타내기
❸ 인과관계 표현하기

01 문형 학습

문형 ① 我们一定要找到他，好向他表示感谢。

🎧 08-01

Wǒmen yídìng yào zhǎodào tā, hǎo xiàng tā biǎoshì gǎnxiè.

우리는 꼭 그를 찾아야 한다. 그에게 감사를 표하기 위해서.

经常给父母打电话 jīngcháng gěi fùmǔ dǎ diànhuà	让他们放心 ràng tāmen fàng xīn
安静 ānjìng	让病人休息 ràng bìngrén xiūxi
早一点儿去 zǎo yìdiǎnr qù	坐在前边 zuòzài qiánbian

Ⓐ 为什么要找到他？
Wèishénme yào zhǎodào tā?

Ⓑ 我们一定要找到他，好向他表示感谢。
Wǒmen yídìng yào zhǎodào tā, hǎo xiàng tā biǎoshì gǎnxiè.

문형 ② 我为了考上好大学(而)努力学习。

🎧 08-02

Wǒ wèile kǎoshàng hǎo dàxué (ér) nǔlì xuéxí.

나는 좋은 대학에 합격하기 위해 열심히 공부한다.

出国留学 chū guó liú xué	学习英语 xuéxí Yīngyǔ
过上更好的生活 guòshàng gèng hǎo de shēnghuó	工作 gōngzuò
健康 jiànkāng	健身 jiànshēn

Ⓐ 你为什么这么努力学习？
Nǐ wèishénme zhème nǔlì xuéxí?

Ⓑ 我为了考上好大学(而)努力学习。
Wǒ wèile kǎoshàng hǎo dàxué (ér) nǔlì xuéxí.

好 hǎo 접 ~(하기에 편리)하도록, ~(하기에 편리)하기 위해서 | **病人** bìngrén 명 환자 | **上** shàng 동 ~하는 결과를 낳다 (동사 뒤에 결과보어로 사용되어) 목적의 실현, 동작의 결과를 나타냄 | **健身** jiànshēn 동 몸을 건강하게 하다, 헬스하다

对于面试官的提问，他回答得很自然。

 Duìyú miànshì guān de tíwèn, tā huídá de hěn zìrán.
面접관 질문에 그는 자연스럽게 대답했다.

别人的评价 biéren de píngjià	她表现得过于敏感 tā biǎoxiàn de guòyú mǐngǎn
你提出的建议 nǐ tíchū de jiànyì	大家认为很有价值 dàjiā rènwéi hěn yǒu jiàzhí
自己所受到的待遇 zìjǐ suǒ shòudào de dàiyù	他认为不公平 tā rènwéi bù gōngpíng

 对于面试官的提问，他回答得怎么样?
Duìyú miànshì guān de tíwèn, tā huídá de zěnmeyàng?

对于面试官的提问，他回答得很自然。
Duìyú miànshì guān de tíwèn, tā huídá de hěn zìrán.

 由于天气突然变冷，因此我(们)决定不去野营了。

 Yóuyú tiānqì tūrán biàn lěng, yīncǐ wǒ(men) juédìng bú qù yěyíng le.
날씨가 갑자기 추워져서, 나(우리)는 캠핑을 가지 않기로 결정했다.

大家的看法不同 dàjiā de kànfǎ bùtóng	很难取得一致的意见 hěn nán qǔdé yízhì de yìjiàn
准备工作做得好 zhǔnbèi gōngzuò zuò de hǎo	会议开得很成功 huìyì kāi de hěn chénggōng
得了流感 dé le liúgǎn	不能参加同学聚会 bù néng cānjiā tóngxué jùhuì

 你(们)为什么不去野营?
Nǐ (men) wèishénme bú qù yěyíng?

由于天气突然变冷，
因此我(们)决定不去野营了。 B
Yóuyú tiānqì tūrán biàn lěng,
yīncǐ wǒ(men) juédìng bú qù yěyíng le.

面试官 miànshì guān 면접관 | 提问 tíwèn 동 질문하다 | 评价 píngjià 명 동 평가(하다) | 敏感 mǐngǎn 형 민감하다, 예민하다 | 提出 tíchū 동 제기하다, 꺼내다 | 价值 jiàzhí 명 가치 | 待遇 dàiyù 명 동 대우(하다) | 公平 gōngpíng 형 공평하다 | 因此 yīncǐ 접 그래서 | 一致 yízhì 동 일치하다 | 会议 huìyì 명 회의 | 流感 liúgǎn 명 유행성 감기, 독감

독해1 🎧 08-05

托马斯·爱迪生是一位伟大的发明家，他的名言
Tuōmǎsī·Àidíshēng shì yí wèi wěidà de fāmíngjiā,　　　tā de míngyán

—— "天才是百分之九十九的勤奋加百分之一的
------ "tiāncái shì bǎi fēnzhī jiǔshíjiǔ de qínfèn jiā bǎi fēnzhī yī de

灵感"成为让人们不断努力的座右铭。他上学只上
línggǎn" chéngwéi ràng rénmen búduàn nǔlì de zuòyòumíng.　　Tā shàng xué zhǐ shàng

过三个月，但他的发明有一千多种。一个读书不多
guo sān ge yuè,　　dàn tā de fāmíng yǒu yìqiān duō zhǒng.　　Yí ge dú shū bù duō

的人，怎么会有这么多发明呢？这恐怕是由于他有
de rén,　　zěnme huì yǒu zhème duō fāmíng ne?　　Zhè kǒngpà shì yóuyú tā yǒu

强烈的好奇心，因此对于不明白的事情，他一定会
qiángliè de hàoqíxīn,　　yīncǐ duìyú bù míngbai de shìqing,　　tā yídìng huì

不停地问。
bù tíng de wèn.

托马斯·爱迪生 Tuōmǎsī·Àidíshēng 고유 토머스 에디슨 | 伟大 wěidà 형 위대하다 | 发明 fāmíng 명 동 발명(하다) | 家 jiā 명 어떤 것을 전문적으로 또는 직업으로 하는 사람 | 名言 míngyán 명 명언 | 天才 tiāncái 명 천재, 천부적인 재능 | 勤奋 qínfèn 형 근면하다, 부지런하다 | 灵感 línggǎn 명 영감, 아이디어 | 座右铭 zuòyòumíng 명 좌우명 | 恐怕 kǒngpà 부 아마(도), 대략 | 强烈 qiángliè 형 강렬하다 | 好奇 hàoqí 형 궁금하다, 호기심이 있다

爱迪生五岁的时候， 有一天， 他对于母鸡孵蛋
Àidíshēng wǔ suì de shíhou,　　yǒu yì tiān,　　tā duìyú mǔjī fū dàn

感到很好奇， 就问母亲： "母鸡为什么把蛋坐在屁股
gǎndào hěn hàoqí,　　jiù wèn mǔqin:　　"Mǔjī wèishénme bǎ dàn zuòzài pìgu

下面？" 母亲回答： "它在孵小鸡呢。" 下午，
xiàmian?"　　Mǔqin huídá:　　"Tā zài fū xiǎojī ne."　　Xiàwǔ,

爱迪生突然不见了， 家里人找来找去， 终于在鸡窝
Àidíshēng tūrán bú jiàn le,　　jiā li rén zhǎo lái zhǎo qù,　　zhōngyú zài jīwō

里找到了他。 原来， 他为了了解母鸡怎么孵蛋， 正
li zhǎodào le tā.　　Yuánlái,　　tā wèile liǎojiě mǔjī zěnme fū dàn,　　zhèng

学着母鸡的样子坐在鸡蛋上呢。 还有一次， 他看到
xué zhe mǔjī de yàngzi zuòzài jīdàn shang ne.　　Hái yǒu yí cì,　　tā kàndào

小鸟在天上飞来飞去， 想： "鸟能飞， 为什么人不能
xiǎoniǎo zài tiānshàng fēi lái fēi qù,　　xiǎng:　　"Niǎo néng fēi,　　wèishénme rén bù néng

飞呢？" 为了让朋友飞到天上， 他找来一种药给
fēi ne?"　　Wèile ràng péngyou fēidào tiānshàng,　　tā zhǎolái yì zhǒng yào gěi

朋友吃， 结果朋友差点儿死了。
péngyou chī,　　jiéguǒ péngyou chàdiǎnr sǐ le.

爱迪生上小学后， 在一次数学课上， 老师在
Àidíshēng shàng xiǎoxué hòu, zài yí cì shùxué kè shang,　　lǎoshī zài

黑板上写下了"2+2=4"， 对于这个问题， 他怎么也
hēibǎn shang xiěxià le 'èr jiā èr děngyú sì',　　duìyú zhè ge wèntí,　　tā zěnme yě

母鸡 mǔjī 명 암탉 | **孵** fū 동 부화하다 | **蛋** dàn 명 (동물의) 알 | **小鸡** xiǎojī 명 병아리 | **鸡窝** jīwō 명 닭장

想不明白，就问老师："2加2为什么是4呢？"老师
xiǎng bu míngbai,   jiù wèn lǎoshī: "Èr jiā èr wèishénme shì sì ne?"   Lǎoshī

非常生气，以为爱迪生故意找麻烦，就把他赶回家了。
fēicháng shēng qì, yǐwéi Àidíshēng gùyì zhǎo máfan,   jiù bǎ tā gǎn huí jiā le.

但是爱迪生的母亲没有批评他，她发现爱迪生
Dànshì Àidíshēng de mǔqin méiyǒu pīpíng tā,   tā fāxiàn Àidíshēng

对做实验特别感兴趣，就给他买了很多这方面的
duì zuò shíyàn tèbié gǎn xìngqù,   jiù gěi tā mǎi le hěn duō zhè fāngmiàn de

书，好让他自己按照书上的内容做实验。应该说，
shū,   hǎo ràng tā zìjǐ ànzhào shū shang de nèiróng zuò shíyàn.   Yīnggāi shuō,

正是由于有这样的好奇心，因此爱迪生成为了最
zhèngshì yóuyú yǒu zhèyàng de hàoqíxīn,   yīncǐ Àidíshēng chéngwéi le zuì

伟大的发明家。
wěidà de fāmíngjiā.

독해1 확인 학습	1. 에디슨이 위대한 발명가가 될 수 있던 이유는 무엇입니까?

    ① 他是一个天才　　　　② 有老师的鼓励　　　　③ 有强烈的好奇心

2. 에디슨 어머니가 에디슨에게 한 행동이 아닌 것은 무엇입니까?

    ① 批评爱迪生　　　　② 给爱迪生买了很多书　　　　③ 回答爱迪生的提问

故意 gùyì 부 고의로, 일부러 | 赶 gǎn 동 서두르다, 쫓아내다

天外有天

从前，有一个叫王小的人，爱下象棋。他的
Cóngqián, yǒu yí ge jiào Wáng Xiǎo de rén, ài xià xiàngqí. Tā de

棋艺非常好，没有人能赢他。所以，他在自己家的
qíyì fēicháng hǎo, méi yǒu rén néng yíng tā. Suǒyǐ, tā zài zìjǐ jiā de

门上贴上了"天下第一"几个字。
mén shang tiēshàng le 'tiānxià dì yī' jǐ ge zì.

有一天，一位老人骑着马经过他家门口，对于
Yǒu yì tiān, yí wèi lǎorén qí zhe mǎ jīngguò tā jiā ménkǒu, duìyú

这几个字感到很好笑，就从马背上下来，走过去敲
zhè jǐ ge zì gǎndào hěn hǎoxiào, jiù cóng mǎ bèi shang xiàlái, zǒu guòqù qiāo

了敲门。王小开门后问："您有事吗？"老人指着门
le qiāo mén. Wáng Xiǎo kāi mén hòu wèn: "Nín yǒu shì ma?" Lǎorén zhǐ zhe mén

上的字说："为了跟你比一比。"王小听了很开心，
shang de zì shuō: "Wèile gēn nǐ bǐ yi bǐ." Wáng Xiǎo tīng le hěn kāixīn,

高兴地请老人进屋，然后说："我们十两银子下一盘，
gāoxìng de qǐng lǎorén jìn wū, ránhòu shuō: "Wǒmen shí liǎng yínzi xià yì pán,

您觉得怎么样？"老人同意了，但他很快就输了。
nín juéde zěnmeyàng?" Lǎorén tóngyì le, dàn tā hěn kuài jiù shū le.

对于老人的棋艺，王小很失望："这么差的棋艺也敢
Duìyú lǎorén de qíyì, Wáng Xiǎo hěn shīwàng: "Zhème chà de qíyì yě gǎn

来和我比，您给钱后快走吧，好回家陪孩子玩儿。"
lái hé wǒ bǐ, nín gěi qián hòu kuài zǒu ba, hǎo huí jiā péi háizi wánr."

下 xià 동 (바둑이나 장기를) 두다 | 象棋 xiàngqí 명 장기 | 棋艺 qíyì 명 장기·바둑 실력 | 天下 tiānxià 명 온 세상 | 经过 jīngguò 동 거치다, 지나다 | 好笑 hǎoxiào 형 웃기다, 재미있다 | 两 liǎng 양 질량 또는 중량을 세는 단위 1两은 50g | 敢 gǎn 동 ~할 용기가 있다, 과감하게 ~하다

老人不生气，说："我身上没带这么多钱，我的马能
Lǎorén bù shēng qì, shuō: "Wǒ shēnshang méi dài zhème duō qián, wǒ de mǎ néng

卖十几两，把它给你行吗？" 王小看到那匹马很
mài shí jǐ liǎng, bǎ tā gěi nǐ xíng ma?" Wáng Xiǎo kàndào nà pǐ mǎ hěn

不错，就答应了。老人走后，他把马带到河边洗
búcuò, jiù dāying le. Lǎorén zǒu hòu, tā bǎ mǎ dàidào hébiān xǐ

干净，然后又带回家给它吃的，准备出门的时候骑。
gānjìng, ránhòu yòu dài huí jiā gěi tā chī de, zhǔnbèi chū mén de shíhou qí.

　　过了几天，那位老人又回来了，他拿出十两银子说：
　　Guò le jǐ tiān, nà wèi lǎorén yòu huílái le, tā náchū shí liǎng yínzi shuō:

"上次我输给了你一匹马，为了把它带走，我们再比
"Shàngcì wǒ shūgěi le nǐ yì pǐ mǎ, wèile bǎ tā dàizǒu, wǒmen zài bǐ

一次，如果我输了，这十两就是你的；我赢了，
yí cì, rúguǒ wǒ shū le, zhè shí liǎng jiù shì nǐ de; wǒ yíng le,

就把那匹马还给我，怎么样？”由于王小很有信心，
jiù bǎ nà pǐ mǎ huángěi wǒ, zěnmeyàng?" Yóuyú Wáng Xiǎo hěn yǒu xìnxīn,

所以答应了，没想到很快就输了。王小觉得非常奇怪，
suǒyǐ dāying le, méi xiǎngdào hěn kuài jiù shū le. Wáng Xiǎo juéde fēicháng qíguài,

问："您棋艺这么好，上次为什么输给了我？"
wèn: "Nín qíyì zhème hǎo, shàngcì wèishénme shūgěi le wǒ?"

老人笑了笑："我在外边有点儿事，带着马不方便，
Lǎorén xiào le xiào: "Wǒ zài wàibian yǒu diǎnr shì, dài zhe mǎ bù fāngbiàn,

我输给你，好让你帮我照顾它几天。"说完，骑上马
wǒ shūgěi nǐ, hǎo ràng nǐ bāng wǒ zhàogù tā jǐ tiān." shuōwán, qíshàng mǎ

就走了。
jiù zǒu le.

王小站在门口愣了半天，自言自语："真是天外
Wáng Xiǎo zhànzài ménkǒu lèng le bàntiān, zì yán zì yǔ: "Zhēn shì tiān wài

有天，人外有人啊！"
yǒu tiān, rén wài yǒu rén a!"

독해 2 확인 학습	1. 王小 집 문에 붙힌 '天下第一' 호칭은 누가 붙여준 것입니까?

1. 王小 집 문에 붙힌 '天下第一' 호칭은 누가 붙여준 것입니까?
   ① 邻居们　　　　　② 老人　　　　　③ 王小自己

2. 첫 번째 장기 대결 후, 王小가 얻은 것은 무엇입니까?
   ① 十两银子　　　　② 一匹马　　　　③ 十几两银子

3. 두 번째 장기 대결의 승자는 누구입니까?
   ① 王小　　　　　　② 老人　　　　　③ 不知道

愣 lèng 동 멍해지다, 넋이 나가다 | 自言自语 zì yán zì yǔ 혼잣말을 하다 | 天外有天，人外有人 tiān wài yǒu tiān, rén wài yǒu rén 뛰는 놈 위에 나는 놈이 있다

1. 접속어 '好'(2)   tip 好⑴ - 제2권 34쪽

'好'는 '~(하기 편리)하도록/하기 위하여'라는 의미를 나타내는 접속어로 '결과절, 好목적절'의 순서로 출현하며 '以便'과 유사한 기능을 합니다.

▶ 我们一定要找到他，好向他表示感谢。

▶ 早一点儿去，好坐在前边。

▶ 你在家里等着，有了消息我好通知你。

2. 접속어 '为了'

'为了'는 '~하기 위하여'라는 의미를 나타내는 접속어로 '为了목적절, 결과절'의 순서로 출현합니다. 결과절에는 접속어 '而'을 사용하기도 합니다.

▶ 他为了(=为)考上好大学(而)努力学习。

▶ 为了(=为)锻炼身体，我现在每天走路去上班。

▶ 为了(=为)确保安全，请系好安全带。

'为'와 유사하지만 '为了'는 동작이나 행위의 목적을 나타낼 때만 사용하고, '为'는 목적은 물론 대상, 원인을 나타내는 데도 사용할 수 있습니다.

▶ 他为女朋友办了一个生日派对。(*他为了女朋友办了一个生日派对。)

▶ 他为这件事非常高兴。(*他为了这件事非常高兴。)

确保 quèbǎo 통 보장하다, 확보하다 | 系 jì 통 매다, 묶다 | 安全带 ānquándài 명 안전벨트 | 派对 pàiduì 명 파티

3. 전치사 '对于'

'对于'는 동작과 관련 있는 대상을 나타내는 전치사로 대부분의 경우 '对'와 바꿔 쓸 수 있습니다. 하지만 복잡한 용언성 목적어가 출현할 때는 보통 '对于'를 사용합니다.

▸对于(=对)他的评价，我有我的看法。

▸对于(=对)大家讨论的结果，你有什么看法?

▸对于去哪儿旅游，大家意见不一致。

그러나 사람이 사람을 상대하는 경우, 사람이나 사물을 대하는 태도를 나타낼 때는 '对'만 사용할 수 있습니다. 이 밖에도 조동사와 부사 앞 또는 뒤에서는 '对'만 사용할 수 있습니다.

▸他对我笑了笑。(＊他对于我笑了笑。)

▸大家对他这件事很不满意。(＊大家对于他这件事很不满意。)

▸他对人很客气。(＊他对于人很客气。)

4. '由于……，(因此／所以)……'

'由于'는 '~때문에'라는 의미를 나타내는 접속어로 '由于원인절, (因此／所以)결과절'의 순서로 출현합니다.

▸由于天气突然变冷，因此/所以我决定不去野营了。

▸由于大家的看法不同，因此/所以很难形成一致的意见。

'由于'는 '因为'와 바꿔 쓸 수 있지만, 바꿔 쓸 경우 결과절에는 '所以'만 사용할 수 있습니다.

▸由于工作比较忙，因此/所以我很久没去看望您。

(=因为工作比较忙，所以我很久没去看望您。)

客气 kèqi 형 겸손하다, 예의 바르다 동 사양하다 | **看望** kànwàng 동 방문하다, 찾아가 보다

5. '天外有天，人外有人'

'天外有天，人外有人'은 '뛰는 놈 위에 나는 놈이 있다'라고 표현할 때 사용합니다.

> ▶ 天外有天，人外有人，比我们厉害的人很多。

> ▶ 人要谦虚、努力，因为天外有天，人外有人。

厉害 lìhai [형] 심하다, 대단하다

04 연습 문제

1. 녹음을 듣고 알맞은 답을 고르세요. 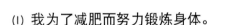 08-07

(1) 爱迪生的家人在哪儿找到了他?

① 他朋友的家里　　　② 鸡窝里　　　③ 学校里

(2) 小学数学老师怎么回答爱迪生的提问?

① 认真回答　　　② 把他赶回家　　　③ 耐心等待

2. 녹음을 듣고 질문의 답안과 일치하면 ○, 틀리면 ✕를 표시하세요. 08-08

(1) 我为了减肥而努力锻炼身体。

(2) 对于自己所受到的待遇，他认为很公平。

(3) 他为女朋友办了一个派对。

3. 사진을 보고 상황에 맞게 대화를 완성해 보세요.

(1)

A: 你为什么这么努力学习英语?

B: _____
　　('为了' 사용)

(2)

A: 你为什么不去野营?

B: _____
　　('由于' 사용)

4. 다음 문장을 중국어로 써 보세요.

(1) 면접관 질문에 그는 자연스럽게 대답했다.

>> _____

(2) 앞자리에 앉을 수 있도록 일찍 출발해라.

>> _____

(3) 그는 좋은 대학에 합격하기 위해 열심히 공부한다.

>> _____

(4) 그는 다른 사람들에게 예의 바르다.

>> _____

(5) 모두가 토론한 결과에 대해 너는 어떤 생각이 있니?

>> _____

5. 다음 단어 및 구를 어순에 알맞게 배열(첫 단어로 시작)해 보세요.

(1) 好 / 要 / 让 / 一定 / 放心 / 打电话 / 他们 / 给父母 / , / 。

>> 我们 _____

(2) 意见 / 旅游 / 不一致 / 去哪儿 / 大家 / , / 。

>> 对于 _____

(3) 因此 / 看望您 / 比较忙 / 工作 / 很久 / 去 / 没 / 我 / , / 。

>> 由于 _____

(4) 很好奇 / 对于 / 感到 / 母亲 / 就问 / 母鸡孵蛋 / , / 。

>> 他 _____

(5) 让 / 好 / 照顾它 / 输给你 / 帮我 / 几天 / 你 / , / 。

>> 我 _____

중국식 주민등록제도, 户口制度 hùkǒu zhìdù

✦ 중국의 户口制度 hùkǒu zhìdù

한국의 주민등록제도와 같이 중국에서는 户籍制度 hùjí zhìdù 라고 하는 주민등록제도가 있다. 보통 户口制度로 잘 알려진 제도로, 행정 관리상 편의를 위한 주민등록제도이다. 중국식 주민등록제도인 户口制度는 전통적으로 토지와 직접적으로 연결되어 다른 국가와 구별되는 중국적 특징이 반영된 제도이다.

초기 户口制度는 토지를 기반으로 가족 수에 따른 세금을 부여하기 위한 제도였으나 현대에는 출생 및 사망, 가족관계, 법적 주소 등을 통해 인구 정보를 수집 관리하는 제도이다. 중국에서는 태어난 곳의 실제 주소가 아닌 법적 주소를 통해 인구 정보를 관리하는데, 여기서 말하는 법적 주소는 대개 아버지의 출생지에 근거한다. 예를 들어 上海에서 일하는 농촌 출신 A씨 자녀는 실제로 태어난 上海가 아닌 아버지 A씨 농촌 주소로 호적에 등록되는 방식이다. 户口制度는 이동의 자유를 제한하는 등 사실상 정부 통제하에 주민을 관리하는 제도로, 중국 정부는 1958년부터 호적에 근거하여 농촌과 비농촌을 엄격하게 구분하고 농민의 도시로의 이동을 엄격히 제한했다. 이에 따른 여러 문제는 장기간에 걸쳐 다양한 양상의 사회 문제로 대두되어, 현재는 户口制度의 전면적인 개혁을 요구하는 목소리가 작지 않은 상황이다.

✦ 대도시 인구의 절반 이상을 차지하는 农民工 nóngmíngōng 과 北漂 běipiāo

개혁개방 이후, 중국은 대도시를 중심으로 경제 발전을 이루기 시작했다. 이에 따라 대도시를 중심으로 한 일자리가 폭발적으로 늘어났고, 수많은 농촌 출신의 인구들은 경제적인 이유로 농촌을 떠나 대도시로 이동했다. 이런 사람들을 农民工이라 하는데, 대부분의 农民工은 저임금의 건설업이나 제조업에 종사하며 중국의 도시화 발전에 크게 일조했다.

문제는 이들의 户口는 도시가 아니었기에 체류를 비롯한 고용, 의료, 교육 등 각종 사회적 제도에서 기본적인 보장을 받지 못한다는 것이다. 지역과 시기에 따라, 农民工의 처우 개선을 위한 제도 개혁이 이루어 지기도 했으나, 도시 인구 과반수를 차지하는 农民工 문제는 여전히 중국 사회의 뜨거운 감자이다.

农民工 외에도, 여전히 수많은 사람들은 도시 户口를 가지지 못한 채로 도시에서의 정착을 꿈꾸며 고분 격투하고 있다. 이런 이들을 가리켜 北漂 혹은 上漂 shàngpiāo 라고 하는데, 北京 혹은 上海에 정착하지 못하고 표류하는(漂) 젊은이를 의미한다. 최근 《后来的我们 Hòulái de wǒmen》(2016), 《北京女子图鉴 Běijīng nǚzǐ tújiàn》(2018)을 비롯한 영화나 드라마에서 자주 다루는 대도시를 살아가는 젊은이의 일과 사랑 뒤에는 户口라는 직접적인 생존 문제가 달린 것이다.

户口 여부에 따라 기본적인 복지 혜택은 물론, 집을 구하거나 구입할 때도 제한이 되기 때문에, 도시에 머무는 젊은이들이 취업할 때도 회사에서 户口를 제공하는지 여부를 매우 중요하게 여긴다. 연봉에서 큰 차이가 나더라도, 도시에 위치한 회사가 户口를 보장해 준다고 하면 고민 없이 대도시에 위치한 회사를 택하기도 한다.

✦ 高考 문제와 농촌에 혼자 남은 아이들

tip 중국의 高考 - 제2권 93쪽

户口가 낳은 또 다른 문제는 교육과 관련된 것으로, 중국의 입시제도인 高考와도 연결된다. 중국 입시제도는 각 省 별로 지역 할당제가 있으며, 시험 또한 省 별로 치러지기 때문에 같은 대학 같은 과에 입학한 경우라도 출신 지역에 따라 점수 차이가 난다. 문제는 이때 대도시에서 시험을 치른 학생 즉, 도시 户口를 가진 경우가 대학 입시에 훨씬 유리하다는 점이다.

더욱더 큰 문제는 부모가 일을 위해 대도시에 거주하지만 户口가 없다는 이유로 자녀가 도시에서 정규 교육을 받을 수 없는 경우이다. 이런 경우, 교육을 포기하는 경우도 비일비재하고, 부모는 도시에서 일을 하고 자녀만 농촌에 혼자 남아 학교에 다니는 경우도 상당수가 된다.

최근 중국 정부 또한 여러 문제를 인식하고 이를 해결하기 위한 제도 개선을 꾀하고는 있지만, 오랜 시간 동안 축적된 문제 해결에는 상당한 시간이 소요될 것으로 보인다.

他一个人就吃了一盘比萨饼。

그는 혼자서 피자 한 판을 먹었어요.

【학습 목표】

❶ '就'와 '才'로 수가 크고 작음을 표현하기

❷ 동작의 대상, 도구 표현하기

❸ 접속어로 조건 관계 표현하기

문형 ❶ 胡安一个人就吃了一盘比萨饼。

09-01

Hú'ān yí ge rén jiù chī le yì pán bǐsàbǐng.

후안은 혼자서 피자 한 판을 먹었다.

她 Tā	一天 yì tiān	看了 kàn le	五部电影 wǔ bù diànyǐng
他 Tā	一天 yì tiān	翻译了 fānyì le	三十多页 sānshí duō yè
这个学校 Zhè ge xuéxiào	一年级 yì niánjí	有 yǒu	十个班 shí ge bān

Ⓐ 胡安一个人吃了几块儿比萨饼?
Hú'ān yí ge rén chī le jǐ kuàir bǐsàbǐng?

Ⓑ 胡安一个人就吃了一盘比萨饼。
Hú'ān yí ge rén jiù chī le yì pán bǐsàbǐng.

문형 ❷ 据专家分析，我们的新产品将会非常受欢迎。

09-02

Jù zhuānjiā fēnxī, wǒmen de xīn chǎnpǐn jiāng huì fēicháng shòu huānyíng.

전문가의 분석에 따르면, 우리 신제품은 매우 인기가 있을 것이다.

统计数字显示 tǒngjì shùzì xiǎnshì	我们专业逐渐受到人们的关注 wǒmen zhuānyè zhújiàn shòudào rénmen de guānzhù
调查结果显示 diàochá jiéguǒ xiǎnshì	大家都支持这些意见 dàjiā dōu zhīchí zhè xiē yìjiàn
专家分析 zhuānjiā fēnxī	公司的发展将会越来越好 gōngsī de fāzhǎn jiāng huì yuè lái yuè hǎo

Ⓐ 据专家分析，我们的新产品将会非常受欢迎。
Jù zhuānjiā fēnxī, wǒmen de xīn chǎnpǐn jiāng huì fēicháng shòu huānyíng.

Ⓑ 哦! 太好了，谢谢你告诉我这么好的消息。
Ò! Tài hǎo le, xièxie nǐ gàosu wǒ zhème hǎo de xiāoxi.

页 yè 몡 쪽 | 年级 niánjí 몡 학년 | 据 jù 젠 ~에 따르면, ~에 근거하면 | 专家 zhuānjiā 몡 전문가 | 分析 fēnxī 됭 분석하다 | 将 jiāng 児 장차, 곧 | 统计 tǒngjì 몡 됭 통계(내다) | 数字 shùzì 몡 숫자 | 显示 xiǎnshì 됭 나타내 보이다

문형 3

拿梦想来说，我想成为一名成功的企业家。

 09-03

Ná mèngxiǎng láishuō, wǒ xiǎng chéngwéi yì míng chénggōng de qǐyèjiā.

꿈에 대해 말하자면, 나는 성공한 기업가가 되고 싶다.

这次度假 zhè cì dùjià	想去香港旅游 xiǎng qù Xiānggǎng lǚyóu
手机常用软件 shǒujī chángyòng ruǎnjiàn	最常用的是支付宝和微信 zuì chángyòng de shì Zhīfùbǎo hé Wēixìn
这件事 zhè jiàn shì	有做得不好的地方 yǒu zuò de bù hǎo de dìfang

A 拿梦想来说，我想成为一名成功的企业家。
Ná mèngxiǎng láishuō, wǒ xiǎng chéngwéi yì míng chénggōng de qǐyèjiā.

啊，原来如此！ **B**
Ā, yuánlái rúcǐ!

 문형 4

不管有多大困难，他都要按时完成任务。

 09-04

Bùguǎn yǒu duō dà kùnnan, tā dōu yào ànshí wánchéng rènwu.

아무리 큰 어려움이 있더라도, 그는 제때 임무를 완성하고자 한다.

刮风下雨 guā fēng xià yǔ	去跑一个小时 qù pǎo yí ge xiǎoshí
有没有课 yǒu méi yǒu kè	早上七点左右就起床 zǎoshang qī diǎn zuǒyòu jiù qǐ chuáng
做什么工作 zuò shénme gōngzuò	非常认真 fēicháng rènzhēn

A 他这个人总是这样吗？
Tā zhè ge rén zǒngshì zhèyàng ma?

嗯。不管有多大困难，他都要按时完成任务。 **B**
Ǹg. Bùguǎn yǒu duō dà kùnnan, tā dōu yào ànshí wánchéng rènwu.

拿……来说 ná……láishuō ~에 대해서 말하자면 | 梦想 mèngxiǎng 명 동 꿈, 이상, 갈망(하다), 망상(하다) | 来说 láishuō ~으로 말하자면 | 企业家 qǐyèjiā 명 기업가 | 度假 dùjià 동 휴가를 보내다 | 软件 ruǎnjiàn 명 APP, 소프트웨어 | 如此 rúcǐ 이러하다, 이와 같다 | 按时 ànshí 부 제때에

독해1 🎧 09-05

主持人: 有网友提问， "用我的青春换您全部的
Zhǔchí rén: Yǒu wǎngyǒu tíwèn, "Yòng wǒ de qīngchūn huàn nín quánbù de

财富， 您换吗？" 这个网友是02年出生的。
cáifù, nín huàn ma?" Zhè ge wǎngyǒu shì líng-èr nián chūshēng de.

马云: 当然换！财富没有可以再赚， 青春过去
Mǎ Yún: Dāngrán huàn! Cáifù méi yǒu kěyǐ zài zhuàn, qīngchūn guòqù

就不会再回来。 拿我们这种财富来说， 只是社会让
jiù bú huì zài huílái. Ná wǒmen zhè zhǒng cáifù láishuō, zhǐshì shèhuì ràng

我们把这个财富管理得更好， 不是我们自己的。
wǒmen bǎ zhè ge cáifù guǎnlǐ de gèng hǎo, bú shì wǒmen zìjǐ de.

所以我当然愿意换， 只是这位网友会后悔。
Suǒyǐ wǒ dāngrán yuànyì huàn, zhǐshì zhè wèi wǎngyǒu huì hòuhuǐ.

主持人: 第二个问题， "如果您回到和现在
Zhǔchí rén: Dì èr ge wèntí, "Rúguǒ nín huídào hé xiànzài

年轻人一样的起点， 您竞争得过年轻人吗？"
niánqīngrén yíyàng de qǐdiǎn, nín jìngzhēng de guò niánqīngrén ma?"

主持 zhǔchí 동 주관하다, 사회(MC)를 보다 | **网友** wǎngyǒu 명 누리꾼 | **青春** qīngchūn 명 청춘 | **财富** cáifù 명 재산, 부 | **管理** guǎnlǐ 동 관리하다 | **起点** qǐdiǎn 명 시작점, 출발점

马云: 如果是二十年前的我，我肯定竞争不过
Mǎ Yún: Rúguǒ shì èrshí nián qián de wǒ, wǒ kěndìng jìngzhēng bu guò

现在的年轻人，但今天凭我五十年的经历和犯的
xiànzài de niánqīngrén, dàn jīntiān píng wǒ wǔshí nián de jīnglì hé fàn de

错误，我一定比年轻人更好。这种人生的经历，
cuòwù, wǒ yídìng bǐ niánqīngrén gèng hǎo. Zhè zhǒng rénshēng de jīnglì,

不管你在学校怎么努力学习，都学不到，这是通过
bùguǎn nǐ zài xuéxiào zěnme nǔlì xuéxí, dōu xué bu dào, zhè shì tōngguò

犯错误学到的。
fàn cuòwù xuédào de.

主持人: 还有一位朋友问，"您凭商业成就出名，
Zhǔchí rén: Hái yǒu yí wèi péngyou wèn, "Nín píng shāngyè chéngjiù chū míng,

但最近您的画也出名了，据报道，在香港卖出了
dàn zuìjìn nín de huà yě chū míng le, jù bàodào, zài Xiānggǎng màichū le

五百四十万美元。十年后，您的艺术成就会比商业
wǔbǎi sìshíwàn měiyuán. Shí nián hòu, nín de yìshù chéngjiù huì bǐ shāngyè

更大吗？"
gèng dà ma?"

凭 píng 전 ~에 따르면 | 经历 jīnglì 명 동 경험(하다) | 犯错误 fàn cuòwù 실수하다, 잘못하다 | 成就 chéngjiù 명 동 성
취(하다) | 出名 chū//míng 동 유명해지다 出了名 | 艺术 yìshù 명 예술

马云: 我很惊讶我的作品能卖那么贵。我觉得
Mǎ Yún:　Wǒ hěn jīngyà wǒ de zuòpǐn néng mài nàme guì.　Wǒ juéde

我是一个艺术家，不是企业家。淘宝和阿里巴巴对
wǒ shì yí ge yìshùjiā,　　bú shì qǐyèjiā.　　Táobǎo hé Ālǐbābā duì

我来说是艺术，一个三万四千多人完成的艺术。
wǒ láishuō shì yìshù,　　yí ge sānwàn sìqiān duō rén wánchéng de yìshù.

我们改变，我们创造，不管是谁，都不可能复制
Wǒmen gǎibiàn,　wǒmen chuàngzào, bùguǎn shì shéi,　dōu bù kěnéng fùzhì

我们的这个艺术作品，这跟画画儿、音乐是一样的。
wǒmen de zhè ge yìshù zuòpǐn,　　zhè gēn huà huàr,　　yīnyuè shì yíyàng de.

如果你想做一个好的领导者，管理是一门科学，而
Rúguǒ nǐ xiǎng zuò yí ge hǎo de lǐngdǎozhě,　　guǎnlǐ shì yì mén kēxué,　　ér

领导是一门艺术。
lǐngdǎo shì yì mén yìshù.

改编自电视节目《开讲啦》
Gǎibiān zì diànshì jiémù《Kāi jiǎng la》

독해1 확인 학습	1. 마윈은 무엇을 통해 인생 경험을 얻을 수 있다고 생각합니까?

① 财富管理　　　　　② 犯错误　　　　　③ 画画儿、音乐

2. 마윈의 회화 작품은 어디에서 팔렸습니까?

① 上海　　　　　② 香港　　　　　③ 美国

作品 zuòpǐn 명 작품 | 复制 fùzhì 동 복제하다 | 领导 lǐngdǎo 명 동 지도(하다), 이끌고 나가다

春运

到了春节，在外工作、学习的人会返回家乡，
Dào le Chūnjié, zài wài gōngzuò, xuéxí de rén huì fǎnhuí jiāxiāng,

春节后，再返回原来的地方。因为春节是农历新年
Chūnjié hòu, zài fǎnhuí yuánlái de dìfang. Yīnwèi Chūnjié shì nónglì xīnnián

的开始，是一年中最重要的传统节日。几千年来，
de kāishǐ, shì yì nián zhōng zuì zhòngyào de chuántǒng jiérì. Jǐ qiān nián lái,

春节都和团圆联系在一起，所以无论人们离家有多
Chūnjié dōu hé tuányuán liánxì zài yìqǐ, suǒyǐ wúlùn rénmen lí jiā yǒu duō

远，都会赶回家和家人、朋友聚在一起。
yuǎn, dōu huì gǎn huí jiā hé jiārén, péngyou jùzài yìqǐ.

春节期间，几亿人东西南北同时移动，这就是
Chūnjié qījiān, jǐ yì rén dōng xī nán běi tóngshí yídòng, zhè jiù shì

"春运"。据统计，春运期间，人口流动量大约40亿
'chūnyùn'. Jù tǒngjì, chūnyùn qījiān, rénkǒu liúdòng liàng dàyuē sìshíyì

人次，拿高速公路上的小客车来说，流量就有11亿
rén cì, ná gāosù gōnglù shang de xiǎokèchē láishuō, liúliàng jiù yǒu shíyīyì

辆次。但是人们乘坐最多的还是火车，坐火车回家
liàng cì. Dànshì rénmen chéngzuò zuì duō de háishi huǒchē, zuò huǒchē huí jiā

的人大概占70%左右，所以春运最大的问题就是购票
de rén dàgài zhàn bǎi fēnzhī qīshí zuǒyòu, suǒyǐ chūnyùn zuì dà de wèntí jiù shì gòu piào

难，人们打招呼时，常常说："你抢到票了吗？"
nán, rénmen dǎ zhāohu shí, chángcháng shuō: "Nǐ qiǎngdào piào le ma?"

春运 chūnyùn 명 (음력) 설 연휴 기간의 여객·화물 수송 | 返回 fǎnhuí 동 되돌아가다 | 家乡 jiāxiāng 명 고향 | 团圆 tuányuán 동 한데 모이다 | 移动 yídòng 동 이동하다 | 流动量 liúdòng liàng 이동량 | 高速公路 gāosù gōnglù 명 고속 도로 | 小客车 xiǎokèchē 명 (9인승 미만의) 소형 승용차, 승합차 | 流量 liúliàng 명 (단위 시간 내 도로에서의 차량의) 통과 수량

可不管票有多难买，人们都相信"功夫不负有心人"，

Kě bùguǎn piào yǒu duō nán mǎi, rénmen dōu xiāngxìn "gōngfu bú fù yǒu xīn rén",

会想尽办法买票回家。

huì xiǎngjìn bànfǎ mǎi piào huí jiā.

有很多电影，比如《一年到头》、《人在囧途》

Yǒu hěn duō diànyǐng, bǐrú《Yì nián dào tóu》, 　　　　　　《Rén zài jiǒng tú》

等，内容都是春运。拿《一年到头》来说，讲的是

děng,　nèiróng dōu shì chūnyùn. Ná《Yì nián dào tóu》láishuō,　　jiǎng de shì

一个城市中的打工人、高中校长、医生春节前要

yí ge chéngshì zhōng de dǎgōng rén,　gāozhōng xiàozhǎng, yīshēng Chūnjié qián yào

回家的故事。电影的故事很平凡，却感动了无数的

huí jiā de gùshi.　　Diànyǐng de gùshi hěn píngfán,　què gǎndòng le wúshù de

中国人。再拿《人在囧途》来说，主人公们为了

Zhōngguórén.　Zài ná《Rén zài jiǒng tú》láishuō,　　zhǔréngōngmen wèile

回家，交通工具就换了八种。

huí jiā,　　jiāotōng gōngjù jiù huàn le bā zhǒng.

功夫不负有心人 gōngfu bú fù yǒu xīn rén 노력은 뜻 있는 사람을 저버리지 않는다 | 一年到头 Yì nián dào tóu 고유 일년 내내 | 人在囧途 Rén zài jiǒng tú 고유 여행에서 길을 잃다 | 校长 xiàozhǎng 명 학교장 | 平凡 píngfán 형 평범하다 | 交通工具 jiāotōng gōngjù 명 교통 수단

不过，最近几年也有一些变化正在发生：越来
Búguò, zuìjìn jǐ nián yě yǒu yìxiē biànhuà zhèngzài fāshēng: yuè lái

越多的小家庭选择不返回家乡；还有很多人选择去
yuè duō de xiǎo jiātíng xuǎnzé bù fǎnhuí jiāxiāng; hái yǒu hěn duō rén xuǎnzé qù

度假，据数据显示，每年出国旅行的中国人就有
dùjià, jù shùjù xiǎnshì, měinián chū guó lǚxíng de Zhōngguórén jiù yǒu

一千多万。不管回家过年还是出去旅行，开开心心
yìqiān duō wàn. Bùguǎn huí jiā guò nián háishi chūqù lǚxíng, kāikaixīnxīn

地度过春节假期是最美好的事情。
de dùguò Chūnjié jiàqī shì zuì měihǎo de shìqing.

<table>
<tr><td>독해 2
확인 학습</td><td></td></tr>
</table>

1. 춘제 전후 여객 · 화물 수송(春运)에서 가장 많이 이용하는 교통수단은 무엇입니까?

   ① 小客车   ② 火车   ③ 飞机

2. 춘제 귀성에 관한 영화가 <u>아닌</u> 것은 무엇입니까?

   ①《一年到头》   ②《春运》   ③《人在囧途》

3. 본문에 따르면 춘제를 보내는 데 있어 가장 중요한 것은 무엇입니까?

   ① 出国旅行   ② 订火车票   ③ 开心地度过假期

美好 měihǎo 형 훌륭하다, 좋다

1. 부사 '就'(2), '才'(2) tip 제2권 61쪽

부사 '就'는 수가 크고 횟수가 많음을 나타냅니다.

▸胡安一个人就吃了一盘比萨饼。

▸金允瑞一天就看了五场电影。

▸那个学校一年级就有十个班。

부사 '才'는 부사 '就'와 반대로 수가 작고 횟수가 적음을 나타냅니다.

▸我们五个人才吃了一盘比萨饼。

▸去年一年王明才看了一部电影。

▸那个学校一年级才有三个班。

▸他一个人就翻译了三十多页，我们俩才翻译了二十页。

2. 전치사 '据'와 '凭'

전치사 '据'와 '凭'은 동작의 '근거'를 나타내며 '~에 근거하여/따르면'이라는 의미를 나타냅니다.
동작의 근거로는 일반적으로 조건, 상황, 경험, 능력 등이 옵니다.

객관적 근거

▸据专家分析，这个产品将会很受欢迎。

▸据统计数字显示，这个城市的人口逐渐减少。

주관적 근거

▸凭你的经验，我相信你能完成这个任务。

▸凭你的能力，你一定可以通过这个考试。

3. 전치사 '拿'

전치사 '拿'는 동작의 '대상'을 나타내며 '~로'라는 도구, 방법의 의미를 나타냅니다.

▶ 这张桌子是拿什么做的?

▶ 拿这个做手机壳就好了。

또한, '拿'는 '拿……来说/来讲/来看'의 형식으로 사물이나 사람에 대하여 서술할 때 사용하기도 합니다.

▶ 拿西安来说，名胜古迹特别多，我们两天也看不完。

▶ 拿饮食习惯来看，中国南北方有很大的不同。

4. '不管/无论……，都/也……'

'不管/无论……，都/也……'는 조건관계를 나타내는 접속어로 '~라고 해도/에도/든지 불구하고, (그래도) ~하다'라는 의미를 나타냅니다. '不管'은 입말에, '无论'은 글말에 주로 사용합니다.

▶ 不管是中国菜还是韩国菜，我都喜欢吃。

▶ 不管刮风下雨，我也要骑自行车上班。

▶ 无论需要多长时间，这件事我们都一定要完成。

▶ 无论做什么工作，王小芬都非常认真。

手机壳 shǒujī ké 휴대폰 케이스 ｜ 名胜古迹 míngshèng gǔjì 명승고적

5. '功夫不负有心人'

'功夫不负有心人'은 '꾸준히 노력하면 어떤 일도 해낼 수 있다'라고 표현할 때 사용합니다.

▸ 爱迪生花了三年的时间，终于发明了电灯泡，真是功夫不负有心人！

▸ 功夫不负有心人，只要你继续努力，就一定能成功。

电灯泡(儿) diàndēngpào(r) 명 전구

04 연습 문제

1. 녹음을 듣고 알맞은 답을 고르세요. 🎧 09-07

   (1) 马云愿不愿意把自己全部财富都换成青春?

   ❶ 不愿意　　　　　❷ 愿意　　　　　❸ 马云没回答

   (2) 马云认为领导跟什么一样?

   ❶ 科学　　　　　❷ 画画儿　　　　　❸ 艺术

2. 녹음을 듣고 질문의 답안과 일치하면 ○, 틀리면 ✕를 표시하세요. 🎧 09-08

   (1) 拿梦想来说，我想成为一名成功的企业家。

   (2) 据专家分析，新产品将会非常受欢迎。

   (3) 据对话内容，他还没买到回家的火车票。

3. 사진이나 그림을 보고 상황에 맞게 대화를 완성해 보세요.

   (1)

   A: 他一天看了几部电影?

   B: ＿＿＿＿＿＿＿＿＿＿＿＿
   　　('就' 사용)

   (2)

   A: 明天天气怎么样?

   B: ＿＿＿＿＿＿＿＿＿＿＿＿
   　　('据' 사용)

4. 다음 문장을 중국어로 써 보세요.

(1) 우리 다섯 명이 겨우 피자 한 판을 먹었다.

>> _____

(2) 이 책상은 무엇으로 만들었나요?

>> _____

(3) 통계 수치에 따르면, 우리 전공은 점차 사람들의 주목을 받는다.

>> _____

(4) 수업이 있든 없든, 나는 아침 7시쯤에 일어난다.

>> _____

(5) 네 능력으로 너는 분명 이 시험을 통과할 수 있을 것이다.

>> _____

5. 다음 단어 및 구를 어순에 알맞게 배열(첫 단어로 시작)해 보세요.

(1) 比萨饼 / 一个人 / 就 / 一盘 / 了 / 吃 / 。

>> 他 _____

(2) 很受欢迎 / 这个 / 会 / 将 / 产品 / 专家分析 / , / 。

>> 据 _____

(3) 成为 / 企业家 / 想 / 梦想 / 成功的 / 一名 / 来说 / 我 / , / 。

>> 拿 _____

(4) 韩国菜 / 中国菜 / 都 / 是 / 还是 / 喜欢吃 / 我 / , / 。

>> 不管 _____

(5) 都 / 非常 / 什么 / 认真 / 工作 / 做 / 他 / , / 。

>> 无论 _____

중국 문화

세계 속 중국, 차이나타운

✦ 세계 속 중국인, 화교와 화인 네트워크

중국이 아닌 다른 나라에 이민자로 거주하는 중화권 사람들을 华侨 huáqiáo 라고 한다. 이들은 중국 국적을 가지고 해외에서 생활하는데, 이들이 거주하는 국가에서 낳아 그 나라의 국적을 가지는 华侨 2세대는 华裔 huáyì 라고 한다. 중화권에 뿌리를 둔 이들을 크게 지칭하여 华人 huárén 으로 부르기도 한다.

전 세계 많은 나라에 거주하고 있는 华人은 그들이 거주하는 나라에서 민족 고유의 풍습과 전통을 유지하면서도, 강한 적응력과 생활력을 바탕으로 현지 사회에서 탄탄한 입지를 가지고 있다.

특히 싱가포르, 인도네시아, 태국, 말레이시아 등 동남아 국가 전체 인구의 상당수를 华人이 차지하고 있으며 미국, 캐나다에도 많은 华人이 거주하고 있다. 역사적으로 이들은 상업 활동 혹은 정치적 이유 등 다양한 이유로 이주하였고, 오랜 시간에 걸쳐 현지에서 삶의 터전을 일구며 자리 잡았다. 해외에 거주하는 华人은 강한 결속력을 가진 네트워크를 유지하며, 현지 사회의 다양한 영역에서 활발히 활동하고 있다.

✦ 각국의 차이나타운

영화나 소설에 자주 등장하는 차이나타운은 세계 어느 나라에서도 그들의 풍습과 문화를 유지하며, 중국 문화 고유의 특색을 드러내고 있다. 한국 인천의 차이나타운, 일본 요코하마의 中华街 zhōnghuájiē, 미국 샌프란시스코와 뉴욕의 唐人街 tángrénjiē 등은 중화 음식점 및 각종 중국 상점이 즐비한 각 나라의 대표적인 차이나타운이다.

인천 차이나타운은 1883년 인천항 개항 후 조성되어 100년 이상의 역사를 가진 곳으로, 인천 지역 사회와 연계하여 다양한 축제 및 활동을 이어가고 있다.

✦ 전 세계 华人을 위한 축제, 四海同春 sìhǎi tóng chūn

중국 최대 명절인 春节는 해외 각지에 거주하는 华人에게도 큰 명절이자 축제이다. 2009년 春节부터 열린 四海同春은 华侨 공연단의 해외 거주 华人을 위한 공연으로, 공연에서는 중국 전통 武术와 京剧, 서커스 및 노래와 춤 등을 선보인다. 《文化中国·四海同春》은 중국 CCTV에서도 방영되며, 중국 내에서 방영되는 春晚과 함께 海外春晚으로 불린다.

tip 중국의 春节와 春晚 - 제2권 187~188쪽

2024年 四海同春 광고

2012년 프랑스 파리 공연 사진

제10과

书架上的杂志不都是科技类的。

책꽂이의 잡지가 모두 과학 기술류는 아니에요.

◀학습 목표▶

❶ 목적어를 화제화하여 표현하기
❷ 동작이나 행위의 시간 나타내기
❸ 전체부정과 부분부정 표현하기
❹ 양보관계 표현하기

录取通知书，我今天终于收到了。

10-01
Lùqǔ tōngzhīshū, wǒ jīntiān zhōngyú shōudào le.
입학통지서를 나는 오늘 드디어 받았다.

领导交代的事情 Lǐngdǎo jiāodài de shìqing	已经做完了 yǐjīng zuòwán le
今天的同学聚会 Jīntiān de tóngxué jùhuì	不想参加 bù xiǎng cānjiā
那部电影 Nà bù diànyǐng	不想看 bù xiǎng kàn

A 录取通知书你收到了没有?
Lùqǔ tōngzhīshū nǐ shōudào le méiyǒu?

录取通知书，我今天终于收到了。 **B**
Lùqǔ tōngzhīshū, wǒ jīntiān zhōngyú shōudào le.

 当我感到孤单的时候，我会和朋友聊天。

10-02
Dāng wǒ gǎndào gūdān de shíhou, wǒ huì hé péngyou liáo tiān.
나는 외로움을 느낄 때, 친구와 대화하곤 한다.

遇到好机会 yùdào hǎo jīhuì	抓住它并好好儿利用 zhuāzhù tā bìng hǎohāor lìyòng
心情不好 xīnqíng bù hǎo	听音乐来放松自己 tīng yīnyuè lái fàngsōng zìjǐ
需要减压 xūyào jiǎnyā	和朋友一起玩游戏或者运动 hé péngyou yìqǐ wán yóuxì huòzhě yùndòng

A 当你感到孤单的时候，你会做什么?
Dāng nǐ gǎndào gūdān de shíhou, nǐ huì zuò shénme?

当我感到孤单的时候，我会和朋友聊天。 **B**
Dāng wǒ gǎndào gūdān de shíhou, wǒ huì hé péngyou liáo tiān.

录取通知书 lùqǔ tōngzhīshū 입학통지서 | **交代** jiāodài 동 인계하다, 넘겨주다 | **当** dāng 전 ~(할) 때 주로 '~时, ~的时候' 등과 같은 시간을 나타내는 단어와 함께 사용함 | **孤单** gūdān 형 외롭다, 쓸쓸하다 | **利用** lìyòng 동 이용하다 | **减压** jiǎnyā 동 부담을 줄이다, 스트레스를 줄이다

书架上的杂志都不是科技类的。/ 书架上的杂志不都是科技类的。 책꽂이 위의 잡지는 모두 과학 기술류가 아니다. / 책꽂이의 잡지가 모두 과학 기술류는 아니다.

Shūjià shang de zázhì dōu bú shì kējì lèi de. / Shūjià shang de zázhì bù dōu shì kējì lèi de.

这些人我 Zhè xiē rén wǒ	都不 dōu bú	认识 rènshi	不都 bù dōu
这些东西 Zhè xiē dōngxi	全不 quán bú	是我的 shì wǒ de	不全 bù quán
他说的 Tā shuō de	全不 quán bú	是真的 shì zhēn de	不全 bù quán

 书架上的杂志都是科技类的吗?
Shūjià shang de zázhì dōu shì kējì lèi de ma?

书架上的杂志都不是科技类的。/ 书架上的杂志不都是科技类的。
Shūjià shang de zázhì dōu bú shì kējì lèi de. / Shūjià shang de zázhì bù dōu shì kējì lèi de.

哪怕遇到困难，我也要坚持下去。
Nǎpà yùdào kùnnan, wǒ yě yào jiānchí xiàqù.
설령 어려움에 부딪혀도, 나는 버텨 나갈 것이다.

困难再大 kùnnan zài dà	克服 kèfú
会失败 huì shībài	试试 shìshi
是一件小事 shì yí jiàn xiǎo shì	认真对待 rènzhēn duìdài

 哪怕遇到困难，我也要坚持下去。
Nǎpà yùdào kùnnan, wǒ yě yào jiānchí xiàqù.

你真让人佩服，我支持你!
Nǐ zhēn ràng rén pèifu, wǒ zhīchí nǐ!

科技 kējì 명 과학 기술 | 类 lèi 명 종류 | 全 quán 부 전부, 완전히 | 哪怕 nǎpà 접 설령 ~라 해도 | 克服 kèfú 동 극복하다 | 对待 duìdài 동 대하다, 대처하다 | 佩服 pèifu 동 감탄하다

독해1 10-05

汉语中很多语言现象，外国人都觉得既难，又
Hànyǔ zhōng hěn duō yǔyán xiànxiàng, wàiguórén dōu juéde jì nán,　　yòu

有意思。胡安也这么认为，他最近把自己觉得有趣
yǒu yìsi.　　Hú'ān yě zhème rènwéi,　　tā zuìjìn bǎ zìjǐ juéde yǒuqù

的内容整理了一下。
de nèiróng zhěnglǐ le yíxià.

　　首先，有时候词的顺序变了，句子的意思却没
　　Shǒuxiān,　yǒu shíhou cí de shùnxù biàn le,　　jùzi de yìsi què méi

什么变化。例如，"写好信了"和"信写好了"的
shénme biànhuà.　Lìrú,　　'xiěhǎo xìn le' hé 'xìn xiěhǎo le' de

顺序不同，意思却差不多。可有时候词的顺序变了，
shùnxù bùtóng,　　yìsi què chàbuduō.　　Kě yǒu shíhou cí de shùnxù biàn le,

句子的意思就会变得截然不同。例如，"这些人我都
jùzi de yìsi jiù huì biàn de jiérán bùtóng.　　Lìrú,　　'zhè xiē rén wǒ dōu

不认识"和"这些人我不都认识"，"不"和"都"
bú rènshi' hé 'zhè xiē rén wǒ bù dōu rènshi',　　'bù' hé 'dōu'

的前后顺序不同，两个句子的意思就不同。"这些人
de qiánhòu shùnxù bùtóng,　　liǎng ge jùzi de yìsi jiù bùtóng.　　'Zhè xiē rén

我都不认识"是"我没有一个人认识"，但"这些人
wǒ dōu bú rènshi' shì 'wǒ méi yǒu yí ge rén rènshi',　　dàn 'zhè xiē rén

我不都认识"是"有的人我认识，有的人我不认识"。
wǒ bù dōu rènshi' shì 'yǒu de rén wǒ rènshi,　　yǒu de rén wǒ bú rènshi'.

外国人 wàiguórén 명 외국인 | 有趣 yǒuqù 형 재미있다 | 顺序 shùnxù 명 순서 | 例如 lìrú 동 예를 들다 | 信 xìn 명 편지 | 截然不同 jiérán bùtóng 완전히(확연히) 다르다

汉语中更有趣的是， 两个词看起来明明不一样，
Hànyǔ zhōng gèng yǒuqù de shì, liǎng ge cí kàn qǐlái míngmíng bù yíyàng,

但句子的意思却完全相同。例如， "好容易买到了
dàn jùzi de yìsi què wánquán xiāngtóng. Lìrú, 'hǎo róngyì mǎidào le

入场券"， 很多人都以为 "好容易" 是 "很容易" 的
rùchǎngquàn', hěn duō rén dōu yǐwéi 'hǎo róngyì' shì 'hěn róngyì' de

意思， 其实 "好容易" 和 "好不容易" 都是 "不
yìsi, qíshí 'hǎo róngyì' hé 'hǎobù róngyì' dōu shì 'bù

容易" 的意思。再比如， "差点儿滑倒了" 和
róngyì' de yìsi. Zài bǐrú, 'chàdiǎnr huádǎo le' hé

"差点儿没滑倒" 明明差一个 "没" 字， 但它们的
'chàdiǎnr méi huádǎo' míngmíng chà yí ge 'méi' zì, dàn tāmen de

意思竟然相同， 都是 "没摔倒" 的意思。还有一个，
yìsi jìngrán xiāngtóng, dōu shì 'méi shuāidǎo' de yìsi. Hái yǒu yí ge,

明明 míngmíng ㋤ 분명히, 명백히 | **相同** xiāngtóng ㋵ 서로 같다 | **入场券** rùchǎngquàn ㋱ 입장권 | **竟然** jìngrán ㋤
뜻밖에도, 의외로

"甲队大胜乙队"和"甲队大败乙队", "胜"和
'jiǎ duì dà shèng yǐ duì' hé 'jiǎ duì dà bài yǐ duì', 'shèng' hé

"败"两个词的意思相反, 但两个句子都是说
'bài' liǎng ge cí de yìsi xiāngfǎn, dàn liǎng ge jùzi dōu shì shuō

"甲队赢了"。
'jiǎ duì yíng le'.

胡安说, 当他学到这些内容的时候, 感到汉语
Hú'ān shuō, dāng tā xuédào zhè xiē nèiróng de shíhou, gǎndào Hànyǔ

更有魅力。 因此, 他对自己说, 哪怕再难, 也一定
gèng yǒu mèilì. Yīncǐ, tā duì zìjǐ shuō, nǎpà zài nán, yě yídìng

要学好汉语。
yào xuéhǎo Hànyǔ.

독해1
확인 학습

1. 후안이 정리한 중국어 언어 현상에 해당하지 않는 것은 무엇입니까?

① 词的顺序变了，句子的意思却没变。

② 词的顺序变了，句子的意思也变了。

③ 由于两个字不同，句子的意思也相反。

2. 중국어의 여러 언어 현상을 배우면서, 후안은 어떤 생각을 했습니까?

① 想放弃学习汉语　　② 一定要学好汉语　　③ 不知道

甲 jiǎ 명 갑, 십간(十干)의 첫째 | 胜 shèng 동 승리하다, 이기다 | 乙 yǐ 명 을, 십간(十干)의 둘째 | 败 bài 동 지다, 패배하다 | 相反 xiāngfǎn 동 상반되다

笑一笑，十年少

王明说：“我给大家讲一个笑话，笑一笑，十年
Wáng Míng shuō: "Wǒ gěi dàjiā jiǎng yí ge xiàohua,　　xiào yi xiào,　　shí nián

少！”
shào!"

有一对兄弟，他们的家住在80层。有一天他们
Yǒu yí duì xiōngdì,　　tāmen de jiā zhùzài bāshí céng.　　Yǒu yì tiān tāmen

旅游回来，发现停电了！没办法，他们决定爬上去。
lǚyóu huílái,　　fāxiàn tíng diàn le!　　Méi bànfǎ,　　tāmen juédìng pá shàngqù.

当爬到20层的时候，哥哥气喘吁吁地说：“不如这样
Dāng pádào èrshí céng de shíhou,　gēge qì chuǎn xūxū de shuō:　　"Bù rú zhèyàng

吧，行李我们先放在这里，以后再坐电梯来拿。”
ba,　　xíngli wǒmen xiān fàngzài zhèli,　　yǐhòu zài zuò diàntī lái ná."

他们把行李放在了20层，觉得轻松多了。但是当
Tāmen bǎ xíngli fàngzài le èrshí céng,　　juéde qīngsōng duō le.　　Dànshì dāng

他们爬到了40层，觉得实在太累了，就坐下来休息。
tāmen pádào le sìshí céng,　　juéde shízài tài lèi le,　　jiù zuò xiàlái xiūxi.

哥哥说：“都怪我，没注意看停电公告。”弟弟说：
Gēge shuō:　　"Dōu guài wǒ,　　méi zhùyì kàn tíng diàn gōnggào."　　Dìdi shuō:

笑一笑，十年少 xiào yi xiào, shí nián shào 한 번 웃으면 십 년이 젊어진다 ┃ 笑话 xiàohua 몡 농담, 웃음거리 동 비웃다 ┃
对 duì 양 짝, 쌍 짝을 이룬 것을 세는 단위 ┃ 层 céng 양 층, 겹 중첩되거나 쌓여 있는 것을 세는 단위 ┃ 气喘吁吁 qì chuǎn
xūxū 호흡을 가쁘게 몰아쉬다 ┃ 电梯 diàntī 몡 엘리베이터 ┃ 实在 shízài 뷔 확실히, 정말 ┃ 怪 guài 동 책망하다, 원망하
다 ┃ 公告 gōnggào 몡 공지

"这不都怪你， 我也没看到嘛。 哪怕再累， 我们
"Zhè bù dōu guài nǐ, wǒ yě méi kàndào ma. Nǎpà zài lèi, wǒmen

一起边讲笑话， 边爬， 一会儿就能到。" 他们有说有
yìqǐ biān jiǎng xiàohua, biān pá, yíhuìr jiù néng dào." Tāmen yǒu shuō yǒu

笑地继续爬， 当他们快要爬到80层的时候， 哥哥
xiào de jìxù pá, dāng tāmen kuài yào pádào bāshí céng de shíhou, gēge

突然说： "我想起来一个坏消息。" "哪怕是再坏的
tūrán shuō: "Wǒ xiǎng qǐlái yí ge huài xiāoxi." "Nǎpà shì zài huài de

消息， 也不比爬80层坏吧。" "钥匙我放在行李里
xiāoxi, yě bù bǐ pá bāshí céng huài ba." "Yàoshi wǒ fàngzài xíngli li

了……"
le……"

听了王明的笑话，朴智敏说："我也给大家讲个
Tīng le Wáng Míng de xiàohua, Piáo Zhìmǐn shuō: "Wǒ yě gěi dàjiā jiǎng ge

笑话。《想见你》这部电视剧你们看过吗？里面有个
xiàohua. 《Xiǎng jiàn nǐ》 zhè bù diànshìjù nǐmen kàn guo ma? Lǐmian yǒu ge

很有意思的笑话。"
hěn yǒu yìsi de xiàohua."

有一天，面条和馒头吵架，因为面条的身高比
Yǒu yì tiān, miàntiáo hé mántou chǎo jià, yīnwèi miàntiáo de shēngāo bǐ

馒头高很多，就把馒头打了一顿。馒头回去后，
mántou gāo hěn duō, jiù bǎ mántou dǎ le yí dùn. Mántou huíqù hòu,

越想越不舒服，就叫来包子、豆包等兄弟一起去找
yuè xiǎng yuè bù shūfu, jiù jiàolái bāozi, dòubāo děng xiōngdì yìqǐ qù zhǎo

馒头 mántou 명 (소가 없는) 찐빵 | 顿 dùn 양 번, 끼니 식사·질책 따위를 세는 단위 | 豆包 dòubāo 명 콩소를 넣은 찐빵

面条报仇。 可是面条不在家, 馒头心里想: "面条!
miàntiáo bào chóu. Kěshì miàntiáo bú zài jiā,　　mántou xīnli xiǎng:　　"Miàntiáo!

哪怕你藏得再好, 我也一定会找到你, 你等着!"
Nǎpà nǐ cáng de zài hǎo,　　wǒ yě yídìng huì zhǎodào nǐ,　　nǐ děng zhe!"

他们又去公园找, 可公园里也没见到面条。 当他们
Tāmen yòu qù gōngyuán zhǎo, kě gōngyuán li yě méi jiàndào miàntiáo.　　Dāng tāmen

要回去的时候, 正好碰到了方便面, 几个人二话没
yào huíqù de shíhou,　　zhènghǎo pèngdào le fāngbiànmiàn, jǐ ge rén èrhuà méi

说, 上去就把方便面打了一顿。 方便面非常委屈地
shuō,　　shàngqù jiù bǎ fāngbiànmiàn dǎ le yí dùn.　　Fāngbiànmiàn fēicháng wěiqu de

问: "你们为什么打我?" 馒头说: "哪怕你烫了
wèn:　　"Nǐmen wèishénme dǎ wǒ?"　　Mántou shuō:　　"Nǎpà nǐ tàng le

头发, 我也认识你!"
tóufa,　　wǒ yě rènshi nǐ!"

독해 2 확인 학습	

1. 왕밍의 유머에서 형제의 열쇠는 몇 층에 있습니까?

　　① 20层　　　　　　② 40层　　　　　　③ 80层

2. 박지민은 어떻게 유머를 알게 되었습니까?

　　① 王明给他讲的　　② 在电视剧里看到的　　③ 他自己想出来的

3. 만터우는 왜 라면을 때렸습니까?

　　① 方便面把馒头打了一顿　② 馒头比方便面高得多　③ 馒头以为面条烫了头发

报仇 bào//chóu 동 복수하다 报父母的仇 | 心里 xīnli 명 마음속 | 藏 cáng 동 숨기다, 감추다 | 二话 èrhuà 명 다른 말,
이견 | 委屈 wěiqu 형 억울하다 | 烫 tàng 동 파마하다, 다리다

03 문법 학습

1. 목적어 화제화 구문

중국어에서 목적어가 비교적 길거나 강조하고자 할 경우에 목적어를 문장의 첫머리에 출현시켜 '화제(topic)'로 만들기도 합니다.

- ▶ 录取通知书，我今天终于收到了。
- ▶ 今天的比赛他参加，明天的我参加。
- ▶ 我学过汉语，日语没学过。

'把'구문도 목적어를 앞쪽으로 이동시킨 구문이지만 '把'구문의 목적어는 문장 첫머리가 아닌 서술어동사 바로 앞에 출현합니다. '把'구문은 일반적으로 처리나 변화를 나타내는 경우에만 사용합니다.

- ▶ 那本书，我已经买到了。
- ▶ 我已经把那本书买到了。
- ▶ 那个人，我认识了。(*我把那个人认识了。)

2. 전치사 '当'

전치사 '当'은 '当……时/的时候'로 쓰여 '~할 때'라는 의미를 나타냅니다.

- ▶ 当天气晴朗时，我喜欢坐在阳台上晒太阳。
- ▶ 当旅行的时候，我喜欢尝试当地的美食。
- ▶ 当我心情不好的时候，我会听音乐来放松自己。

阳台 yángtái 명 발코니, 베란다 | 尝试 chángshì 동 시험해 보다, 시행해 보다 | 当地 dāngdì 명 현지, 그 지방 | 美食 měishí 명 맛있는 음식, 유명 요리

3. 전체부정과 부분부정에 사용하는 '都'와 '全'

'都'와 '全'은 부정부사와 결합하여 전체부정을 나타내기도 하고 부분부정을 나타내기도 합니다.

전체부정('都不/都没', '全不/全没')

▶他们都不喜欢看电影。

▶这些词我们全没学过。

부분부정('不都/没都', '不全/没全')

▶他们不都喜欢看电影。

▶这些词我们没全学过。

4. '哪怕……, 也……'

'哪怕……, 也……'는 양보관계를 나타내는 접속어로, '설령/비록 ~라 해도, (그래도) ~하다'라는 의미를 나타냅니다.

▶哪怕下雨, 我也要去跑步。

▶哪怕工作再忙, 她也要抽空锻炼身体。

▶哪怕遇到困难, 我们也要坚持下去。

5. '笑一笑, 十年少'

'笑一笑, 十年少'는 '낙천적으로 살아야 한다'라고 표현할 때 사용합니다.

▶笑一笑, 十年少, 生活要保持乐观的态度。

▶不要不开心, 笑一笑, 十年少, 不顺心的事情都会过去的。

抽空 chōu//kòng 동 틈을 내다, 시간을 내다 抽个空 | 乐观 lèguān 형 낙관적이다 | 顺心 shùnxīn 형 뜻대로 되다, 마음에 들다

04 연습 문제

1. 녹음을 듣고 알맞은 답을 고르세요. 🎧 10-07

   (1) "这些人我不都认识。"的意思是什么?

   ❶ 这些人都不认识我。

   ❷ 有的人我认识，有的人我不认识。

   ❸ 我没有一个人认识。

   (2) "好容易找到了"中"好容易"的意思是什么?

   ❶ 不容易　　　　　❷ 很容易　　　　　❸ 不知道

2. 녹음을 듣고 질문의 답안과 일치하면 ○, 틀리면 ✕를 표시하세요. 🎧 10-08

   (1) 领导交代的事情，我已经做完了。　　　　　　　☐

   (2) 当我感到孤单的时候，我会和朋友一起玩游戏或者运动。　☐

   (3) 我想参加今天的同学聚会。　　　　　　　　☐

3. 사진을 보고 상황에 맞게 대화를 완성해 보세요.

   (1)

   A: 书架上的书都是科技类的吗?

   B: ＿＿＿＿＿＿＿＿＿＿＿
   ('都' 사용)

   (2)

   A: ＿＿＿＿＿＿＿＿＿＿＿
   ('哪怕……，也……' 사용)

   B: 你真让人佩服，我支持你!

4. 다음 문장을 중국어로 써 보세요.

(1) 입학통지서를 나는 오늘 드디어 받았다.

> _____

(2) 여행할 때, 나는 현지 음식 맛보는 것을 좋아한다.

> _____

(3) 이 사람들을 나는 전부 모른다.

> _____

(4) 이 사람들을 내가 전부 아는 것은 아니다.

> _____

(5) 한 번 웃으면 십 년이 젊어지니, 삶은 긍정적인 태도를 유지해야 한다.

> _____

5. 다음 단어 및 구를 어순에 알맞게 배열(첫 단어로 시작)해 보세요.

(1) 参加(2회) / 比赛 / 明天的 / 我 / 他 , / 。

> 今天的 _____

(2) 我(2회) / 朋友 / 孤单 / 聊天 / 的时候 / 和 / 感到 / 会 , / 。

> 当 _____

(3) 我们 / 学过 / 没 / 全 / 词 / 。

> 这些 _____

(4) 真的 / 是 / 说的 / 不 / 都 / 。

> 他 _____

(5) 也 / 一定 / 汉语 / 要 / 我 / 再难 / 好 / 学 / , / 。

> 哪怕 _____

한자의 매력과 중국인의 국민 취미 书法

✦ 한자의 기원과 특징

한자는 형태, 소리, 뜻으로 구성된 글자로 한자의 기원에 대해서는 여러 가지 설이 존재한다. 한자의 자형은 사물의 형태를 본떠 만든 상형자에서 발전하기 시작하여 오랜 시간을 거치며 변천해 왔다. 현존하는 한자 중 획수가 가장 많은 한자는 총 56획 혹은 57획에 달한다. 중국인들도 쓰기 어려워하는 이 한자는 컴퓨터 입력법에서도 처리가 어려워 汉语拼音 'biáng'으로만 표기한다.

한자 서체는 그림 문자로도 활용되는데, 2008년 베이징 올림픽의 심볼은 베이징의 '京'을 한자 서체 중 하나인 篆书 zhuànshū 로 표현했다. 춤추는 듯한 자형을 통해 역동적이고 경쾌한 이미지를 형상화했다.

✦ 중국인의 국민 취미, 书法

书法는 한자와 함께 수천 년의 역사를 가진다. 고대 중국인들은 书法를 단순한 글자 쓰기가 아닌 정신 수양 및 예술 표현으로 여겨왔으며, 명필로 유명한 역대 서예가들의 작품은 오늘까지도 많은 이들에게 영감을 주고 있다.

전통적으로 내려오는 书法 연습법 중 하나는 '永 yǒng' 자를 반복해서 쓰는 방법이다. 총 8획으로 구성된 永자에는 점 찍기, 가로 세로 획 긋기, 위로 삐치기, 아래로 비스듬히 내려쓰기 등 书法에 필요한 8가지가 모두 들어가 있다고 해서 '永字八法 yǒng zì bā fǎ'라고 한다. 书法에 처음 입문하는 사람이라면 붓 잡는 법, 먹 가는 법 등 기초적인 준비 과정을 배우고 나면 永字八法부터 본격적인 연습을 시작하게 된다.

요즘에도 이른 아침 공원이나 공터에 나가보면 큰 붓에 물을 묻혀 바닥에 한 자 한 자 정성스레 书法 연습하는 이들을 볼 수 있다. 이들은 바닥을 종이 삼고, 물을 먹으로 삼아 书法를 연습하는 것이다. 물이 마르면서 애써 연습한 한자가 없어지는 것이 아까울 정도로 수준급 실력을 지닌 이들은 한 바닥 书法 연습을 마치면 다시 아무 일 없다는 듯 일어서서 일상으로 돌아간다. 중국인의 취미라 할 수 있을 書法 연습 풍경과 이들의 작품은 내일 아침에도 어김없이 이어진다.

✦ 한자의 매력을 살린 이미지 디자인

가로획과 세로획 사이의 여백과 균형, 둥그렇게 감싸는 필획과 뻗쳐 나가는 점, 최근에는 한자의 매력을 그대로 살린 다양한 이미지들을 자주 접할 수 있다. 이들은 공연 예술 작품 포스터나 전광판 광고에 주로 사용되며, 한자 자형을 변형하여 디자인한 구조물도 종종 눈에 띈다.

제11과

三天打鱼，两天晒网。

작심삼일.

◀학습 목표▶

❶ '根本'과 '从'으로 부정 표현하기

❷ '很'과 '太'로 부정 표현하기

❸ 동작의 시간, 장소 표현하기

문형 ❶

11-01

甜的吃多了对身体很不好，要少吃甜品！

Tián de chīduō le duì shēntǐ hěn bù hǎo, yào shǎo chī tiánpǐn!

단 걸 많이 먹으면 몸에 몹시 안 좋으니, 단 걸 적게 먹어야 한다!

别说话了 Bié shuō huà le	大家都在看书呢 dàjiā dōu zài kàn shū ne
这里的风景太美了 Zhèli de fēngjǐng tài měi le	过来一起照张相留个念吧 guòlái yìqǐ zhào zhāng xiàng liú ge niàn ba
下雨了 Xià yǔ le	出去别忘了带伞 chūqù bié wàng le dài sǎn

A 甜的吃多了对身体很不好，要少吃甜品！
Tián de chīduō le duì shēntǐ hěn bù hǎo, yào shǎo chī tiánpǐn!

B 好的好的，听你的。
Hǎo de hǎo de, tīng nǐ de.

문형 ❷

11-02

这件事情根本不重要，你不用担心。

Zhè jiàn shìqing gēnběn bú zhòngyào, nǐ búyòng dānxīn.

이 일은 전혀 중요하지 않으니, 너는 걱정할 필요 없다.

这个问题 Zhè ge wèntí	容易解决 róngyì jiějué	需要全面分析 xūyào quánmiàn fēnxī
这个消息 Zhè ge xiāoxi	靠谱 kàopǔ	要慎重考虑一下 yào shènzhòng kǎolǜ yíxià
那条新闻 Nà tiáo xīnwén	可信 kěxìn	不要轻信 bú yào qīngxìn

A 你觉得这件事情重要吗?
Nǐ juéde zhè jiàn shìqing zhòngyào ma?

B 这件事情根本不重要，你不用担心。
Zhè jiàn shìqing gēnběn bú zhòngyào, nǐ bú yòng dānxīn.

留念 liú//niàn 동 기념으로 남기다 留个念 | 全面 quánmiàn 형 전면적이다 | 靠谱 kàopǔ 형 믿을 수 있다 | 慎重
shènzhòng 형 신중하다 | 考虑 kǎolǜ 동 고려하다 | 新闻 xīnwén 명 뉴스, 소식 | 可信 kěxìn 형 믿을 만하다 | 轻信
qīngxìn 동 경솔하게 믿다

문형 3

这里的交通很不方便，上下班路上要花不少时间。

 11-03

Zhèli de jiāotōng hěn bù fāngbiàn, shàng xià bān lù shang yào huā bù shǎo shíjiān.

여기 교통은 너무 불편해서 출퇴근 길에 적잖이 시간을 들여야 한다.

那个电影 Nà ge diànyǐng	好看 hǎokàn	我感到非常失望 wǒ gǎndào fēicháng shīwàng
这款软件 Zhè kuǎn ruǎnjiàn	好用 hǎoyòng	不值得花钱 bù zhíde huā qián
这家餐厅的烤肉 Zhè jiā cāntīng de kǎoròu	好吃 hǎochī	太硬了 tài yìng le

A 这里的交通方便吗?
Zhèli de jiāotōng fāngbiàn ma?

B 这里的交通很不方便，上下班路上要花不少时间。
Zhèli de jiāotōng hěn bù fāngbiàn, shàng xià bān lù shang yào huā bù shǎo shíjiān.

 문형 4

我自从搬到这个城市，生活变得更方便了。

 11-04

Wǒ zìcóng bāndào zhè ge chéngshì, shēnghuó biàn de gèng fāngbiàn le.

내가 이 도시로 이사 온 이후로, 생활이 더욱 편리해졌다.

戒烟之后 jiè yān zhīhòu	身体状态 shēntǐ zhuàngtài	好多 hǎo duō
换了工作 huàn le gōngzuò	生活压力 shēnghuó yālì	减轻 jiǎnqīng
练了瑜伽 liàn le yújiā	身体变得 shēntǐ biàn de	健康 jiànkāng

A 你自从搬到这个城市，生活有什么变化?
Nǐ zìcóng bāndào zhè ge chéngshì, shēnghuó yǒu shénme biànhuà?

B 我自从搬到这个城市，生活变得更方便了。
Wǒ zìcóng bāndào zhè ge chéngshì, shēnghuó biàn de gèng fāngbiàn le.

值得 zhíde 통 ~할 만한 가치가 있다 | **烤肉** kǎoròu 구운 고기, 불고기 | **硬** yìng 형 단단하다, 질기다 | **自从** zìcóng 전 ~부터, ~한 후 | **戒烟** jiè//yān 통 금연하다 戒了烟 | **减轻** jiǎnqīng 통 줄이다

독해1  11-05

铃木园子很喜欢喝豆浆。以前她从没想过自己
Língmù Yuánzǐ hěn xǐhuan hē dòujiāng.　Yǐqián tā cóng méi xiǎng guo zìjǐ

做豆浆，觉得做豆浆是一件很不容易的事情。但
zuò dòujiāng,　juéde zuò dòujiāng shì yí jiàn hěn bù róngyi de shìqing.　　Dàn

朋友告诉她，豆浆机做出来的豆浆味道非常好，
péngyou gàosu tā,　　dòujiāngjī zuò chūlái de dòujiāng wèidao fēicháng hǎo,

所以铃木园子也买了一台豆浆机。她打开包装，
suǒyǐ Língmù Yuánzǐ yě mǎi le yì tái dòujiāngjī.　　Tā dǎkāi bāozhuāng,

仔细看了看产品说明书。
zǐxì kàn le kàn chǎnpǐn shuōmíngshū.

豆浆机 dòujiāngjī 두유 제조기 │ 说明书 shuōmíngshū 명 설명서

产品特点:
Chǎnpǐn tèdiǎn:

1. 快速: 采用先进技术，能快速制作，节省时间。
   Kuàisù:　Cǎiyòng xiānjìn jìshù,　néng kuàisù zhìzuò, jiéshěng shíjiān.

2. 多功能: 可以制作豆浆、果汁、粥等多种饮品。
   Duō gōngnéng: Kěyǐ zhìzuò dòujiāng, guǒzhī, zhōu děng duō zhǒng yǐnpǐn.

3. 操作简单: 只需要按下按钮就可以开始制作，
   Cāozuò jiǎndān: Zhǐ xūyào ànxià ànniǔ jiù kěyǐ kāishǐ zhìzuò,

   并且有预约功能。
   bìngqiě yǒu yùyuē gōngnéng.

使用方法:
Shǐyòng fāngfǎ:

1. 准备原料:
   Zhǔnbèi yuánliào:

   1) 把黄豆或其他原料洗干净。
      Bǎ huángdòu huò qítā yuánliào xǐ gānjìng.

   2) 把准备好的原料倒进豆浆机中，再加适量的水。
      Bǎ zhǔnbèi hǎo de yuánliào dàojìn dòujiāngjī zhōng, zài jiā shìliàng de shuǐ.

2. 启动: 插上电源，按下启动按钮。
   Qǐdòng:　Chāshàng diànyuán, ànxia qǐdòng ànniǔ.

3. 完成: 制作完成后，会自动停止。
   Wánchéng: Zhìzuò wánchéng hòu, huì zìdòng tíngzhǐ.

......

快速 kuàisù 형 신속하다, 빠르다 ┃ **采用** cǎiyòng 동 채용하다 ┃ **先进** xiānjìn 형 선진적이다 ┃ **制作** zhìzuò 동 만들다 ┃ **节省** jiéshěng 동 절약하다 ┃ **饮品** yǐnpǐn 명 음료 ┃ **简单** jiǎndān 형 단순하다 ┃ **按** àn 동 누르다 ┃ **按钮** ànniǔ 명 버튼 ┃ **并且** bìngqiě 접 또한, 그리고 ┃ **预约** yùyuē 동 예약하다 ┃ **原料** yuánliào 명 원료, 소재 ┃ **黄豆** huángdòu 명 대두 ┃ **适量** shìliàng 형 적당하다 ┃ **启动** qǐdòng 동 (기계를) 작동시키다 ┃ **插** chā 동 꽂다 ┃ **电源** diànyuán 명 전원 ┃ **自动** zìdòng 형 저절로, 자동으로 ┃ **停止** tíngzhǐ 동 정지하다

按照使用方法，她开始做豆浆。真的非常简单，
Ànzhào shǐyòng fāngfǎ, tā kāishǐ zuò dòujiāng. Zhēn de fēicháng jiǎndān,

黄豆根本不需要提前泡。黄豆放进去，水也放进去，
huángdòu gēnběn bù xūyào tíqián pào. Huángdòu fàng jìnqù, shuǐ yě fàng jìnqù,

选择"豆浆"，按下按钮，开始！本来以为做起来很
xuǎnzé 'dòujiāng', ànxià ànniǔ, kāishǐ! Běnlái yǐwéi zuò qǐlái hěn

不容易的豆浆，只用了短短的二十五分钟就做好了。
bù róngyì de dòujiāng, zhǐ yòng le duǎnduǎn de èrshíwǔ fēnzhōng jiù zuòhǎo le.

自从有了这台豆浆机，铃木园子每天都能喝到健康
Zìcóng yǒu le zhè tái dòujiāngjī, Língmù Yuánzǐ měitiān dōu néng hēdào jiànkāng

美味的豆浆！
měiwèi de dòujiāng!

독해1
확인 학습

1. 두유 제조기로 만들 수 <u>없는</u> 것은 무엇입니까?

　① 粥　　　　　　② 面条　　　　　　③ 果汁

2. 스즈키 소노코가 두유를 만들기 위해 한 행동은 무엇입니까?

　① 洗干净原料　　　② 提前泡黄豆　　　③ 放一些糖

泡 pào 통 (물에) 담가 두다 | 美味 měiwèi 명 좋은 맛

铁杵磨成针

刘老师问大家： "同学们， 你们知道李白吗？"
Liú lǎoshī wèn dàjiā: "Tóngxuémen, nǐmen zhīdào Lǐ Bái ma?"

汤姆马上回答： "当然知道。 他是中国有名的
Tāngmǔ mǎshàng huídá: "Dāngrán zhīdào. Tā shì Zhōngguó yǒumíng de

诗人。"
shīrén."

"对！ 李白是唐代的浪漫主义诗人。 传说李白
"Duì! Lǐ Bái shì Tángdài de làngmàn zhǔyì shīrén. Chuánshuō Lǐ Bái

小时候不用功， 他的父亲为了让他努力学习， 就把
xiǎo shíhou bú yònggōng, tā de fùqin wèile ràng tā nǔlì xuéxí, jiù bǎ

他送到学堂， 可是， 他从来不认真读书， 再加上
tā sòngdào xuétáng, kěshì, tā cónglái bú rènzhēn dú shū, zài jiāshàng

那些诸子百家的书很不好学， 李白就更加不愿意学
nà xiē zhū zǐ bǎi jiā de shū hěn bù hǎo xué, Lǐ Bái jiù gèngjiā bú yuànyì xué

了。 有一天， 李白觉得读书很没意思， 就偷偷地从
le. Yǒu yì tiān, Lǐ Bái juéde dú shū hěn méi yìsi, jiù tōutōu de cóng

学堂里跑了出来， 路上碰到了一位年纪很大的老
xuétáng li pǎo le chūlái, lù shang pèngdào le yí wèi niánjì hěn dà de lǎo

奶奶。 那位老奶奶正拿着一根大大的铁棒在石头上
nǎinai. Nà wèi lǎo nǎinai zhèng ná zhe yì gēn dàdà de tiě bàng zài shítou shang

---

铁杵磨成针 tiě chǔ móchéng zhēn 꾸준히 노력하면 어떤 일도 해낼 수 있다 | **李白** Lǐ Bái 고유 이백(당나라 시인) | **诗人** shīrén 명 시인 | **浪漫主义** làngmàn zhǔyì 낭만주의 | **学堂** xuétáng 명 학당 | **诸子百家** zhū zǐ bǎi jiā 제자백가 | **偷偷** tōutōu 부 살짝, 슬그머니 | **根** gēn 양 개 가늘고 긴 것을 세는 단위 | **铁棒** tiě bàng 쇠막대기 | **石头** shítou 명 돌

磨，李白觉得很好奇，就蹲下来看。看了一会儿，
mó, Lǐ Bái juéde hěn hàoqí, jiù dūn xiàlái kàn. Kàn le yíhuìr,

他问奶奶在做什么，奶奶告诉他要把铁棒磨成针，
tā wèn nǎinai zài zuò shénme, nǎinai gàosu tā yào bǎ tiě bàng móchéng zhēn,

李白感到很吃惊，他不理解老奶奶为什么要这么做，
Lǐ Bái gǎndào hěn chī jīng, tā bù lǐjiě lǎo nǎinai wèishénme yào zhème zuò,

他觉得这么大的铁棒根本不可能磨成针。老奶奶
tā juéde zhème dà de tiě bàng gēnběn bù kěnéng móchéng zhēn. Lǎo nǎinai

抬起头，亲切地告诉李白：'铁棒虽然很粗，但是我
táiqǐ tóu, qīnqiè de gàosu Lǐ Bái: 'Tiě bàng suīrán hěn cū, dànshì wǒ

天天磨。只要我不断磨，再粗的铁棒总有一天会被
tiāntiān mó. Zhǐyào wǒ búduàn mó, zài cū de tiě bàng zǒng yǒu yì tiān huì bèi

磨成针的。'李白听了奶奶的话，心里像打开了一扇
móchéng zhēn de.' Lǐ Bái tīng le nǎinai de huà, xīnli xiàng dǎkāi le yí shàn

窗：只要坚持，那么再困难的事情也能成功。他站
chuāng: zhǐyào jiānchí, nàme zài kùnnan de shìqing yě néng chénggōng. Tā zhàn

磨 mó 동 문지르다, 갈다 | 蹲 dūn 동 쪼그리고 앉다 | 针 zhēn 명 바늘 | 粗 cū 형 굵다 | 窗 chuāng 명 창문

起来，跑回了学堂。自从那天以后，他用功读书，
qǐlái,　　pǎohuí le xuétáng.　　Zìcóng nà tiān yǐhòu,　　tā yònggōng dú shū,

终于成为了中国历史上伟大的诗人。后来这个故事
zhōngyú chéngwéi le Zhōngguó lìshǐ shang wěidà de shīrén.　Hòulái zhè ge gùshi

被流传了下来，告诉我们做事要有毅力。"
bèi liúchuán le xiàlái,　　gàosu wǒmen zuò shì yào yǒu yìlì."

"老师，滴水石穿也是这个意思吧？"胡安问
"Lǎoshī,　　dī shuǐ shí chuān yě shì zhè ge yìsi ba?"　　Hú'ān wèn

刘老师。
Liú lǎoshī.

"是的。滴水石穿的意思也差不多，相反，三
"Shì de.　　Dī shuǐ shí chuān de yìsi yě chàbuduō,　　xiāngfǎn,　　sān

天打鱼，两天晒网是不会成功的。所以大家学习
tiān dǎ yú,　　liǎng tiān shài wǎng shì bú huì chénggōng de. Suǒyǐ dàjiā xuéxí

汉语一定要每天坚持，不要三天打鱼，两天晒网！"
Hànyǔ yídìng yào měitiān jiānchí,　　bú yào sān tiān dǎ yú,　　liǎng tiān shài wǎng!"

독해 2 확인 학습	1. 이백은 왜 학당에서 몰래 밖으로 나왔습니까?

　　① 他愿意读诸子百家　　　② 他觉得读书没意思　　　③ 为了找到一位奶奶

2. 노인이 쇠막대기로 만들고자 하는 것은 무엇입니까?

　　① 一扇窗户　　　② 一根针　　　③ 一块石头

3. '铁杵磨成针'과 비슷한 의미를 나타내는 말은 무엇입니까?

　　① 三天打鱼，两天晒网　　② 滴水石穿　　　③ 趁热打铁

毅力 yìlì 명 기력, 의지 | 滴水石穿 dī shuǐ shí chuān 물 한 방울이 돌을 뚫을 수 있다 | 三天打鱼，两天晒网 sān tiān dǎ yú, liǎng tiān shài wǎng 공부나 일을 인내심을 가지고 꾸준히 하지 못하다

03 문법 학습

1. 주어의 생략

중국어는 한국어와 마찬가지로 대화나 글에서 주어가 이미 출현하여 알 수 있을 때 생략하는 경우가 있습니다.

▶A: 你找到你的手机了吗?
  B: 刚刚找到!

또한, 청유문이나 명령문에서는 일반적으로 주어를 생략합니다.

▶给我买一杯拿铁咖啡吧!

▶下课后一起去便利店吃方便面吧。

▶别说话了，请安静。

▶快走!

2. 부사 '根本'과 '从'

부사 '根本'과 '从'은 부정부사 '不'나 '没'와 함께 사용해서 각각 '전혀 ~하지 않(았)다', '지금까지 ~하지 않(았)다'는 의미를 나타냅니다.

▶这件事情根本不重要，你不用担心。

▶我之前根本没想过他会这么想。

▶我从不吃汉堡包，我更喜欢健康饮食。

▶我从没去过云南，听说那里的风景非常美。

拿铁咖啡 nátiě kāfēi 카페라테

3. 전체부정과 부분부정 '很'과 '太'

'很'과 '太'는 부정부사 '不'와 결합하여 전체부정을 나타내기도 하고, 부분부정을 나타내기도 합니다.

> 전체부정(很不/太不)

▶ 那个电影很不好看，我感到非常失望。

▶ 这个问题太不容易解决了。

> 부분부정(不很/不太)

▶ 那道菜不很好吃，太油腻了。

▶ 今年国庆期间天气一直不太好，经常下雨。

4. 전치사 '自'와 '自从'

'自'와 '自从'은 모두 전치사로 '~부터/~에서'라는 의미를 나타냅니다. '自'는 장소나 시간의 시작점을 나타내고, '自从'은 과거 시간의 시작점을 나타냅니다. 전치사 '自'는 주로 글말에서 사용하며, 때로는 서술어동사 뒤에 출현하기도 합니다.

▶ 本次列车自北京开往上海。

▶ 自他走后，我们就一直没有联系过。

▶ 他们来自不同的国家，但都对中国的历史很感兴趣。

▶ 自从我学会了游泳，我就喜欢上了游泳。

油腻 yóunì 형 기름지다 │ 经常 jīngcháng 부 늘, 항상 │ 本次 běncì 이번 차례

5. '三天打鱼，两天晒网'

'三天打鱼，两天晒网'은 '공부나 일을 인내심을 가지고 꾸준히 하지 못하다'라고 표현할 때 사용합니다.

▶学习外语一定要坚持，不能三天打鱼，两天晒网。

▶三天打鱼，两天晒网，做什么都不会成功的。

1. 녹음을 듣고 알맞은 답을 고르세요. 11-07

   (1) 做豆浆需要多长时间?

      ❶ 半天   ❷ 两个半小时   ❸ 二十五分钟

   (2) 哪个不是这台豆浆机的特点?

      ❶ 采用先进技术   ❷ 自动泡原料   ❸ 节省时间

2. 녹음을 듣고 질문의 답안과 일치하면 ○, 틀리면 ✕를 표시하세요. 11-08

   (1) 我刚刚找到了手机。

   (2) 我从不喜欢游泳。

   (3) 这里的交通非常方便。

3. 사진을 보고 상황에 맞게 대화를 완성해 보세요.

   (1)

    A: 你觉得这个问题容易解决吗?

    B: _____
       ('根本(不)' 사용)

   (2)

    A: 你自从练了瑜伽，身体有
       什么变化?

    B: _____
       ('自从' 사용)

4. 다음 문장을 중국어로 써 보세요.

(1) 비가 오니 외출할 때 우산 챙기는 걸 잊지 마라!

» _____

(2) 이 일은 전혀 중요하지 않으니, 너는 걱정할 필요 없다.

» _____

(3) 그 요리는 아주 맛있는 것은 아니다. 너무 느끼하다.

» _____

(4) 나는 금연 후에 몸 상태가 많이 좋아졌다.

» _____

(5) 그 영화가 너무 재미없어서 나는 매우 실망했다.

» _____

5. 다음 단어 및 구를 어순에 알맞게 배열(첫 단어로 시작)해 보세요.

(1) 拿铁咖啡 / 一杯 / 吧 / 我 / 买 / !

» 给 _____

(2) 一直 / 经常 / 天气 / 下雨 / 太 / 好 / 不 / , / 。

» 国庆期间 _____

(3) 了 / 个 / 太 / 解决 / 问题 / 不容易 / 。

» 这 _____

(4) 不同 / 国家 / 自 / 的 / 来 / 。

» 他们 _____

(5) 可信 / 轻信 / 根本 / 不要 / 新闻 / 条 / 你 / 不 / , / 。

» 那 _____

중국 문화

시의 나라, 중국

✦ 중국을 대표하는 시인, 李白

중국은 '诗 shī 의 나라'라고 불릴 만큼 역사적으로 많은 시인들과 방대한 작품이 전해진다. 중국 唐나라 전성기 시기를 살았던 李白는 한국인에게도 '이태백 李太白'이란 별칭으로 널리 알려진 중국을 대표하는 시인이다. 李白의 시는 시인의 호탕한 기질과 풍부한 상상력을 바탕으로 낭만주의 색채가 가득하다.

밤하늘의 달을 사랑하고, 술도 몹시 좋아했던 것으로 유명한 李白의 삶과 죽음은 숱한 설들을 남기며, 당대는 물론 후대 시인들에게도 지대한 영향을 끼쳤다. 중국 시가 역사에서 결코 빼놓을 수 없는 李白의 시는 현재까지도 많은 중국인에게 사랑을 받고 있다.

✦ 李白 시 감상

山中与幽人对酌
Shānzhōng yǔ yōurén duìzhuó

两人对酌山花开,
Liǎng rén duìzhuó shān huā kāi,

一杯一杯复一杯。
Yì bēi yì bēi fù yì bēi.

我醉欲眠卿且去,
Wǒ zuì yù mián qīng qiě qù,

明朝有意抱琴来。
Míng zhāo yǒu yì bào qín lái.

두 사람 마주 앉아 대작하는데 산에는 꽃이 피네.
한 잔 한 잔 또 한 잔.
나는 취해 자려 하니 그대 우선 돌아가시게.
내일 아침 술 생각나거든 거문고 안고 오시게나.

✦ 중국인의 시 사랑과 시사 예능 프로그램
《中国诗词大会 Zhōngguó shīcí dàhuì》

중국에는 많은 사람이 일상생활 속에서 중국 고전 시가를 암송하는 문화가 뿌리 깊게 자리 잡고 있다. 어릴 적부터 학교 정규 교육 과정에서 수많은 고전 시가를 암기하고 낭송해 온 중국인들은 성인이 된 후에도 李白를 비롯한 역대 유명 시인의 시 작품을 생활 속에서 향유하는 것이다.

중국 예능 《中国诗词大会》는 중국의 시 문화가 반영된 인기 프로그램이다. 2016년 2월 첫 방영을 시작으로 시즌제로 진행되는 이 프로그램은 과학교육을 담당하는 CCTV 10에서 기획 제작한 것으로, 중국 고전 시가를 기반으로 전 국민이 참여할 수 있도록 만든 퀴즈 서바이벌이다. 어린이부터 노인까지 다양한 직업과 연령대를 아우르는 이 프로그램은 전국 각지에서 몰려든 참가자들의 예선전을 치르는 것만 해도 몇 달이 걸린다고 한다. 대회 출전 준비를 위한 문제집과 APP도 덩달아 인기를 끈다고 하니 이 프로그램의 인기를 실감할 수 있다.

이 프로그램은 본선에 오른 106명의 참가자가 단체전, 개인전 등 다양한 관문을 거치며, 이를 통해 최후 승자를 뽑는 방식으로 진행한다. 중국 고대인들이 술을 마시며 했던 놀이인 飞花令 fēihuālìng 을 비롯해 최종 1:1 쟁탈전, 전문가 5인의 작품 감상 설명 등이 더해져 중국 고전 시사를 통한 재미와 지식을 얻을 수 있는 프로그램이다.

说曹操，曹操就到。

호랑이도 제 말하면 온다.

〖학습 목표〗

① 의문대체사 '怎么'로 정도 표현하기
② 의문대체사 '怎么'로 반문 표현하기
③ 정도가 약함을 나타내기

他身体不怎么好。 그는 건강이 별로 좋지 않다.

Tā shēntǐ bù zěnme hǎo.

12-01

这些事我 Zhè xiē shì wǒ	清楚 qīngchu
他的情况我 Tā de qíngkuàng wǒ	了解 liǎojiě
我 Wǒ	喜欢喝茶 xǐhuan hē chá

A 他身体好吗?
Tā shēntǐ hǎo ma?

他身体不怎么好。 **B**
Tā shēntǐ bù zěnme hǎo.

离高铁发车只有十分钟，我怎么赶得到呢！

Lí gāotiě fā chē zhǐ yǒu shí fēnzhōng, wǒ zěnme gǎn de dào ne!

12-02

고속열차 출발까지 겨우 10분 남았는데, 내가 어떻게 시간에 맞춰 갈 수 있겠니!

他病了 Tā bìng le	他 tā	会来 huì lái
我跟他说过 Wǒ gēn tā shuō guo	他 tā	不知道 bù zhīdào
他是我们班的同学 Tā shì wǒmen bān de tóngxué	我 wǒ	不认识他 bú rènshi tā

A 你赶得到吗?
Nǐ gǎn de dào ma?

离高铁发车只有十分钟，我怎么赶得到呢！ **B**
Lí gāotiě fā chē zhǐ yǒu shí fēnzhōng, wǒ zěnme gǎn de dào ne!

不怎么 bù zěnme 그다지, 별로 | **发车** fā//chē 차가 출발하다(떠나다) 发一辆车 | **赶** gǎn 따라가다, (열차·버스 따위의 시간에) 대다

문형 ③

我觉得这双鞋稍微大了点儿。 나는 이 신발이 조금 큰 것 같다.

 12-03

Wǒ juéde zhè shuāng xié shāowēi dà le diǎnr.

这儿的天气 Zhèr de tiānqì	暖和一些 nuǎnhuo yìxiē
这篇作文 Zhè piān zuòwén	修改一下就行 xiūgǎi yíxià jiù xíng
这本教材 Zhè běn jiàocái	有点儿难 yǒu diǎnr nán

A 你觉得这双鞋怎么样?
Nǐ juéde zhè shuāng xié zěnmeyàng?

B 我觉得这双鞋稍微大了点儿。
Wǒ juéde zhè shuāng xié shāowēi dà le diǎnr.

 문형 ④

除了大行李以外，我还有两个小包。

 12-04

Chúle dà xíngli yǐwài, wǒ hái yǒu liǎng ge xiǎo bāo.
큰 짐 외에, 나는 작은 가방이 두 개가 더 있다.

香蕉 xiāngjiāo	买了 mǎi le	葡萄 pútao
瑜伽 yújiā	喜欢 xǐhuan	爬山 pá shān
拿铁 nátiě	点了 diǎn le	一块儿蛋糕 yí kuàir dàngāo

A 除了大行李以外，你还有什么?
Chúle dà xíngli yǐwài, nǐ hái yǒu shénme?

B 除了大行李以外，我还有两个小包。
Chúle dà xíngli yǐwài, wǒ hái yǒu liǎng ge xiǎo bāo.

稍微 shāowēi 부 조금, 다소 | **作文** zuòwén 명 동 작문(하다) | **修改** xiūgǎi 동 고치다, 수정하다 | **教材** jiàocái 명 교재

독해1 🎧 12-05

(기상캐스터 멘트)

我们来看一下天气情况。明天是立秋，"立"是
Wǒmen lái kàn yíxià tiānqì qíngkuàng.　　Míngtiān shì lìqiū,　　'lì' shì

"开始"的意思。立秋表示夏天的结束，秋天的
'kāishǐ' de yìsi.　　Lìqiū biǎoshì xiàtiān de jiéshù,　　qiūtiān de

开始，收获的季节到了。
kāishǐ,　　shōuhuò de jìjié dào le.

未来一周大部分地区的气温仍然保持在30度
Wèilái yì zhōu dàbùfen dìqū de qìwēn réngrán bǎochí zài sānshí dù

以上，甚至有些地方还会出现35度的高温天气。
yǐshàng,　　shènzhì yǒu xiē dìfang hái huì chūxiàn sānshíwǔ dù de gāowēn tiānqì.

可能很多人会觉得，立秋后天气应该稍微凉爽一些，
Kěnéng hěn duō rén huì juéde,　　lìqiū hòu tiānqì yīnggāi shāowēi liángshuǎng yìxiē,

怎么还这么热呢？立秋表示季节转换的开始，并不
zěnme hái zhème rè ne?　　Lìqiū biǎoshì jìjié zhuǎnhuàn de kāishǐ,　　bìng bù

表示气温会立即下降。这种高温的天气可能会持续
biǎoshì qìwēn huì lìjí xiàjiàng.　　Zhè zhǒng gāowēn de tiānqì kěnéng huì chíxù

到立秋后的几周甚至更久，往往要到九月的中下旬，
dào lìqiū hòu de jǐ zhōu shènzhì gèng jiǔ,　　wǎngwǎng yào dào jiǔ yuè de zhōngxiàxún,

天气才能凉爽起来。
tiānqì cái néng liángshuǎng qǐlái.

立秋 lìqiū 명 입추 동 lì//qiū 가을이 시작되다 立了秋 | 大部分 dàbùfen 명 대부분 | 地区 dìqū 명 지역, 지구 | 高温 gāowēn 명 높은 온도 | 凉爽 liángshuǎng 형 서늘하다, 시원하다 | 立即 lìjí 부 즉시, 바로 | 往往 wǎngwǎng 부 종종 | 中下旬 zhōngxiàxún 명 중하순

不过，从立秋开始，北方和西北地区会逐渐
Búguò, cóng lìqiū kāishǐ, běifāng hé xīběi dìqū huì zhújiàn

感觉到秋风，而南方地区，尽管气温较高，但湿度
gǎnjué dào qiūfēng, ér nánfāng dìqū, jǐnguǎn qìwēn jiào gāo, dàn shīdù

逐渐减少。有些人认为最热的时期过去了，所以不
zhújiàn jiǎnshǎo. Yǒu xiē rén rènwéi zuì rè de shíqī guòqù le, suǒyǐ bù

怎么关注身体健康，其实在这个时期更需要注意
zěnme guānzhù shēntǐ jiànkāng, qíshí zài zhè ge shíqī gèng xūyào zhùyì

天气变化对身体的影响。北方地区，早晚温差会
tiānqì biànhuà duì shēntǐ de yǐngxiǎng. Běifāng dìqū, zǎowǎn wēnchā huì

越来越大。白天高温天气持续，大家要注意多喝水，
yuè lái yuè dà. Báitiān gāowēn tiānqì chíxù, dàjiā yào zhùyì duō hē shuǐ,

感觉 gǎnjué 동 느끼다 | **秋风** qiūfēng 명 가을바람 | **南方** nánfāng 명 남부 | **湿度** shīdù 명 습도 | **时期** shíqī 명
시기, 때 | **关注** guānzhù 동 관심가지다 | **早晚** zǎowǎn 명 아침과 저녁 부 조만간 | **温差** wēnchā 명 온도차 | **白天**
báitiān 명 낮

不要长时间在阳光下活动；早晚会稍微凉一些，
bú yào cháng shíjiān zài yángguāng xia huódòng; zǎowǎn huì shāowēi liáng yìxiē,

所以要多带上一件衣服，避免感冒。除了这些以外，
suǒyǐ yào duō dàishàng yí jiàn yīfu, bìmiǎn gǎnmào. Chúle zhè xiē yǐwài,

气温的变化也会使天气变得干燥，因此还要做好
qìwēn de biànhuà yě huì shǐ tiānqì biàn de gānzào, yīncǐ hái yào zuòhǎo

防火工作。
fánghuǒ gōngzuò.

总的来说，未来几天天气仍然很热，希望大家
Zǒngdeláishuō, wèilái jǐ tiān tiānqì réngrán hěn rè, xīwàng dàjiā

注意生活习惯，健康、舒适地度过一个愉快的秋天。
zhùyì shēnghuó xíguàn, jiànkāng, shūshì de dùguò yí ge yúkuài de qiūtiān.

下面来看一下具体的城市天气预报……
Xiàmian lái kàn yíxià jùtǐ de chéngshì tiānqì yùbào……

**독해1
확인 학습**

1. '立秋'가 의미하는 것은 무엇입니까?
   ① 天气马上变得凉爽　　② 秋天的开始　　③ 收获季节的结束

2. 입추 후, 남부 지역의 날씨는 어떤 변화가 있습니까?
   ① 早晚温差会越来越大　　② 湿度会减少　　③ 会出现35度的高温

阳光 yángguāng 명 햇빛 | 凉 liáng 형 서늘하다 | 避免 bìmiǎn 동 피하다 | 干燥 gānzào 형 건조하다 | 防火 fánghuǒ 동 화재를 방지하다, 불을 막다 | 总的来说 zǒngdeláishuō 전반적으로 말해서 | 具体 jùtǐ 형 구체적이다

MBTI

朴智敏问铃木园子： "你的MBTI是什么？"
Piáo Zhìmǐn wèn Língmù Yuánzǐ: "Nǐ de MBTI shì shénme?"

铃木园子回答： "我没测过， 有些人说不怎么准。"
Língmù Yuánzǐ huídá: "Wǒ méi cè guo, yǒu xiē rén shuō bù zěnme zhǔn."

"当然不能盲目相信， 只是可以稍微了解一下
"Dāngrán bù néng mángmù xiāngxìn, zhǐshì kěyǐ shāowēi liǎojiě yíxià

一个人的特点。"
yí ge rén de tèdiǎn."

"那一会儿我也测一测。 你觉得我是什么类型？"
"Nà yíhuìr wǒ yě cè yi cè. Nǐ juéde wǒ shì shénme lèixíng?"

"我先给你稍微介绍一下。 E表示外向， 这个
"Wǒ xiān gěi nǐ shāowēi jièshào yíxià. E biǎoshì wàixiàng, zhè ge

类型的人喜欢外出， 他们在和别人的交往中获得能量；
lèixíng de rén xǐhuan wàichū, tāmen zài hé biéren de jiāowǎng zhōng huòdé néngliàng;

I表示内向， 这个类型的人不怎么喜欢热闹， 他们在自己
I biǎoshì nèixiàng, zhè ge lèixíng de rén bù zěnme xǐhuan rènao, tāmen zài zìjǐ

休息的时间中获得能量， 而且很细心。 S是感觉， 这个
xiūxi de shíjiān zhōng huòdé néngliàng, érqiě hěn xìxīn. S shì gǎnjué, zhè ge

类型的人常常通过自己听到、 看到、 闻到、 感觉到和
lèixíng de rén chángcháng tōngguò zìjǐ tīngdào, kàndào, wéndào, gǎnjué dào hé

准 zhǔn 형 정확하다 | 盲目 mángmù 형 맹목적이다 | 类型 lèixíng 명 유형 | 外向 wàixiàng 형 외향적이다 | 外出 wàichū 동 외출하다 | 交往 jiāowǎng 동 교제하다, 교류하다 | 能量 néngliàng 명 에너지 | 内向 nèixiàng 형 내성적(내향적)이다 | 闻 wén 동 냄새를 맡다

尝到的获得信息；N是直觉，他们更相信灵感。F是
chángdào de huòdé xìnxī; N shì zhíjué, tāmen gèng xiāngxìn línggǎn. F shì

感情，他们有同情心，常常说'这件事对我很重要……'；
gǎnqíng, tāmen yǒu tóngqíngxīn, chángcháng shuō 'zhè jiàn shì duì wǒ hěn zhòngyào……';

T是思考，这个类型的人更客观，他们常常说'因为……
T shì sīkǎo, zhè ge lèixíng de rén gèng kèguān, tāmen chángcháng shuō 'yīnwèi……

所以……'。J是判断，他们总是有新的目标，而且会有
suǒyǐ……'. J shì pànduàn, tāmen zǒngshì yǒu xīn de mùbiāo, érqiě huì yǒu

计划地完成要做的工作；P是知觉，喜欢适应新情况，
jìhuà de wánchéng yào zuò de gōngzuò; P shì zhījué, xǐhuan shìyìng xīn qíngkuàng,

还会不断改变目标，他们的生活稍微更随意一些。除了
hái huì búduàn gǎibiàn mùbiāo, tāmen de shēnghuó shāowēi gèng suíyì yìxiē. Chúle

这些，其实还有很多特点。虽然你很外向，但不怎么喜欢
zhè xiē, qíshí hái yǒu hěn duō tèdiǎn. Suīrán nǐ hěn wàixiàng, dàn bù zěnme xǐhuan

信息 xìnxī 명 소식, 정보 | 直觉 zhíjué 명 직감, 직관 | 感情 gǎnqíng 명 감정 | 同情心 tóngqíngxīn 명 동정심 | 思考
sīkǎo 동 사고하다 | 客观 kèguān 형 객관적이다 | 判断 pànduàn 동 판단하다 | 目标 mùbiāo 명 목표 | 知觉 zhījué
명 감각, 의식 | 适应 shìyìng 동 적응하다 | 随意 suíyì 형 원하는 대로

热闹。 你很重视别人的感觉, 而且做什么都很有
rènao.　Nǐ hěn zhòngshì biéren de gǎnjué,　érqiě zuò shénme dōu hěn yǒu

计划, 所以我觉得你可能是ISFJ。 很多人的我都
jìhuà,　suǒyǐ wǒ juéde nǐ kěnéng shì ISFJ.　Hěn duō rén de wǒ dōu

猜对了, 比如, 允瑞、 胡安……”
cāiduì le,　bǐrú,　Yǔnruì,　Hú'ān……"

他们正聊着, 这时胡安过来问: “你们在聊什么?
Tāmen zhèng liáo zhe, zhè shí Hú'ān guòlái wèn:　"Nǐmen zài liáo shénme?

这么开心。”
Zhème kāixīn."

朴智敏和铃木园子异口同声地对胡安说: “说
Piáo Zhìmǐn hé Língmù Yuánzǐ yì kǒu tóng shēng de duì Hú'ān shuō:　"Shuō

曹操, 曹操就到!”
Cáo Cāo,　Cáo Cāo jiù dào!"

독해2 확인 학습

1. 박지민은 MBTI에 대해 어떤 태도를 가지고 있습니까?
　① 认为MBTI不怎么准
　② 盲目地相信
　③ 认为通过MBTI可以了解一下人的特点

2. MBTI 중 객관적 성향이 강하고, 원인 결과를 중시하는 유형은 무엇입니까?
　① N类型　　　② T类型　　　③ F类型

3. 박지민이 MBTI를 추측해 보지 않은 사람은 누구입니까?
　① 铃木园子　　　② 胡安　　　③ 王明

聊 liáo 동 이야기하다 | 异口同声 yì kǒu tóng shēng 이구동성, 모든 사람이 똑같이 말하다 | 说曹操，曹操就到 shuō
Cáo Cāo, Cáo Cāo jiù dào 호랑이도 제 말하면 온다

03 문법 학습

1. 정도의 '怎么'와 반문의 '怎么'

의문대체사 '怎么'는 궁금한 내용을 물어보는 상황이 아니어도 사용할 수 있는데, 대표적인 상황으로 정도를 표현하거나 반문을 표현하는 것을 들 수 있습니다. 우선 '怎么'로 정도를 표현할 때는 동사, 형용사와 결합하는 형식을 취하여 '그다지/별로 ~않다'라는 뜻을 나타내는데 '不太'와 의미가 유사합니다.

▸ 这些事我不怎么清楚。

▸ 下雪了，但是天气不怎么冷。

▸ 这个手机APP我不怎么用。

'怎么'로 반문을 표현할 경우 '怎么+V'와 같은 긍정 형식으로는 '不会/不能(~일/할 리가 없다)'의 의미를 나타내고, '怎么+不+V'와 같은 부정 형식으로는 긍정의 의미를 나타냅니다.

▸ 他病了，怎么会来? (不会来)

▸ 你不告诉我，我怎么知道! (不能知道)

▸ 这么大的箱子一个人怎么拿得动! (拿不动)

▸ 我跟他说过，他怎么不知道! (他知道)

▸ 他是我们班的同学，我怎么不认识他! (我认识)

▸ 朋友有困难怎么能不帮忙呢? (应该帮忙)

动 dòng 동 움직이다

2. 부사 '稍微'

'稍微'는 '조금/약간/다소'라는 의미의 부사로 정도가 약함을 나타내는데, 단독으로 사용하지 않고 적은 양을 나타내는 성분과 함께 사용해야 합니다. 일반적으로 '稍微+A/V+一点儿/一些/一下' 또는 '稍微+有点儿+A/V'의 어순으로 사용합니다.

▶ 价钱稍微贵了点儿，能不能再便宜一点儿?

▶ 天气稍微暖和了一些。

▶ 我觉得这篇作文稍微修改一下就行。

▶ 他觉得这本教材稍微有点儿难。

▶ 这儿的饮食他稍微有点儿不习惯。

3. '除了……(以外)，还/也/都……'

'除了……(以外)，还/也……'는 '~이외에, 또한 ~하다'라는 의미를 나타냅니다.

▶ 除了汉语以外，我还会说英语和西班牙语。

▶ 图书馆除了公休日休息以外，星期一也休息。

'除了……(以外)，……都……'는 '~을/를 제외하고, ~는 모두 ~하다'라는 의미를 나타냅니다.

▶ 除了北京以外，别的城市我都没去过。

4. '说曹操，曹操就到'

'说曹操，曹操就到'는 '호랑이도 제 말 하면 온다'라고 표현할 때 사용합니다.

▶ 你怎么来了? 我们正说起你呢，真是说曹操，曹操就到呀!

▶ "说曹操，曹操就到"，刚才和朋友聊到你，现在你就来了。

价钱 jiàqian 명 가격, 값 | 公休日 gōngxiūrì 명 공휴일

연습 문제

1. 녹음을 듣고 알맞은 답을 고르세요. 🎧 12-07

   (1) 据天气预报，立秋表示什么？

      ❶ 要持续做好防火工作

      ❷ 季节转换的开始

      ❸ 气温会马上下降

   (2) 哪个不是主持人的建议？

      ❶ 注意多喝水   ❷ 白天少活动   ❸ 多带上衣服

2. 녹음을 듣고 질문의 답안과 일치하면 ○, 틀리면 ✕를 표시하세요. 🎧 12-08

   (1) 除了北京以外，我还去过上海。

   (2) 离高铁发车只有十分钟，我赶不到。

   (3) 我觉得这双鞋太大了。

3. 사진을 보고 상황에 맞게 대화를 완성해 보세요.

   (1)

   A: 除了香蕉以外，你还买了
      什么？

   B: _____
      ('除了……以外，还……' 사용)

   (2)

   A: 你觉得这本教材怎么样？

   B: _____
      ('稍微' 사용)

4. 다음 문장을 중국어로 써 보세요.

(1) 눈이 내리는데, 날씨가 별로 춥지 않다.

   » _____

(2) 내가 그에게 말했는데, 그는 어째서 모를까!

   » _____

(3) 날씨가 좀 따뜻해졌다.

   » _____

(4) 중국어 외에 나는 영어와 스페인어를 할 줄 안다.

   » _____

(5) 나는 차 마시는 것을 별로 좋아하지 않는다.

   » _____

5. 다음 단어 및 구를 어순에 알맞게 배열(첫 단어로 시작)해 보세요.

(1) 没去过 / 以外 / 城市 / 北京 / 别的 / 都 / 我 / , / 。

   » 除了 _____

(2) 怎么 / 病 / 会 / 了 / 来 / 他 / , / ?

   » 他 _____

(3) 就行 / 作文 / 一下 / 篇 / 修改 / 稍微 / 这 / 。

   » 我觉得 _____

(4) 两个小包 / 有 / 我 / 以外 / 大行李 / 还 / , / 。

   » 除了 _____

(5) 不怎么 / 有些人 / 没测过 / 准 / 说 / , / 。

   » 我 _____

중국 문화

성격을 알아보는 별자리와 12간지

✦ MBTI보다는 별자리

사람을 사귀고 교류를 하다 보면 재미 삼아 성격을 몇 가지 유형으로 나누고 각각 대표되는 특징을 이야기하기도 한다. 이는 비록 과학적으로 입증된 사실은 아니지만 MBTI나 혈액형, 태어난 달 등 서로를 좀 더 잘 이해하고자 하는 마음에서 비롯된 것이다.

한국에서는 종종 MBTI로 성격 특징을 이야기하지만 중국에서는 E형, I형의 MBTI보다는 별자리를 이야기하는 경우가 더 많다. 별자리는 중국어로 星座 xīngzuò 라고 하는데, 星座를 기준으로 자신과 성격이 잘 맞는 사람을 찾아보는 게임을 한다든지, 상대방의 星座를 기억해서 생일 선물로 별자리 캐릭터가 그려진 소품을 주고받기도 하는 것이다. 일부 星座의 대표적인 특징을 살펴보자!

별자리	성격 특징
白羊座(3.21~4.19) Báiyáng zuò 양자리	心软，只要对方已道歉，马上就会原谅。 Xīn ruǎn, zhǐyào duìfāng yǐ dào qiàn, mǎshàng jiù huì yuánliàng. 마음이 여려서 상대방이 사과하면 바로 용서하고는 한다.
处女座(8.23~9.22) Chǔnǚ zuò 처녀자리	完美主义，希望任何事情都做到最好。 Wánměi zhǔyì, xīwàng rènhé shìqing dōu zuòdào zuì hǎo. 완벽주의, 무슨 일이든 최선을 다하고자 한다.
天秤座(10.24~11.22) Tiānchèng zuò 천칭자리	珍惜友谊，朋友挺多。 Zhēnxī yǒuyì, péngyou tǐng duō. 우정을 중시하며, 친구가 아주 많다.

✦ 한국인에게도 익숙한 문화, "你属什么？ Nǐ shǔ shénme?(무슨 띠인가요?)"

매해 새해가 되면 올해는 청룡의 해, 혹은 흑 호랑이의 해 등 띠에 관한 이야기가 빠지지 않는다. 한국인에게도 익숙한 띠를 중국어로는 属相 shǔxiang 이라고 하며, '~띠에 속한다'라는 표현은 '属~ shǔ~'라고 한다. 예를 들어, "나는 돼지띠입니다."라는 표현을 중국어로는 "我属猪。 Wǒ shǔ zhū."라고 하는 식이다.

十二生肖 shí'èr shēngxiào 라고 하는 12가지 동물을 띠로 삼는 문화는 한국과 중국을 비롯해 일본, 베트남 등에서도 찾아볼 수 있다. 十二生肖는 고대부터 내려오는 신화 전설에 기원을 두며 12가지 동물은 각각 다른 시간과 방향, 음양오행을 의미하기도 한다. 재미있는 점은 나

라별로 12가지 동물에 차이가 있다는 것이다. 예를 들어, 일본에서는 돼지띠 대신 멧돼지띠
가 있고, 베트남에는 소띠 대신 물소띠, 토끼띠 대신 고양이띠, 양띠 대신 염소띠가 존재한
다. 이것은 각 나라의 기후와 풍토에 따라 서식하는 동물에 차이가 있기 때문이며, 이는 자연
스레 각 나라의 민간 전설 및 풍속으로 이어져 내려온다. 서구 문화권에는 Chinese zodiac이
란 이름으로 알려져, 12가지 동물을 응용한 게임 캐릭터나 영화 콘텐츠가 만들어 지기도 했
다.

한국과 중국의 十二生肖는 쥐, 소, 호랑이, 토끼, 용, 뱀, 말, 양, 원숭이, 닭, 개, 돼지이며, 이
순서대로 매해의 띠가 결정된다. 중국에서 일상생활 중 띠에 관해 이야기하는 경우도 종종
있으므로, 자신이 속한 띠를 미리 알아 두는 것도 좋겠다.

● 띠를 나타내는 12가지 동물

鼠 shǔ 쥐	牛 niú 소	虎 hǔ 호랑이	兔 tù 토끼	龙 lóng 용	蛇 shé 뱀
马 mǎ 말	羊 yáng 양	猴 hóu 원숭이	鸡 jī 닭	狗 gǒu 개	猪 zhū 돼지

✦ 12가지 동물을 활용한 마케팅

매해를 상징하는 동물을 귀엽게 혹은 멋있게 캐릭터화하여 중국 시장을 공략하는 마케팅은 해마다 이슈가 된다. 중국에서는 12가지 동물이 그려진 우표나 엽서를 자주 찾아볼 수 있으며, 매년 해당하는 동물이 그려진 우표는 한정판으로 판매되기도 한다. 이 밖에도, 동물무늬로 제작된 열쇠고리부터 위스키, 명품 시계에 이르기까지 다양한 제품과 브랜드에서 12가지 동물 디자인을 활용한 한정판 마케팅을 진행한다. 여러 중국 소비자는 자신들의 전통을 녹여낸 마케팅에 기꺼이 지갑을 열기 때문이다.

活到老，学到老。

배움의 길은 끝이 없다.

〈학습 목표〉

1. 인칭대체사 '人家'의 의미 표현하기
2. '谁'와 '哪(儿)'로 반어의문문 표현하기
3. 두 절 모두 선택 가능함을 나타내기

문형 ①

人家在准备明天的面试呢！别打扰他。

Rénjia zài zhǔnbèi míngtiān de miànshì ne! Bié dǎrǎo tā.

13-01

그는 내일 면접을 준비하는 중이잖아! 그를 방해하지마.

准备明天的听力考试
zhǔnbèi míngtiān de tīnglì kǎoshì

写毕业论文
xiě bì yè lùnwén

写报告
xiě bàogào

A 我们叫小王一起去看电影吧！
Wǒmen jiào Xiǎo Wáng yìqǐ qù kàn diànyǐng ba!

人家在准备明天的面试呢！别打扰他。 **B**
Rénjia zài zhǔnbèi míngtiān de miànshì ne! Bié dǎrǎo tā.

人家 rénjia 대 다른 사람, 그 사람, 나 ┃ **面试** miànshì 명 동 면접시험(보다) ┃ **论文** lùnwén 명 논문

谁说胡安最近不太用功！他一直很努力学习，这次口语考试取得了好成绩！

Shéi shuō Hú'ān zuìjìn bú tài yònggōng! Tā yìzhí hěn nǔlì xuéxí,

zhè cì kǒuyǔ kǎoshì qǔdé le hǎo chéngjì!

누가 후안이 요즘 별로 열심히 안 한다고 하니! 그는 줄곧 열심히 공부해서, 이번 회화 시험에 좋은 성적을 받았어!

说 shuō	上海的冬天 Shànghǎi de dōngtiān 不那么冷 bú nàme lěng	上海的冬天 Shànghǎi de dōngtiān 湿冷 shīlěng	没有暖气， méi yǒu nuǎnqì, 感觉特别冷 gǎnjué tèbié lěng
知道 zhīdào	王明反对 Wáng Míng fǎnduì 汤姆的意见 Tāngmǔ de yìjiàn	我一直以为他会 Wǒ yìzhí yǐwéi tā huì 同意 tóngyì	
想到 xiǎngdào	小李拒绝了 Xiǎo Lǐ jùjué le 小王的求婚 Xiǎo Wáng de qiú hūn	我觉得他们俩 Wǒ juéde tāmen liǎ 一直特别甜蜜 yìzhí tèbié tiánmì	

A 对了，听说胡安最近不太用功。
Duì le, tīngshuō Hú'ān zuìjìn bú tài yònggōng.

B 谁说胡安最近不太用功！
Shéi shuō Hú'ān zuìjìn bú tài yònggōng!
他一直很努力学习，这次口语考试取得了好成绩！
Tā yìzhí hěn nǔlì xuéxí, zhè cì kǒuyǔ kǎoshì qǔdé le hǎo chéngjì!

湿冷 shīlěng 형 습하고 차다 | 暖气 nuǎnqì 명 난방 장치 | 反对 fǎnduì 동 반대하다 | 求婚 qiú//hūn 동 청혼하다 向她 求婚 | 甜蜜 tiánmì 형 달콤하다, 행복하다

最近我忙不过来，哪能休息两天?

 Zuìjìn wǒ máng bu guòlái, nǎ néng xiūxi liǎng tiān?
13-03
요즘 나는 정신 없이 바쁜데, 어떻게 이틀동안 쉴 수 있겠니?

有时间去国外旅游
yǒu shíjiān qù guówài lǚyóu

有时间谈恋爱
yǒu shíjiān tán liàn'ài

有时间去看电影
yǒu shíjiān qù kàn diànyǐng

A 最近我忙不过来，哪能休息两天?
Zuìjìn wǒ máng bu guòlái, nǎ néng xiūxi liǎng tiān?

真没想到你会这么忙!
Zhēn méi xiǎngdào nǐ huì zhème máng! **B**

 这次假期，要么去云南大理，要么去海南岛，
我都行。 이번 휴가에 윈난 따리에 가든지, 하이난섬에 가든지, 나는 다 좋다.
13-04
Zhè cì jiàqī, yàome qù Yúnnán Dàlǐ, yàome qù Hǎinándǎo, wǒ dōu xíng.

明天我们聚会的时候
Míngtiān wǒmen jùhuì de shíhou

吃山东菜
chī Shāndōngcài

吃四川菜
chī Sìchuāncài

吃完午饭之后
Chīwán wǔfàn zhīhòu

喝乌龙茶
hē wūlóngchá

喝普洱茶
hē pǔ'ěrchá

今晚有奥运会的直播
Jīn wǎn yǒu Àoyùnhuì de zhíbō

看足球比赛
kàn zúqiú bǐsài

看游泳比赛
kàn yóuyǒng bǐsài

A 这次假期，你想去云南大理还是海南岛?
Zhè cì jiàqī, nǐ xiǎng qù Yúnnán Dàlǐ háishi Hǎinándǎo?

这次假期，要么去云南大理，要么去海南岛，我都行。
Zhè cì jiàqī, yàome qù Yúnnán Dàlǐ, yàome qù Hǎinándǎo, wǒ dōu xíng. **B**

国外 guówài 명 국외, 외국 | 谈恋爱 tán liàn'ài 연애하다 | 大理 Dàlǐ 고유 따리 | 海南岛 Hǎinándǎo 고유 하이난섬 |
乌龙茶 wūlóngchá 명 우롱차 | 普洱茶 pǔ'ěrchá 명 푸얼차 | 奥运会 Àoyùnhuì 명 올림픽대회

森林里每年都举办运动会， 今年也有很多
Sēnlín li měinián dōu jǔbàn yùndònghuì,　　jīnnián yě yǒu hěn duō

动物们参加。 兔子碰见乌龟， 说： "乌龟， 乌龟，
dòngwùmen cānjiā.　Tùzi pèngjiàn wūguī,　shuō: "Wūguī,　wūguī,

咱们来赛跑， 好吗？" 看到乌龟不理他， 兔子笑话
zánmen lái sàipǎo,　hǎo ma?"　Kàndào wūguī bù lǐ tā,　tùzi xiàohua

乌龟： "谁不知道你跑得最慢， 你哪儿敢跟我比赛。
wūguī:　"Shéi bù zhīdào nǐ pǎo de zuì màn,　nǐ nǎr gǎn gēn wǒ bǐsài.

乌龟， 乌龟， 爬爬爬， 一早走出家门； 乌龟， 乌龟，
Wūguī,　wūguī,　pá pá pá,　yì zǎo zǒuchū jiāmén;　wūguī,　wūguī,

走走走， 晚上还在门口。" 乌龟生气了： "谁说我不
zǒu zǒu zǒu,　wǎnshang hái zài ménkǒu."　Wūguī shēng qì le:　"Shéi shuō wǒ bù

敢！ 我们现在就比赛吧。" 兔子一听， 大笑起来：
gǎn!　Wǒmen xiànzài jiù bǐsài ba."　Tùzi yì tīng,　dà xiào qǐlái:

"好， 那咱们从这儿开始， 看谁先跑到那边的那棵
"Hǎo,　nà zánmen cóng zhèr kāishǐ,　kàn shéi xiān pǎodào nàbiān de nà kē

大树。 一、 二、 三， 开始！"
dà shù.　Yī,　èr,　sān,　kāishǐ!"

兔子跑得真快， 一会儿就跑远了。 它回头一看，
Tùzi pǎo de zhēn kuài,　yíhuìr jiù pǎoyuǎn le.　Tā huí tóu yí kàn,

---

举办 jǔbàn 동 거행하다, 개최하다 | 运动会 yùndònghuì 명 운동회 | 乌龟 wūguī 명 거북이 | 赛跑 sàipǎo 동 경주하다 | 理 lǐ 동 상대하다, 거들떠보다 | 棵 kē 양 그루 식물을 세는 단위 | 回头 huí//tóu 동 고개를 돌리다 回了头

乌龟才爬了一小段，　想：　"我这么快就跑到终点的话，
wūguī cái pá le yì xiǎo duàn,　　xiǎng:　"Wǒ zhème kuài jiù pǎodào zhōngdiǎn de huà,

人家乌龟会感到多么丢脸呀！我在这儿先睡一觉，
rénjia wūguī huì gǎndào duōme diū liǎn ya!　　Wǒ zài zhèr xiān shuì yí jiào,

等他爬到这儿的时候再继续跑吧。"　想完，　兔子就
děng tā páodào zhèr de shíhou zài jìxù pǎo ba."　　Xiǎngwán,　tùzi jiù

躺在地上，　闭上眼睛睡着了。乌龟慢慢儿地爬呀爬，
tǎngzài dìshang,　bìshàng yǎnjing shuìzháo le.　Wūguī mànmānr de pá ya pá,

等他爬到兔子身边，　已经累得不行了。兔子还在
děng tā pádào tùzi shēnbiān,　　yǐjīng lèi de bùxíng le.　Tùzi hái zài

睡觉，　乌龟也想休息一会儿，　可他知道，　兔子跑得
shuìjiào,　wūguī yě xiǎng xiūxi yíhuìr,　　kě tā zhīdào,　tùzi pǎo de

比他快，　如果休息，　哪儿有可能拿到第一呢。于是，
bǐ tā kuài,　rúguǒ xiūxi,　nǎr yǒu kěnéng nádào dì yī ne.　Yúshì,

他不停地往前爬、爬、爬，　一边爬，　一边想：　"谁说
tā bù tíng de wǎng qián pá,　pá,　pá,　yìbiān pá,　yìbiān xiǎng:　"Shéi shuō

段 duàn 양 구간 일정한 시간이나 공간의 거리를 세는 단위 | 终点 zhōngdiǎn 명 종점, 결승점 | 丢脸 diū//liǎn 동 체면이
깎이다, 창피 당하다 丢了脸 | 身边 shēnbiān 명 곁, 몸

我赢不了兔子，我一定要坚持爬下去！"乌龟离大树
wǒ yíng bu liǎo tùzi,　　　wǒ yídìng yào jiānchí pá xiàqù!"　　Wūguī lí dà shù

越来越近了，只差几十步了，十几步了……
yuè lái yuè jìn le,　　zhǐ chà jǐ shí bù le,　　shí jǐ bù le……

这时，周围的动物们都大叫起来："兔子兔子！
Zhè shí,　zhōuwéi de dòngwùmen dōu dà jiào qǐlái:　"Tùzi tùzi!

人家快到终点了！别睡了！"兔子被叫醒后，向后
Rénjia kuài dào zhōngdiǎn le! Bié shuì le!"　Tùzi bèi jiàoxǐng hòu,　xiàng hòu

一看，唉？乌龟怎么不见了？再往前一看，哎呀！
yí kàn,　āi?　Wūguī zěnme bú jiàn le?　Zài wǎng qián yí kàn,　āiyā!

乌龟马上就要爬到大树下了。兔子急忙向终点跑去，
Wūguī mǎshàng jiù yào pádào dà shù xià le.　Tùzi jímáng xiàng zhōngdiǎn pǎoqù,

可已经来不及了，乌龟赢了。
kě yǐjīng lái bu jí le,　　wūguī yíng le.

독해1 확인 학습	1. 먼저 경주를 제안한 동물은 누구입니까?

　　① 乌龟　　　　　　② 兔子　　　　　　③ 动物们

2. 토끼는 어디에서 잠을 자며 휴식을 취했습니까?

　　① 在大树下　　　　② 在地上　　　　　③ 在门口

步 bù 명 걸음, 단계 ┃ 周围 zhōuwéi 명 주위

网络直播

朴智敏为了把在中国的生活记录下来，他
Piáo Zhìmǐn wèile bǎ zài Zhōngguó de shēnghuó jìlù xiàlái, tā

有时候拍视频，有时候做网络直播。这天，他邀请
yǒushíhou pāi shìpín, yǒushíhou zuò wǎngluò zhíbō. Zhè tiān, tā yāoqǐng

好朋友汤姆和他一起做节目。
hǎo péngyou Tāngmǔ hé tā yìqǐ zuò jiémù.

朴智敏： "大家好！今天我要把我的好朋友介绍
Piáo Zhìmǐn: "Dàjiā hǎo! Jīntiān wǒ yào bǎ wǒ de hǎo péngyou jièshào

给大家。汤姆，先跟大家打个招呼吧。"
gěi dàjiā. Tāngmǔ, xiān gēn dàjiā dǎ ge zhāohu ba."

汤姆： "你们好！我叫汤姆，是美国人。快到
Tāngmǔ: "Nǐmen hǎo! Wǒ jiào Tāngmǔ, shì Měiguórén. Kuài dào

新年了，在这里祝大家万事如意，心想事成！"
xīnnián le, zài zhèli zhù dàjiā wàn shì rú yì, xīn xiǎng shì chéng!"

朴智敏： "你们看，他汉语说得多地道。汤姆是
Piáo Zhìmǐn: "Nǐmen kàn, tā Hànyǔ shuō de duō dìdao. Tāngmǔ shì

我的榜样，是最值得我学习的一个朋友。"
wǒ de bǎngyàng, shì zuì zhíde wǒ xuéxí de yí ge péngyou."

汤姆： "哪里哪里，你过奖了。你看你，又做
Tāngmǔ: "Nǎli nǎli, nǐ guòjiǎng le. Nǐ kàn nǐ, yòu zuò

节目，又翻译电视剧，你更了不起！"
jiémù, yòu fānyì diànshìjù, nǐ gèng liǎobuqǐ!"

邀请 yāoqǐng 동 초청하다 | **祝** zhù 동 기원하다, 축하하다 | **万事如意** wàn shì rú yì 모든 일이 뜻대로 이루어지다 | **心想事成** xīn xiǎng shì chéng 마음이 절실하면 이뤄진다 | **地道** dìdao 형 표준적이다, 정통의 | **榜样** bǎngyàng 명 본보기, 귀감 | **过奖** guòjiǎng 동 과찬이십니다 | **了不起** liǎobuqǐ 형 뛰어나다

朴智敏: "跟你比, 我差远了。 大家知道吗?
Piáo Zhìmǐn: "Gēn nǐ bǐ, wǒ chàyuǎn le. Dàjiā zhīdào ma?

汤姆每天学这学那, 忙得不可开交。 今天是好不
Tāngmǔ měitiān xué zhè xué nà, máng de bù kě kāi jiāo. Jīntiān shì hǎobù

容易才把他请到我这里来的。 你跟大家说说你业余
róngyì cái bǎ tā qǐngdào wǒ zhèli lái de. Nǐ gēn dàjiā shuōshuo nǐ yèyú

时间都做什么。"
shíjiān dōu zuò shénme."

汤姆: "要么练书法, 要么去捡跑, 要么到你
Tāngmǔ: "Yàome liàn shūfǎ, yàome qù jiǎn pǎo, yàome dào nǐ

这儿来玩儿, 哪儿有什么特别的。"
zhèr lái wánr, nǎr yǒu shénme tèbié de."

朴智敏: "汤姆太谦虚了! 他唱中国歌也唱得
Piáo Zhìmǐn: "Tāngmǔ tài qiānxū le! Tā chàng Zhōngguógē yě chàng de

特别好。 你给我们唱首歌, 好不好?"
tèbié hǎo. Nǐ gěi wǒmen chàng shǒu gē, hǎo bu hǎo?"

汤姆: "那我就唱一小段, 这首歌的歌词我非常
Tāngmǔ: "Nà wǒ jiù chàng yì xiǎoduàn, zhè shǒu gē de gēcí wǒ fēicháng

喜欢。 '没有追求和付出哪来的成功, 谁说我们一定
xǐhuan. 'Méi yǒu zhuīqiú hé fùchū nǎ lái de chénggōng, shéi shuō wǒmen yídìng

要走别人的路, 谁说辉煌背后没有痛苦, 只要为了
yào zǒu biéren de lù, shéi shuō huīhuáng bèihòu méi yǒu tòngkǔ, zhǐyào wèile

梦想不服输, 再苦也不停止脚步'。"
mèngxiǎng bù fú shū, zài kǔ yě bù tíngzhǐ jiǎobù'."

不可开交 bù kě kāi jiāo 매우, 눈코 뜰 새 없이 'V得'의 뒤에만 사용됨 | 业余 yèyú 형 여가의 | 追求 zhuīqiú 동 추구하다 | 付出 fùchū 동 지출하다, 바치다 | 辉煌 huīhuáng 형 눈부시다, 휘황찬란하다 | 背后 bèihòu 명 배후, 뒤쪽 | 痛苦 tòngkǔ 명 형 고통(스럽다) | 服输 fú//shū 동 실패(패배)를 인정하다 服了输 | 脚步 jiǎobù 명 걸음, 보폭

朴智敏: "汤姆你看, 大家都夸你唱得特别棒。
Piáo Zhìmǐn: "Tāngmǔ nǐ kàn, dàjiā dōu kuā nǐ chàng de tèbié bàng.

你学唱歌、学书法, 我知道你最近还开始学相声,
Nǐ xué chàng gē, xué shūfǎ, wǒ zhīdào nǐ zuìjìn hái kāishǐ xué xiàngsheng,

你怎么学这么多东西?"
nǐ zěnme xué zhème duō dōngxi?"

汤姆: "我热爱中国文化, 我的座右铭是'活到
Tāngmǔ: "Wǒ rè'ài Zhōngguó wénhuà, wǒ de zuòyòumíng shì 'huódào

老, 学到老', 所以我会不断学习!"
lǎo, xuédào lǎo', suǒyǐ wǒ huì búduàn xuéxí!"

朴智敏: "大家知道为什么我把汤姆当作我的
Piáo Zhìmǐn: "Dàjiā zhīdào wèishéme wǒ bǎ Tāngmǔ dàngzuò wǒ de

榜样了吧。那你好好儿学相声, 希望有一天在电视上
bǎngyàng le ba. Nà nǐ hǎohāor xué xiàngsheng, xīwàng yǒu yì tiān zài diànshì shang

看到你说相声。"
kàndào nǐ shuō xiàngsheng."

독해 2 확인 학습	

1. 박지민의 활동이 <u>아닌</u> 것은 무엇입니까?
　① 翻译电影　　　　② 做节目　　　　③ 拍视频

2. 톰이 여가 시간에 하는 활동이 <u>아닌</u> 것은 무엇입니까?
　① 去捡跑　　　　② 练书法　　　　③ 唱歌

3. 톰에 대한 설명 중 올바르지 <u>않은</u> 것은 무엇입니까?
　① 他是朴智敏的榜样　　② 他热爱直播　　③ 他很谦虚

夸 kuā 동 칭찬하다, 허풍 떨다 | 热爱 rè'ài 동 뜨겁게 사랑하다 | 活到老, 学到老 huódào lǎo, xuédào lǎo 배움의 길은 끝이 없다 | 相声 xiàngsheng 명 중국식 전통 스탠딩 개그

03 문법 학습

1. 인칭대체사 '人家'

인칭대체사 '人家'는 '3인칭(他, 她)'이나 '다른 사람(別人)' 혹은 '말하는 사람 자신(我)'을 나타낼 때 사용합니다. 자신을 가리킬 때는 다소 애교스럽거나 불만이 섞인 느낌을 나타내기도 합니다.

▶ 人家小明说那部电影很好看，我们一起去看吧。

▶ 人家喜欢品尝各种美食，尤其是当地的特色菜。

▶ 人家做到的，我们为什么做不到？

▶ 你怎么现在才来，人家等你半天了。

2. 의문대체사 '谁'와 '哪(儿)'을 사용한 반어의문문

의문대체사 '谁'와 '哪(儿)'은 강한 긍정이나 부정의 의미를 나타내는 반어의문문으로 사용하기도 합니다.

▶ 谁不知道王明是北京人？

▶ 谁说不是呢？

▶ 谁知道胡安反对我们的意见？我一直以为他会同意我们的看法。

▶ 最近我忙不过来，我哪能休息两天？

▶ 她哪儿不知道啊？

▶ A: 胡安，我已经把书给你了。

　B: 什么时候？你哪儿给我了？

그 밖에 장소를 묻는 의문대체사 '哪里/哪儿'의 활용형인 '哪里哪里'와 '哪儿啊'는 누군가 칭찬했을 때 겸손함을 나타내는 표현으로 사용합니다.

▶ A: 你汉语说得真地道。

　B: 哪里哪里，你过奖了。

品尝 pǐncháng 동 맛보다 | 尤其 yóuqí 부 특히, 더욱 | 特色 tèsè 명 특징, 특색

'哪儿啊'는 상대방의 의견을 동의하지 않다는 어감에 사용하기도 합니다.

> ▶A: 这条裙子30块，这么便宜啊！
> B: 哪儿啊！你看错了，这是230块。哪儿有那么便宜的裙子啊！

3. 접속어 '要么……，要么……'

'要么……，要么……'는 선택관계를 나타내는 접속어로 '~이든지, ~이든지 ~하다'라는 의미를 나타냅니다.

> ▶我休息的时候，要么去爬山，要么去见朋友。
> ▶今晚有奥运会的直播，要么看足球比赛，要么看游泳比赛，我都可以。
> ▶这个周末要么去滑冰，要么去滑雪，我都行。

4. '活到老，学到老'

'活到老，学到老'는 '배움의 길은 끝이 없다'라고 표현할 때 사용합니다.

> ▶爷爷七十岁开始学日语，真是活到老，学到老啊！
> ▶活到老，学到老，我们要不断地学习。

裙子 qúnzi 명 치마 | 滑冰 huá//bīng 명 동 스케이트(타다) 滑过冰 | 滑雪 huá//xuě 명 동 스키(타다) 滑了雪

연습 문제

1. 녹음을 듣고 알맞은 답을 고르세요. 🎧 13-07

   ⑴ 乌龟为什么不休息?

     ❶ 因为兔子马上要到终点了

     ❷ 乌龟根本不喜欢休息

     ❸ 因为他知道兔子比自己跑得快

   ⑵ 最后，谁先到终点的?

     ❶ 兔子   ❷ 乌龟   ❸ 不知道

2. 녹음을 듣고 질문의 답안과 일치하면 ◯, 틀리면 ✕를 표시하세요. 🎧 13-08

   ⑴ 我们会跟小王一起去看电影。

   ⑵ 这条裙子是30块的。

   ⑶ 男的不同意对方的说法。

3. 사진을 보고 상황에 맞게 대화를 완성해 보세요.

   ⑴

     A: 这次假期，你有时间去旅
       游吗?

     B: _____
      ('哪'를 이용한 반어의문문 사용)

   ⑵

     A: 我们叫她一起去看电影
       吧!

     B: _____
      ('人家' 사용)

4. 다음 문장을 중국어로 써 보세요.

(1) 너 왜 이제야 오니, 내가 너를 한참 동안 기다렸잖아.

>> _____

(2) 그녀가 어떻게 모르겠니?

>> _____

(3) 요즘 나는 정신 없이 바쁜데, 어떻게 이틀 동안 쉴 수 있겠니?

>> _____

(4) 이번 휴가에 윈난 따리에 가든지, 하이난섬에 가든지, 나는 다 좋아.

>> _____

(5) 누가 후안이 요즘 별로 열심히 안 한다고 하니! 그는 줄곧 열심히
공부해서, 이번 회화 시험에 좋은 성적을 받았어!

>> _____

5. 다음 단어 및 구를 어순에 알맞게 배열(첫 단어로 시작)해 보세요.

(1) 论文 / 在 / 呢 / 毕业 / 写 / ！

>> 人家 _____

(2) 我 / 他反对 / 一直以为 / 知道 / 你的意见 / 同意 / 他 / 会 / ， / 。

>> 谁 _____

(3) 拿到 / 休息 / 哪儿 / 第一 / 有 / 呢 / 可能 / ， / 。

>> 如果 _____

(4) 要么(2회) / 去 / 行 / 练 / 都 / 书法 / 捡跑 / 我 / ， / (2회) / 。

>> 今天下午， _____

(5) 老(2회) / 到(2회) / 学 / 啊 / 活 / ， / ！

>> 真是 _____

중국 문화

중국의 소셜미디어 엿보기

✦ 중국인의 메신저, 微信 Wēixìn / Wechat

한국에 카카오톡이 있다면, 중국에는 微信이 있다. 2011년 중국 기업 腾讯(Téngxùn Tencent)이 개발 출시한 微信은 처음에는 비교적 간단한 메신저 APP으로 출시됐다. 텍스트 지원은 물론 음성 메시지 기능이 활성화된 메신저로 순식간에 대부분의 중국인이 사용하는 메신저로 자리 잡았다. 중국에서는 휴대폰을 들고 녹음하듯 혼잣말하는 사람들을 자주 볼 수 있는데, 이들 대부분은 微信에서 음성 메시지를 보내는 것이다. 한자의 많은 획수와 汉语拼音 타자 입력의 번거로움을 줄일 수 있는 편리한 기능으로, 실제 중국에서는 음성 메시지를 주고받는 경우가 상당히 많다. 이밖에, 微信은 다양한 이모티콘을 제공하는데, 별도의 구입 없이 무료로 사용할 수 있다는 점이 카카오톡과 구별되는 점이다.

微信의 기능은 점차 강화되어 현재는 소셜 네트워킹, 전자 결제, 온라인 쇼핑 플랫폼, 상품 구입 및 예약 등 여러 기능을 모두 제공한다. 중국을 방문할 때 환전은 안 해도 되지만 微信 만큼은 꼭 설치해야 한다는 우스갯소리가 있을 정도로 중국에서의 일상생활 모든 영역에 반드시 필요한 APP이라고 할 수 있다.

✦ 숏폼과 밈의 천국, 抖音 Dǒuyīn

틱톡(Tiktok)으로 많이 알려진 抖音은 2016년 9월 중국 기업 字节跳动(Zìjié tiàodòng Bytedance)이 출시한 서비스로, 짧은 동영상 콘텐츠를 주요 기반으로 한다. 2017년에는 抖音의 국제 버전인 틱톡이

출시되어 전 세계 젊은이들에게 큰 인기를 얻고 있다. 抖音은 사용자들이 손쉽게 동영상을 촬영하고 편집할 수 있는 다양한 기능을 제공하는데, 특히 라이브러리에서 제공하는 음향

효과를 통해 영상의 퀄리티를 더 높일 수 있다. 누구나 크리에이터가 될 수 있는 抖音에서 사용자들은 다른 사용자 계정을 팔로우하고 댓글을 달며 일상을 공유한다.

抖音에는 특정 음악에 맞춰 춤을 추는 챌린지가 자주 올라오는데, 중국어로 挑战赛 tiǎozhàn sài 라 하는 챌린지 열풍은 한국에서도 인기를 끌며 음원 역주행 및 새로운 트렌드를 만들어 가고 있다.

✦ 내 생활을 기록하며 쇼핑하는 小红书 Xiǎohóngshū

小红书는 중국판 인스타그램으로 불리는 SNS로 소셜 네트워킹과 전자 상거래 플랫폼이 결합해 다양한 세부 기능을 제공한다. 사용자는 자신이 사용하는 모든 것을 기록하고 리뷰할 수 있는데, 이렇게 리뷰한 제품은 小红书에서 바로 구매가 가능하다. 网红 wǎng hóng 이라 불리는 인플루언서들은 小红书의 실시간 라이브 커머스인 直播를 통해 상품을 추천하고 판매한다. 小红书의 콘텐츠는 중국 국내외 맛집 추천, 화장품, 의류 브랜드 등에 집중되어 있는데 이는 주된 사용자인 젊은 여성 소비자의 생활 관심사와 구매 욕구에 맞아떨어지면서 흥행 가도를 달리고 있다.

기업들은 小红书 공식 계정을 통해 브랜드 인지도를 높이고, 젊은 층에 인기가 많은 网红과 협업을 기획하는 등 다양한 활동을 펼치고 있다.

자! 이제 휴대폰을 열고 중국에서 유행하는 SNS에 계정을 만들어 보자! 중국의 새로운 트렌드도 알아보고, SNS를 통해 중국 친구를 사귀다 보면 머지않아 '社牛 shè niú' 즉, '인싸'가 될 것이다!

제14과

복습
-제8~13과-

단어 · 문장 · 주요 표현

단어 확인 학습

» 빈칸에 알맞은 단어나 汉语拼音 또는 뜻을 채워 보세요.

제8과

	단어	汉语拼音	뜻
1		hàoqí	형 궁금하다, 호기심이 있다
2		mǐngǎn	형 민감하다, 예민하다
3		tíwèn	명 동 질문(하다)
4		míngyán	명 명언
5		gùyì	부 고의로, 일부러
6	系		동 매다, 묶다
7	上		동 ~하는 결과를 낳다(동사 뒤에 결과보어로 사용되어) 목적의 실현, 동작의 결과를 나타냄
8	待遇		명 동 대우(하다)
9	勤奋		형 근면하다, 부지런하다
10	经过		동 거치다, 지나다
11	天外有天, 人外有人	tiān wài yǒu tiān, rén wài yǒu rén	
12	厉害	lìhai	
13	确保	quèbǎo	
14	敢	gǎn	
15	自言自语	zì yán zì yǔ	

제9과

	단어	汉语拼音	뜻
1		jù	전 ~에 따르면, ~에 근거하면
2		cáifù	명 재산, 부

3		míngshèng gǔjì	명승고적
4		xiǎnshì	동 나타내 보이다
5		tuányuán	동 한데 모이다
6	分析		동 분석하다
7	度假		동 휴가를 보내다
8	主持		동 주관하다, 사회(MC)를 보다
9	复制		동 복제하다
10	软件		명 APP, 소프트웨어
11	功夫不负有心人	gōngfu bú fù yǒu xīn rén	
12	按时	ànshí	
13	犯错误	fàn cuòwù	
14	起点	qǐdiǎn	
15	平凡	píngfán	

제10과

	단어	汉语拼音	뜻
1		jiāodài	동 인계하다, 넘겨주다
2		jiǎnyā	동 부담을 줄이다, 스트레스를 줄이다
3		yǒuqù	형 재미있다
4		jiérán bùtóng	완전히 다르다, 확연히 다르다
5		shízài	부 확실히, 정말
6	电梯		명 엘리베이터
7	公告		명 공지

8	委屈		형 억울하다
9	抽空		동 틈을 내다, 시간을 내다
10	顺心		형 뜻대로 되다, 마음에 들다
11	孤单	gūdān	
12	例如	lìrú	
13	竟然	jìngrán	
14	报仇	bào//chóu	
15	气喘吁吁	qì chuǎn xūxū	

제11과

	단어	汉语拼音	뜻
1		kàopǔ	형 믿을 수 있다
2		zhíde	동 ~할 만한 가치가 있다
3		yùyuē	동 예약하다
4		yìlì	명 기력, 의지
5		jiè//yān	동 금연하다
6	烤肉		구운 고기, 불고기
7	节省		동 절약하다
8	停止		동 정지하다
9	减轻		동 줄이다
10	三天打鱼，两天晒网		공부나 일을 인내심을 가지고 꾸준히 하지 못하다
11	油腻	yóunì	
12	铁杵磨成针	tiě chǔ móchéng zhēn	

13	启动	qǐdòng	
14	自从	zìcóng	
15	留念	liú//niàn	

제12과

	단어	汉语拼音	뜻
1		xiūgǎi	동 고치다, 수정하다
2		liángshuǎng	형 서늘하다, 시원하다
3		pànduàn	동 판단하다
4		lèixíng	명 유형
5		fánghuǒ	동 화재를 방지하다, 불을 막다
6	具体		형 구체적이다
7	准		형 정확하다
8	随意		형 원하는 대로
9	稍微		부 조금, 다소
10	直觉		명 직감, 직관
11	说曹操，曹操就到	shuō Cáo Cāo, Cáo Cāo jiù dào	
12	不怎么	bù zěnme	
13	适应	shìyìng	
14	立即	lìjí	
15	总的来说	zǒngdeláishuō	

제13과

	단어	汉语拼音	뜻
1		bǎngyàng	몡 본보기, 귀감
2		tiánmì	혱 달콤하다, 행복하다
3		yóuqí	튄 특히, 더욱
4		yèyú	혱 여가의
5		wàn shì rú yì	모든 일이 뜻대로 이루어지다
6	邀请		됭 초청하다
7	谈恋爱		연애하다
8	了不起		혱 뛰어나다
9	举办		됭 거행하다, 개최하다
10	辉煌		혱 눈부시다, 휘황찬란하다
11	活到老，学到老	huódào lǎo, xuédào lǎo	
12	丢脸	diū//liǎn	
13	服输	fú//shū	
14	湿冷	shīlěng	
15	心想事成	xīn xiǎng shì chéng	

문장 확인 학습

>> 각 문장의 빈칸에 알맞은 문장이나 汉语拼音 또는 뜻을 채워 보세요.

제8과

문장	汉语拼音	뜻
我们一定要找到他,好向他表示感谢。		
对于别人的评价,她表现得过于敏感。		
对于你提出的建议,大家认为很有价值。		
	Wèile quèbǎo ānquán, qǐng jìhǎo ānquándài.	
	Tā wèi zhè jiàn shì fēicháng gāoxìng.	
	Tiān wài yǒu tiān, rén wài yǒu rén, bǐ wǒmen lìhai de rén hěn duō.	

제9과

문장	汉语拼音	뜻
他一个人就翻译了三十多页,我们俩才翻译了二十页。		
无论人们离家有多远,都会赶回家和家人、朋友聚在一起。		
据调查结果显示,大家都支持这些意见。		
	Ná yǐnshí xíguàn lái kàn, Zhōngguó nánběifāng yǒu hěn dà de bùtóng.	
	Bùguǎn guā fēng xià yǔ, wǒ yě yào qí zìxíngchē shàng bān.	
	Gōngfu bú fù yǒu xīn rén, zhǐyào nǐ jìxù nǔlì, jiù yídìng néng chénggōng.	

제10과

문장	汉语拼音	뜻
那个人，我认识了。		
当天气晴朗时， 我喜欢坐在阳台上晒太阳。		
哪怕是一件小事， 我也要认真对待。		
	Bú yào bù kāixīn, xiào yi xiào, shí nián shào, bú shùnxīn de shìqing dōu huì guòqù de.	
	Zhè xiē dōngxi quán bú shì wǒ de.	
	Zhè xiē dōngxi bù quán shì wǒ de.	

제11과

문장	汉语拼音	뜻
我从没去过云南， 听说那里的风景非常美。		
这家餐厅的烤肉很不好吃， 太硬了。		
这个消息根本不靠谱， 你要慎重考虑一下。		
	Sān tiān dǎ yú, liǎng tiān shài wǎng, zuò shénme dōu bú huì chénggōng de.	
	Zì tā zǒu hòu, wǒmen jiù yìzhí méiyǒu liánxì guo.	
	Tián de chīduō le duì shēntǐ hěn bù hǎo, yào shǎo chī tiánpǐn!	

제12과

문장	汉语拼音	뜻
这个手机APP我不怎么用。		
你不告诉我，我怎么知道！		
价钱稍微贵了点儿， 能不能再便宜一点儿？		
	Wǒmen zhèng shuōqǐ nǐ ne, zhēn shì shuō Cáo Cāo, Cáo Cāo jiù dào.	
	Chúle yújiā yǐwài, wǒ hái xǐhuan pá shān.	
	Tā shì wǒmen bān de tóngxué, wǒ zěnme bú rènshi tā!	

제13과

문장	汉语拼音	뜻
人家做到的， 我们为什么做不到？		
如果休息， 哪儿有可能拿到第一呢？		
明天我们聚会的时候，要么 吃山东菜，要么吃四川菜， 我都行。		
	Yéye qīshí suì kāishǐ xué Rìyǔ, zhēn shì huódào lǎo, xuédào lǎo a!	
	Shéi shuō bú shì ne?	
	Wǒ de zuòyòumíng shì "huódào lǎo, xuédào lǎo", suǒyǐ wǒ huì búduàn xuéxí!	

주요 표현 확인 학습

>> 보기에서 알맞은 단어를 찾아 문장을 완성해 보세요.

제8과

보기 为   为了   对   对于   好

① 你在家里等着，有了消息我_____通知你。

너 집에서 기다려라. 소식이 있으면 너에게 알려줄 수 있도록.

② 他_____女朋友办了一个生日派对。　그는 여자 친구를 위해 생일 파티를 열었다.

③ _____他的评价，我有我的看法。　그의 평가에 대해 나는 내 나름의 생각이 있다.

④ 他_____我笑了笑。　그는 나에게 웃어 보였다.

⑤ _____锻炼身体，我现在每天走路去上班。

몸을 단련하기 위해 나는 요즘 매일 걸어서 출근한다.

제9과

보기 不管   才   据   都   凭

① 那个学校一年级_____有三个班。　그 학교는 1학년에 3개 반만 있다.

② _____你的经验，我相信你能完成这个任务。

네 경험에 비추어 볼 때, 나는 네가 이 임무를 완성할 수 있다고 믿는다.

③ _____有多大困难，他都要按时完成任务。

아무리 큰 어려움이 있더라도, 그는 제때 임무를 완성하고자 한다.

④ 无论需要多长时间，这件事我们_____一定要完成。

시간이 아무리 오래 걸린다고 해도, 이 일은 반드시 완수해야 한다.

⑤ _____专家分析，公司的发展将会越来越好。

전문가의 분석에 따르면, 회사의 발전은 점점 나아질 것이다.

제10과

也　　当　　没全　　全没　　哪怕

① ＿＿＿＿＿＿＿＿我心情不好的时候，我会听音乐来放松自己。
기분이 안 좋을 때, 나는 음악을 들으며 긴장을 푼다.

② ＿＿＿＿＿＿＿＿困难再大，我也要克服。　설령 어려움이 아무리 크다 해도, 나는 극복할 것이다.

③ 这些词我们＿＿＿＿＿＿＿学过。　이 단어들을 우리는 전부 배운 적이 없다.

④ 这些词我们＿＿＿＿＿＿＿学过。　이 단어들을 우리가 전부 배운 것은 아니다.

⑤ 哪怕遇到困难，我＿＿＿＿＿＿要坚持下去。
설령 어려움에 부딪혀도, 나는 버텨 나갈 것이다.

제11과

自　　很不　　不太　　根本　　从不

① 我之前＿＿＿＿＿＿＿没想过他会这么想。
나는 이전에 그가 이렇게 여기리라고는 전혀 생각해본 적이 없다.

② 本次列车＿＿＿＿＿＿＿北京开往上海。　이번 열차는 베이징에서 상하이로 운행합니다.

③ 我＿＿＿＿＿＿＿吃汉堡包，我更喜欢健康饮食。
나는 지금까지 햄버거를 먹어 본 적이 없다. 나는 건강 음식을 더 좋아한다.

④ 这款软件＿＿＿＿＿＿＿好用，不值得花钱。
이 APP은 쓰기가 매우 불편해서 돈을 쓸 가치가 없다.

⑤ 今年国庆期间天气一直＿＿＿＿＿＿＿好，经常下雨。
올해 건국기념일 기간 동안은 날씨가 줄곧 썩 좋지 않고 자주 비가 온다.

제12과

보기

都　　除了　　不怎么　　稍微　　怎么

① 图书馆＿＿＿＿＿＿公休日休息以外，星期一也休息。

도서관은 공휴일 휴관 외에 월요일에도 휴관이다.

② 这么大的箱子一个人＿＿＿＿＿＿拿得动！　이렇게 큰 상자를 혼자서 어떻게 들 수 있겠니!

③ 立秋后天气应该＿＿＿＿＿＿凉爽一些。　입추 이후에는 날씨가 분명 조금 선선할 것 같다.

④ 他身体＿＿＿＿＿＿好。　그는 건강이 별로 좋지 않다.

⑤ 除了北京以外，别的城市我＿＿＿＿＿＿没去过。

베이징 외에 다른 도시를 나는 가 본 적이 없다.

제13과

보기

哪儿啊　　哪里哪里　　哪　　要么　　谁

① ＿＿＿＿＿＿不知道王明是北京人？　누가 왕밍이 베이징 사람인 걸 모르겠니?

② 最近我忙不过来，＿＿＿＿＿＿有时间谈恋爱？

요즘 나 정신없이 바쁜데, 연애할 시간이 어디 있겠니?

③ 今晚有奥运会的直播，要么看足球比赛，＿＿＿＿＿＿看游泳比赛，我都可以。

오늘 저녁 올림픽 생중계가 있어. 축구 경기를 보든지, 수영 경기를 보든지, 나는 다 괜찮아.

④ ＿＿＿＿＿＿!你看错了，他不是王明。　무슨! 너 잘못 봤어, 그는 왕밍이 아니야.

⑤ ＿＿＿＿＿＿, 你过奖了。　아닙니다. 과찬이십니다.

독해

해석

확인 학습 &
연습 문제 & 복습

정답

제1과

독해 1

아마 많은 사람이 휴대폰을 볼 때, 가장 많이 보는 것은 동영상일 것입니다. 동영상의 내용은 갈수록 풍부해지고, 동영상을 만드는 사람 역시 점점 많아지고 있습니다. 최근 왕밍과 장옌은 이 분야에 매우 관심이 생겨서 그들은 함께 자료를 찾아보고, 중국 예능 생방송에 관한 보고서를 작성했습니다.

그들의 보고서에 따르면, 2022년 한 해 동안 크리에이터 계정이 1,032만 개 개설되었는데, 전년 대비 7% 증가한 것입니다. 중국 크리에이터 계정은 총 1.5억 개 정도가 개설되었습니다. 다시 말해, 대략 10명 중의 한 명꼴로 크리에이터가 있다는 것입니다.

성별로 보면, 남성 크리에이터가 52.2%를 차지하여 여성 크리에이터보다 5% 많습니다. 연령대로 보면, 18~29세의 크리에이터가 전체 크리에이터의 64.2%를 차지하여, 다른 연령대의 크리에이터보다 두 배 많습니다. 소득으로 보면, 95% 사람의 매월 소득은 5,000위안 이하로, 그들은 배달원보다 못하다고 말합니다. 경쟁이 치열하다보니, 고소득 크리에이터의 소득도 줄어들고 있으며, 심지어 이전보다 1/3이 줄어들었습니다.

그들의 보고서를 보니, 당신은 인터넷 크리에이터의 미래가 어떻게 발전할 것 같습니까?

독해 2

拍马屁(아첨하기)의 기술

왜 다른 사람에게 아첨하는 것을 '拍马屁(말 엉덩이를 치다)'라고 할까요? 원나라 몽골인들은 말타기에 능숙했는데, 그들은 만나면 상대방의 말 엉덩이를 한 번 쳐야 하는 습관이 있었습니다. 이렇게 하면 상대방에 대한 존경을 표현할 수 있었습니다. '拍马屁(아첨하기)'는 이후 점점 변화했습니다. 업무 중 상사에게 듣기 좋은 말을 해서 상사를 기분 좋게 하거나 다른 사람이 자신을 좋아하게 하기 위해 달콤한 말을 하는 것 등, 이러한 것들을 모두 '拍马屁'라고 합니다.

拍马屁에는 요령이 있어야 합니다. 만약 그냥 단순하게 "나는 당신만 못해요.", "그들이 이 옷을 입어도 당신만큼 예쁘지 않아요." 등과 같이 말한다면 다른 사람을 매우 불편하게 할 것입니다. 심지어 어떤 사람들은 이런 말을 듣고 토할 뻔했다고 말합니다. 그러므로 아첨은 전혀 쉬운 일이 아니며, 또한 기술이 필요합니다.

아래에서는 상사에게 아첨하는 몇 가지 좋은 방법을 소개하겠습니다. 첫째, 상사가 자신에게 좋은 조언을 하게끔 하세요. 예를 들어, "당신의 실적이 저보다 두 배나 높은데, 어떻게 하신 건가요? 경험을 좀 공유해주실 수 있나요?" 이렇게 하면, 듣기에는 감언이설이 아니지만 사실은 아첨하는 것입니다. 둘째, 보디랭귀지를 사용하세요. 아첨은 꼭 입으로 해야 하는 것이 아니며, 때로는 보디랭귀지를 사용합니다. 예를 들어 상사에게 엄지손가락을 치켜세우거나 박수를 쳐주는 것이 아마 입으로 말하는 것보다 100배 나을 수도 있습니다.

아첨할 때 주의하세요. 반드시 적절한 시간과 장소에서 아첨해야 하며, 가장 중요한 것은 태도에 반드시 진정성이 있어야 한다는 것입니다.

제2과

독해 1

오늘 중국어 수업의 토론 주제는 '변화'입니다. 후안이 가장 먼저 일어서서 사진 한 장을 꺼내 모두에게 보여주었습니다. "여러분, 사진 속 사람이 누구인지 맞혀 보세요." 어떤 사람은 후안의 남동생이라고 했고, 어떤 사람은 후안의 친구라고 했는데, 많은 사람이 못 맞히겠다고 했습니다. 후안은 "이 사람은 저예요. 3년 전의 저입니다."라고 말했습니다. 학생들은 모두 놀랐습니다. 왜냐하면 사진 속 인물은 마치 100kg 정도로 보였고, 후안과는 전혀 달랐기 때문입니다.

"많은 사람이 이 사람이 저인 줄 몰라봅니다. 오늘 저는 여러분에게 제가 어떻게 살을 뺐는지 소개하겠습니다. 대학 입학 후, 저는 중국어 수업을 선택하여 수강했는데, 중국 문화에 금방 빠져서 나중에 중국에 공부하러 가기로 결정했습니다. 유학 비용을 마련하기 위해 아르바이트를 하고 싶었지만, 몇 군데에서 거절당했습니다. 가까스로 피자 가게에서 일하기 시작했는데, 뚱뚱해서인지 일하기에 힘이 부쳤습니다. 저는 계속 이렇게 살이 찌면 제 건강에도 영향을 미칠 뿐만 아니라, 제 인생에도 영향을 미칠 것 같아서 다이어트를 하기로 결심했습니다. 저는 매일 줄넘기, 달리기를 꾸준히 했는데, 몇 번이나 포기하고 싶었지만, 가족들의 격려 덕분에 저는 버틸 수 있었습니다. 1년 동안 저는 약 20kg 정도를 감량했고, 지금 제 체중은 80kg 전후를 유지하고 있습니다. 예전에 비해 저는 더 자신감 있고 더 멋있어졌습니다. 이게 바로 제 가장 큰 변화입니다!"

독해2

롱타이터우(용이 머리를 들다)

중국에서는 음력 2월 2일을 '롱타이터우'라고 부릅니다. '칭룽제'라고도 하는데, 이는 중국 민간 전통 기념일입니다. 중국 고대인들은 용이 비 내리는 것을 주관하고, 비 내리는 것이 농업 수확을 결정한다고 생각했습니다. 그래서 사람들은 이날 한 해의 풍년, 건강과 행복을 기원합니다.

'롱타이터우'에 관한 재미있는 전설이 하나 있습니다. 어느 한 해에 가뭄이 들어 반년 정도 비가 내리지 않아 농업 수확이 없었으며, 백성들은 배불리 먹을 수 없었습니다. 사람들은 옥황상제님께 비를 내려달라고 빌었지만, 어떤 사람이 옥황상제의 미움을 샀기 때문에 옥황상제는 비 내리는 것을 원치 않았습니다. 백성들은 옥황상제가 속이 좁다고 욕하였습니다. 청룡은 백성들이 배불리 먹지 못하는 것을 보고 모두들 너무 불쌍하다고 여겨, 옥황상제의 허락을 얻지 않고 바로 사람들을 위해 비를 내렸습니다. 비가 내린 후 농업 수확은 좋아졌고, 사람들은 행복한 생활을 하게 되었습니다. 청룡에게 감사하기 위해, 사람들은 자신의 집에서 청룡에게 제사를 지냈습니다. 옥황상제는 청룡이 사람들을 위해 비를 내리고 또 백성들의 제사를 받는다는 것을 듣고 매우 화가 나서 사람을 보내 청룡을 가두었습니다. 백성들이 "청룡은 언제 풀려날 수 있습니까?"라고 묻자, 옥황상제는 "금귤이 꽃이 될 때이다."라고 답했습니다. 모두들 '금귤 꽃 필 때'가 무엇인지 생각해 낼 수 없었습니다. 어느 날, 사람들은 냄비에 넣은 강냉이가 강냉이튀밥으로 변하는 것을 보고는 문득 이게 바로 금귤 꽃 피는 게 아니냐고 깨달았습니다. 그러고는 옥황상제에게 크게 소리쳤습니다. "옥황상제님, 보세요! 금귤 꽃이 피었습니다! 당신은 청룡을 풀어 줘야합니다. 그렇지 않으면 우리는 계속해서 당신이 도량이 좁다고 비난할 것입니다!" 옥황상제는 어쩔 수 없이 청룡을 풀어주었습니다. 2월 2일 이날에는 팝콘을 먹는 풍습도 전해져 내려옵니다.

많은 지역에서 국수와 만두를 먹는 풍습도 있습니다. 이때의 국수를 '롱쉬미엔(용 수염 국수)'이라고 하고, 만두를 '롱얼(용의 귀)'이라고 합니다. 이런 것들을 통해 용이 고대 중국인에게 얼마나 중요한지를 엿볼 수 있습니다.

독해1

"윤서야, 윤서야!" 장옌이 김윤서를 몇 번이나 불렀지만 윤서는 대답하지 않았습니다.

"너 뭘 보고 있니? 내가 너를 몇 번이나 불렀는데, 설마 너 못 들었어?" 장옌은 약간 화가 나서 말했습니다.

"미안, 나 정말 못 들었어! 나 판다 동영상 보고 있었거든. 그들은 둥글둥글하고 통통하게 생겼고, 걷는 모양이 정말 귀여워! 이 판다 두 마리는 태어난 지 거의 2년이 다 되어 가는데 마치 아이처럼 개구쟁이야. 같이 장난치며 놀거나 아니면 대나무를 뺏어 먹어. 바닥에서 뒹굴거나 나무에 기어 올라가서 장난을 쳐. 너 이 동영상 좀 봐 봐. 판다 할아버지가 그들을 밖에서 방 안으로 돌아가게 하는데, 그들은 돌아가려고 하지 않아. 할아버지가 업거나 안아서 그들을 데려다 놓으면 그들은 또 기어나와. 할아버지가 그들을 안아서 데리고 가면 그들은 또 도망쳐 나와. 할아버지가 밀고 또 미는데, 이렇게 30분 남짓 소란을 피우고 나서야 마침내 방으로 돌아갔어. 완전 피곤할 때 이런 동영상을 보면, 마치 모든 게 치유되는 것 같아. 그래서 업데이트가 되자마자 꼭 바로 봐야 하고, 같은 동영상도 보고 또 봐. 설마 너 그들이 귀엽지 않다고 생각하는 건 아니지?" 윤서는 신이 나서 말합니다.

"네가 이렇게 판다를 좋아하니, 그럼 지금 우리 동물원에 판다를 보러 가자. 다음에 기회가 되면 다시 쓰촨으로 보러 가고.

독해2

마태 효과

《성경》에 이런 이야기가 있습니다. 주인이 집을 나서기 전에 하인 세 명을 불러다가 그들의 재능에 따라 한 사람에겐 은화 다섯 닢, 한 사람에게는 두 닢, 한 사람에게는 한 닢을 주고 나서 출발했습니다. 주인이 떠난 지 몇 달이 지나 돌아온 후, 첫 번째 하인이 말했습니다. "저는 당신이 주신 은화 다섯 닢으로 다섯 닢을 더 벌었습니다." 그러자 주인이 그에게 상을 주었습니다. 두 번째 하인이 "저는 당신이 주신 은화 두 닢으로 두 닢을 더 벌었습니다."라고 하자 주인은 그에게도 상을 주었습니다. 세 번째 하인이 "저는 잃어버릴까봐 계속 집에 두고 꺼내지 않았습니다."라고 말했습니다. 이에 주인은 세 번째 하인의 은화를 첫 번째 하인에게 주었습니다. 이것이 바로 '강한 자는 더 강해지고, 약한 자는 더 약해진다'는 '마태 효과'입니다.

우리 생활 중 많은 부분에서 마태 효과를 볼 수 있습

니다. 만약 당신 기분이 가라앉는다면, 절대로 슬픈 노래를 듣고 또 듣지 마십시오. 이렇게 하면 당신 기분만 더 나빠질 뿐입니다. 당신이 편안해하면 더 많이 편안해질 것이고, 당신이 괴로워하면 더 많이 괴로워질 것입니다. 만약 당신이 어떤 일을 시작할지 말지 망설인다면, 절대로 생각하고 또 생각하지 마십시오. 만약 당신이 "오늘은 그만두자."라고 생각한다면, 당신은 내일도 "그만두자."라고 계속 생각할 것입니다. 이런 식이면 당신은 영원히 시작할 수 없습니다. 그러므로 어떤 일을 시작하려고 할 때는 쇠뿔을 단김에 두들겨야 하는 것처럼 바로 움직여야 합니다.

아놀드 슈왈제네거는 한 강연에서 말했습니다. "성공이란 바로 넘어져도 일어나고, 다시 넘어져도 또 일어나는 것입니다. 다시 말해 넘어지는 것이 실패를 의미하는 것이 아닙니다. 포기하지만 않으면 언젠가는 성공할 것입니다." 이것이 바로 마태 효과가 당신에게 주는 보상입니다. 그러므로 당신이 어떤 작은 일을 하고자 하고, 조금이나마 노력을 할 때 절대로 이 '조금'을 우습게 보지 마십시오. 이것이 더 많은 일을 할 수 있고, 더 많은 노력을 할 수 있는 시작입니다. 만약 당신이 끊임없이 계속해 나아간다면, 당신이 바로 '강자'이고, 하면 할수록 더 좋아질 것입니다. 그러므로 노력하고자 한다면, 꼭 쇠뿔도 단김에 빼십시오.

제4과

독해1

왜 중국어에서는 '식초를 먹는다'라는 표현을 써서 '남녀 사이의 질투'라는 의미를 나타낼까요? 오늘 수업 시간에 리우 선생님께서 학생들에게 이야기 하나를 들려주셨는데, 그 이야기는 당나라 때 생긴 것입니다.

당 태종 리스민이 나라를 다스릴 때, 그의 재상 팡쉬엔링은 성심성의껏 리스민을 도왔습니다. 리스민은 "자네가 나라에 이렇게 큰 공헌을 했으니, 마땅히 상을 받아야 하네. 그러니 짐이 미녀 둘을 자네에게 하사하겠노라."라고 말했습니다. 팡쉬엔링은 그의 아내를 매우 사랑했기에 당 태종의 말을 듣고는 황급히 말했습니다. "저는 결코 받아들일 수 없습니다. 제 아내가 질투할 것입니다." 리스민이 듣고는 말했습니다. "나는 황제요. 설마 그대들은 내 명령을 거역하는 것이오? 그대들은 마땅히 내게 감사해야 하오." 팡쉬엔링은 어쩔 수 없이 미녀 둘을 데리고 집으로 돌아갔습니다. 아내가 이를 보고, 매우 화가 나서 말했습니다. "설령 명령을 거역한다 해도,

당신은 받아서는 안 됩니다. 내일 제가 황제를 알현하러 가겠습니다."

다음 날, 팡쉬엔링의 아내는 리스민을 만나러 와서는 "저는 당신의 명령을 결코 어기고 싶지는 않으나 절대 받아들일 수 없습니다."라고 말했습니다. 리스민은 곰곰이 생각한 후 말했습니다. "그렇다면 내가 그대에게 두 가지 선택지를 주겠다. 첫 번째는 미녀 둘을 받아들이거나, 두 번째는 이 독배를 마시는 것이다." 팡쉬엔링의 아내는 조금의 망설임 없이 "비록 죽는다 하더라도, 저는 결코 받아들일 수 없습니다."라고 말하고는 술을 다 마셨습니다. 리스민은 너털웃음을 치고는, "사실 이건 독주가 아니라 식초이니라. 자네가 다 마셔 버렸으니, 나는 명을 철회하겠노라."

독해2

응답하라, 1988-베이징 편

1980년대 베이징에서는 많은 사람이 공동주택에 살았습니다. 마당 하나에 십여 가구, 심지어는 수십 가구가 살았습니다. 사람들은 매일 수시로 만나며, 외출할 때면 서로 인사하며 한 집안 식구처럼 살았습니다. 당신이 출근하면 우체국에서 보내온 우편물과 소포는 이웃집 할아버지 할머니가 앞다투어 대신 받아주었고, 바람 불고 비 오는 날이면 누군가가 밖에 널어 놓은 옷과 이불을 대신 걷어 주었습니다. 밥 할 때 기름이나 소금이 떨어지면, 말 한 마디하고 이웃집 주방에 가지러 갈 수 있었습니다. 만약 갑자기 손님이 왔는데 주인이 집에 없으면, 그땐 휴대폰이 없어서 바로 연락을 취할 수 없으니, 이웃들이 손님을 자기 집으로 모셔서 친근하게 대접했습니다. 이웃들끼리 서로 신뢰해서, 외출할 때 문을 잠그지 않아도 물건을 잃어버릴 리가 없었습니다.

베이징 사람들은 다들 예의 바르며, 말할 때 항상 '您'을 붙이곤 했습니다. "您吃啦(드세요)", "您去哪儿啊(어디 가세요)"는 들으면 무척 다정하고 편안합니다. 무슨 일을 묻거나 다른 사람에게 도움을 요청할 때면 늘 "劳驾(죄송합니다)", "麻烦您了(번거롭게 했습니다)"라고 말했습니다. 누군가네 집에서 맛있는 걸 만들면 꼭 한 접시를 보내와 맛을 좀 보게끔 했습니다. 감사를 표하면 돌아오는 대답은 분명 "咱们谁跟谁呀(우리가 어떤 사이인데요)", "甭客气(별말씀을요)", "这是应该的(당연한 걸요)"였습니다.

지금은 많은 사람이 아파트에 삽니다. 비록 주거 여건이 이전보다 훨씬 좋아졌고 이웃과도 자주 마주치긴 하지만, 상대방의 이름을 아는 사람은 거의 없으며, 심지어 만나게 돼도 인사조차 나누지 않습니다. 응답하라, 1988! 그때 공동주택 이웃들의 따뜻함과 진심이 그립습니다.

독해1

"작은 공 하나, 둥글고도 매끈하며 이리 튀고 저리 튀다 양쪽에서 얻어맞습니다." 이것은 무엇일까요? 이것은 바로 탁구입니다. 중국에서 탁구는 대중화된 운동으로 보급률이 매우 높습니다. 거의 모든 연령대에서 탁구 치는 모습을 볼 수 있는데, 어린아이나 노인이나 탁구치는 이가 매우 많습니다. 학교와 회사에서든 혹은 동네에서든 사람들은 쉽게 탁구대를 찾아 함께 즐길 수 있습니다. 많은 사람이 탁구 치는 것을 통해 친구를 사귀고, 몸을 단련하며, 운동이 가져다주는 즐거움을 즐깁니다.

톰도 중국에 온 이후 탁구를 배우기 시작했는데, 지금까지 이미 일 년 째 배우고 있습니다. 높이 2미터 남짓, 폭 1미터 남짓한 탁구대 위에서 작은 공 하나가 날아다니는 게 톰은 매우 흥미롭다고 생각했습니다. 그는 탁구 경기도 자주 봅니다. 어떤 때는 선수들이 공을 받기 위해 거의 코트 맨 뒤로 물러나지만 다시 공을 테이블로 되돌려 치기도 하고, 어떤 때는 공의 속도가 너무 빨라 거의 공을 볼 수 없기도 합니다. 톰은 불가사의함을 느끼며 이것이 탁구의 매력이라고 생각합니다. 비록 톰은 중국 생활이 바쁘지만, 그는 꾸준히 배워 내년에 탁구 시합에 한 번 참가하려고 합니다.

독해2

낚시

낚시는 야외 레포츠로 다른 스포츠만큼 격렬하지 않으며 인내심을 갖는 것이 가장 중요합니다. 많은 경우 한 시간, 두 시간, 심지어 반나절을 기다려야 할 수도 있으며 때로는 하루 종일 아무 것도 얻지 못하기도 합니다.

어릴 적, 엄마아빠는 항상 맑은 날에 나를 데리고 낚시를 하러 갔습니다. 처음 낚시하러 갔던 그날을 아직도 기억합니다. 우리는 강가에서 적당한 곳을 찾은 후에 준비를 시작했습니다. 아빠는 능숙하게 낚싯대를 꺼내 미끼를 낚싯바늘에 걸고 낚싯줄을 던지셨습니다. 나도 아빠께서 하시는 걸 흉내내서 낚싯줄을 던지고는 앉아서 기다렸습니다. 나는 낚싯대를 손에 꼭 쥐고, 눈은 줄곧 강의 수면을 응시하고 있었습니다. 10여 분을 기다려도 움직임이 없었고, 한 시간 남짓 기다렸지만 여전히 움직임이 없었습니다. 하지만 아빠는 이미 물고기 두 마리를 잡았고, 다른 낚시하러 온 사람들도 거의 다 잡았습니다. 나는 실망해서 "제 쪽에는 물고기가 없어요. 저 낚시 안 하고 싶어요."라고 말했습니다. 아빠는 나를 달래며 "마음이 급하면 뜨거운 두부를 먹을 수 없으니, 인내심을 가져야 한단다."라고 말씀하셨습니다. 내가 거의 포기하

려고 할 때쯤, 갑자기 나는 낚싯대가 흔들리는 것을 발견하고는 바로 위로 당겼는데 아쉽게도 물고기가 도망가버렸습니다. 비록 힘들고 지루했지만 나는 희망을 보았습니다. 나는 다시 계속해서 기다렸고, 다시 30여 분이 지나고 나서 마침내 한 마리를 낚아 올렸습니다. 비록 작은 물고기 한 마리였지만, 나는 무척 기뻤습니다. 그 후로 나는 물고기 두 마리를 더 잡았는데, 큰 것은 무게가 한 근이 좀 넘었습니다.

그날의 수확은 매우 풍성해서, 우리는 다해서 물고기 열 몇 마리를 잡았습니다. 가장 중요한 수확은 이번 낚시가 내게 이치 하나를 깨닫게 해주었다는 것입니다. 무슨 일을 하든 조급해서는 안 되며 마음이 급하면 뜨거운 두부를 먹을 수 없는 법입니다. 포기하지 않고 인내하고 기다리면 반드시 좋은 결과를 얻을 수 있을 것입니다.

독해1

인류 사회가 발전함에 따라, 환경 문제는 점점 더 많은 사람의 관심을 받고 있습니다. 환경 보호를 위한 쓰레기 분리는 모두 다 참여해야 하는 것입니다. 그러나 쓰레기 분리수거가 쓰레기 문제를 해결하는 근본적인 방법이 아니라고 생각하는 무리의 사람들이 있습니다. 그들이 쓰레기를 만들지 않으려고 노력하는 이것이야말로 Zero Waste 환경 보호 운동입니다.

2008년, 비 존슨은 다양한 생활 실험을 통해 성공적으로 4인 가구의 원래 매일 몇 킬로그램이나 되던 쓰레기를 1년만에 작은 유리병 쓰레기 하나로 줄였습니다. 비 존슨의 이야기가 언론에 보도된 후, 수많은 사람이 쓰레기 제로 생활을 시작했는데, 그중 한 사람이 바로 톰입니다.

모든 사람들이 '스왕스이'에 미친 듯이 쇼핑할 때, 톰은 가능한 온라인으로 물건을 사지 않으려고 했습니다. 물건을 살 때 그는 항상 따로 에코백을 챙기고, 포장되지 않은 제품을 선택합니다. 그는 새 옷을 거의 사지 않고 중고 옷은 사거나 다른 사람과 교환합니다. 많은 사람이 아무리 환경 보호를 하더라도 생활하는 데 있어 편리함을 완전히 포기할 수는 없다고 여깁니다. 톰은 말합니다. "맞습니다. 그런데 저는 삶에 불필요한 것이 너무 많다는 걸 알게 되었고, 이게 저를 근심스럽게 합니다. 하지만 제가 물건을 줄이기 시작한 이후 제 삶은 불행해지지 않았고 오히려 더 가볍고 더 자유로워졌습니다. 자신을 즐겁게 하면서 환경도 지킬 수 있으니, 이것

이야 말로 일석이조 아닌가요? 사실 '제로'는 그렇게 중요하지 않습니다. 각자가 어느 정도까지 할 수 있는지는 자신의 선택입니다."

정신 건강

사회가 발전함에 따라 사람들의 생활 수준은 크게 향상되었지만, 사람들의 스트레스 역시 점점 커집니다. 먼저 당신에게 아래 상황들이 있는지 확인해 보세요.

○ 수면 장애
○ 잦은 밤샘 작업
○ 잦은 두통
○ 식욕 부진
○ 과식

○ 할 일 기억 못함
○ 뭘 해도 재미없음
○ 남보다 못하다는 느낌
○ 가끔 눈물이 남
○ 외로움을 느낌

만약 세 개 이상이면 현재 당신의 정신적 스트레스가 꽤 크다는 것을 말합니다. 정신적 스트레스가 큰 사람은 불면증이 잦고 아무리 피곤해도 잠을 자지 못합니다. 수면의 질이 좋지 않으면 몸에 각종 문제가 생기기 쉽습니다. 예를 들어, 두통, 소화 불량, 면역력 저하 등입니다. 몸이 좋지 않으면, 기분이 가라앉을 수 있고, 심지어는 불안, 우울감 등을 느낄 수도 있습니다.

하지만 우리가 열심히 공부하고 일하는 것은 더 나은 삶을 살기 위해서가 아닌가요? 그러므로 우리는 스트레스를 완화하는 방법을 배워야 합니다. 먼저, 식습관이 중요합니다. 채소와 과일을 많이 먹고 고지방, 고열량 음식을 적게 먹어야 합니다. 또한 커피를 너무 많이 마시지 말아야 합니다. 다음으로, 수면 시간이 중요합니다. 한 연구에서는 하룻밤을 새우는 것은 소주 한 병을 마시는 것과 마찬가지로 건강에 큰 영향을 미친다고 합니다. 그러므로 밤을 새우지 말아야 하며, 또한 자기 전에 휴대폰을 보지 않는 것이 제일 좋습니다. 세 번째로, 자신이 좋아하는 운동 하나를 하십시오. 일이 아무리 바빠도 시간을 내서 운동을 해야합니다. 그래야 마음을 편하게 하고 면역력을 높일 수 있습니다. 마지막으로, 가족 친구와 많이 교류하세요. 속상했던 일을 털어놓으면 지지와 격려를 받을 수 있습니다.

토머스 에디슨은 위대한 발명가로, 그의 명언 "천재는 99%의 노력과 1%의 영감이다."는 사람들로 하여금 끊임없이 노력하게 하는 좌우명이 되었습니다. 그는 겨우 3개월만 학교에 다녀봤지만, 그의 발명품은 1천여 종류가 됩니다. 책을 많이 읽지 않은 사람이 어떻게 이렇게 많은 발명을 했을까요? 그건 아마도 그가 강한 호기심을 가지고 있었기 때문일 것입니다. 이해되지 않는 것에 대해 그는 반드시 끊임없이 질문했습니다.

에디슨이 5살이던 어느 날, 그는 암탉이 알을 품는 것에 대해 호기심을 느껴 어머니께 물었습니다. "암탉은 왜 알을 엉덩이 밑에 앉힐까요?" 어머니는 "암탉은 병아리를 부화하고 있는 거란다."라고 답했습니다. 오후에 에디슨은 갑자기 사라졌고, 가족들은 여기저기 찾아다니다가 결국 닭장에서 에디슨을 찾았습니다. 알고 보니 에디슨은 암탉이 어떻게 알을 품는지 알아보려고 암탉의 동작을 따라 알 위에 앉아 있던 것입니다. 또 한 번은 에디슨이 작은 새가 하늘에서 이리저리 날아다니는 것을 보고 "새는 날 수 있는데, 왜 사람은 날 수 없을까?"하고 생각했습니다. 친구를 하늘로 날아오르게 하려고 그는 약을 하나 구해 친구에게 먹으라고 했는데, 그 결과 친구가 하마터면 죽을 뻔했습니다.

에디슨이 초등학교에 입학한 뒤, 어느 수학 시간에 선생님께서는 칠판에 '2+2=4'라고 쓰셨습니다. 이 문제에 대해 그는 아무리 생각해도 이해할 수가 없어서 선생님께 "2 더하기 2가 왜 4인가요?"라고 물었습니다. 선생님은 매우 화를 내며, 에디슨이 일부러 말썽을 피운 줄 알고 그를 집으로 내쫓았습니다.

그러나 에디슨의 어머니는 그를 꾸짖지 않았습니다. 그녀는 에디슨이 실험을 하는 데에 특히 큰 관심이 보인다는 것을 발견하고, 그에게 이 분야의 책을 많이 사 줘서 그가 스스로 책의 내용대로 실험해 볼 수 있도록 해줬습니다. 바로 이런 호기심이 있었기 때문에 에디슨이 가장 위대한 발명가가 되었다고 봐야 합니다.

뛰는 놈 위에 나는 놈 있다

옛날 왕샤오라고 불리는 장기 두기 좋아하는 사람이 있었습니다. 그의 장기 실력은 아주 좋아서 아무도 그를 이길 수 없었습니다. 그래서 그는 자기 집 문에 '천하제일'이라는 글자를 붙여 두었습니다.

어느 날, 한 노인이 말을 타고 그의 집 앞을 지나다 이 몇 글자에 가소로움을 느껴 말에서 내려와 걸어가서 문을 두드렸습니다. 왕샤오는 문을 열고 "무슨 일이십니까?"라고 물었습니다. 노인은 문에 붙은 글자를 가리키며 "자네와 한 번 겨뤄보기 위해서라네."라고 말했습니다. 왕샤오가 듣고는 기뻐하며 신이 나서 노인을 집으로 모신 후 말했습니다. "우리 은전 열 냥에 한 판 둡시다, 어떻게 생각하시오?" 노인은 동의했지만 금세 졌습니다. 노인의 장기 실력에 왕샤오는 실망해서 말했습니다. "이렇게 부족한 장기 실력으로 감히 나와 겨루려 하다니, 당신은 돈이나 주고 얼른 가시오. 집에 돌아가 아이랑 노시게나." 노인은 화내지 않고 말했습니다. "나는 그렇게 많은 돈을 가지고 있지 않다네. 내 말을 열 몇 냥에 팔 수 있는데, 자네에게 그걸 줘도 되겠는가?" 왕샤오는 그 말이 괜찮아 보여 승낙했습니다. 노인이 떠난 후, 그는 말을 강가로 데려가 깨끗이 씻기고 나서 다시 집으로 데려와 먹을 것을 주고는 외출할 때 타기 위해 준비해 두었습니다.

며칠이 지나 그 노인이 다시 돌아왔습니다. 그는 은전 열 냥을 꺼내며 말했습니다. "지난번에 내가 자네에게 져서 말 한 필을 줬는데, 그걸 데려가려 하니 우리 다시 한번 겨뤄보세. 만약 내가 진다면, 이 열 냥은 자네 것이네. 만약 내가 이긴다면, 그 말을 내게 돌려주시게. 어떤가?" 왕샤오는 자신이 있었기에 바로 승낙했지만, 예상치 못하게 바로 졌습니다. 왕샤오는 너무 이상한 생각이 들어 물었습니다. "당신은 장기 실력이 이렇게나 좋으신데, 지난번에는 왜 저한테 진 겁니까?" 노인은 웃어 보였습니다. "내가 밖에 볼일이 좀 있었는데, 말을 데리고 가기가 불편해서 자네에게 져 주었소. 자네가 나 대신 그놈을 며칠 동안 돌보게 말일세." 말을 마친 후, 말에 올라타고 떠났습니다.

왕샤오는 문 앞에서 한참을 멍하니 서서 혼잣말로 중얼거렸습니다. "정말 뛰는 놈 위에 나는 놈 있구나!"

제9과

독해1

MC: 한 네티즌이 질문입니다. "제 청춘을 당신이 전 재산과 바꾸자고 한다면, 바꾸시겠습니까?" 이 네티즌은 02년생입니다.

마윈: 물론 바꾸죠! 재산은 없으면 다시 벌 수 있지만, 청춘은 지나가면 다시는 돌아오지 않아요. 우리의 이런 부를 가지고 말해 봅시다. 부는 사회가 우리에게 그것을 더 잘 관리하게 하는 것일 뿐, 우리의 것이 아닙니다. 그러므로 저는 당연히 바꾸고 싶은

데, 다만 이 네티즌이 후회할 거예요.

MC: 두 번째 질문입니다. "만약 당신이 지금의 젊은이들과 같은 출발점으로 돌아간다면, 당신은 젊은이들과 경쟁해서 이길 수 있을까요?"

마윈: 만약 20년 전의 저라면, 저는 분명 지금의 젊은이들을 이길 수 없을 겁니다. 하지만 지금 제 50년의 경험과 저질렀던 실수를 근거해 보면, 제가 분명 젊은이들보다 더 나을 겁니다. 이런 인생 경험은 당신이 학교에서 아무리 열심히 공부를 해도 배울 수 없습니다. 이것은 실수를 저지르는 것을 통해 배운 것입니다.

MC: 그리고 또 한 분이 물었습니다. "당신은 사업적 성취로 유명하지만, 최근에는 당신의 그림도 유명해졌습니다. 보도에 따르면, 홍콩에서 5백 40만 달러에 팔렸다고 합니다. 10년 후에는 당신의 예술적 성취가 사업보다 더 클까요?"

마윈: 저는 제 작품이 그렇게 비싸게 팔려서 깜짝 놀랐습니다. 저는 제가 예술가라고 생각합니다. 사업가가 아니고요. 타오바오와 알리바바는 저에게 있어서 예술입니다. 3만 4천여 명이 완성한 예술이지요. 우리는 변화하고, 창조합니다. 누구든지 간에 우리의 이 예술 작품을 복제할 수는 없을 것입니다. 이건 그림이나 음악과 같습니다. 만약 당신이 훌륭한 리더가 되고자 한다면, 경영은 과학이고 리더십은 예술입니다.

TV 프로그램 《开讲啦(강연을 시작합니다)》 편집

독해2

춘윈(춘제 여객 운송)

춘제가 되면 외지에서 일하고 공부하는 사람들이 고향으로 돌아가고, 춘제 후에 다시 원래의 장소로 돌아옵니다. 춘제는 음력 새해의 시작으로, 일 년 중 가장 중요한 전통 명절이기 때문입니다. 수천 년 동안 춘제는 모두 한데 모이는 것과 연관되어 왔기에, 사람들은 집에서 아무리 멀리 떨어져 있어도 다들 서둘러 집으로 돌아가 가족 그리고 친구와 한데 모입니다.

춘제 기간에는 수억 명이 동서남북으로 동시에 이동하는데, 이를 '춘윈(春运, 춘제 여객 운송)'이라고 합니다. 통계에 따르면, 춘윈 기간 인구 유동량은 대략 40억 명입니다. 고속도로의 소형 승용차만 해도 유동량이 11억 대에 달합니다. 그러나 사람들이 가장 많이 이용하는 것은 여전히 기차로, 기차를 타고 귀향하는 사람들이 70% 정도 됩니다. 따라서 춘윈의 가장 큰 문제는 표를 구하기 어렵다는 것입니다. 사람들은 인사할 때 종종 "표 구했나요?"라고 말합니다. 그러나 표 구하기가 아무

리 어려워도 사람들은 모두 "노력은 뜻 있는 사람을 저버리지 않는다"는 말을 믿으며, 갖은 방법을 써서 표를 구해 집으로 돌아갑니다.

《一年到头(일년 내내)》,《人在囧途(순탄치 못한 여정)》 등 많은 영화는 내용이 모두 춘원입니다. 《一年到头》의 경우 한 도시의 일용직 노동자, 고등학교 교장, 의사가 춘제 전에 집으로 돌아가려는 이야기를 다룹니다. 영화 내용은 평범하지만 수많은 중국인을 감동시켰습니다. 다음으로 《人在囧途》의 경우 주인공들이 집으로 돌아가기 위해 교통수단을 8번이나 갈아탑니다.

하지만 최근 몇 년 사이에도 일부 변화가 일어나고 있습니다. 갈수록 늘어나는 핵가족이 귀향하지 않는 것을 택하기도 하고, 많은 사람이 휴가를 떠나기로 선택하기도 합니다. 데이터에 따르면, 매년 해외여행을 떠나는 중국인은 1,000만 명 이상에 달합니다. 고향에 돌아가 설을 맞이하든 여행을 떠나든, 기분 좋게 춘제 연휴를 보내는 것이 가장 좋은 일입니다.

제10과

독해1

중국어의 여러 언어 현상을 외국인은 다들 어려워하면서도 재미있다고 생각합니다. 후안 역시 그렇게 생각하는데, 그는 최근 자신이 재미있다고 생각한 내용을 좀 정리했습니다.

먼저, 단어의 순서가 바뀌어도 문장의 의미가 변하지 않는 경우가 있습니다. 예를 들어, "写好信了(편지를 다 썼다)"와 "信写好了(편지는 다 썼다)"의 어순은 다르지만, 의미는 거의 비슷합니다. 그러나 단어 순서가 바뀌면 문장 의미가 완전히 달라질 수 있는 경우가 있습니다. 예를 들어, "这些人我都不认识(이 사람들을 나는 다 모른다)"와 "这些人我不都认识(이 사람들을 내가 다 아는 것은 아니다)"는 '不(아니다)'와 '都(모두/다)'의 앞뒤 순서가 달라서 두 문장의 의미가 다릅니다. "这些人我都不认识"는 "我没有一个人认识(나는 아는 사람이 한 명도 없다)"이지만, "这些人我不都认识"는 "有的人我认识, 有的人我不认识(어떤 사람은 내가 알지만, 어떤 사람은 내가 모른다)"입니다.

중국어에서 더욱 재미있는 것은, 두 단어가 보기에는 분명히 다르지만, 문장 의미는 완전히 같다는 것입니다. 예를 들어, "好容易买到了入场券(가까스로 입장권을 샀다)"에서 많은 사람이 다들 "好容易(가까스로/겨우)"가 "很容易(쉽다)"는 뜻인 줄 아는데, 사실 "好容易"와

"好不容易"는 모두 "不容易(쉽지 않다)"라는 뜻입니다. 또 다른 예로 "差点儿滑倒了(하마터면 미끄러질 뻔했다)"와 "差点儿没滑倒(다행히 미끄러지지 않았다)"는 분명히 '没'자 하나가 차이나지만, 그들의 의미는 뜻밖에도 똑같아서 모두 "没摔倒(넘어지지 않았다)"의 뜻입니다. 또 다른 하나는 "甲队大胜乙队(갑팀이 을팀을 크게 이겼다)"와 "甲队大败乙队(갑팀이 을팀을 대파했다)"로, '胜(이기다)'과 '败(지다)' 두 글자의 의미는 상반되지만, 두 문장은 모두 "甲队赢了(갑팀이 이겼다)"는 말입니다.

후안은 이런 내용을 배울 때면 중국어가 더 매력적으로 느껴진다고 말합니다. 그래서 그는 스스로에게 아무리 어려워도 반드시 중국어를 제대로 배우겠다고 말합니다.

독해2

한 번 웃으면, 십 년이 젊어져요

왕밍이 말했습니다. "내가 너희들한테 재미난 이야기 하나 해 줄게. 웃으면 십 년이 젊어지잖아!"

한 형제가 있었는데, 그들의 집은 80층에 있었습니다. 어느 날 그들이 여행에서 돌아왔는데, 정전이 된 걸 발견했습니다. 어쩔 수 없이 그들은 걸어 올라가기로 결정했습니다. 그들이 20층까지 올랐을 때, 형이 숨을 헐떡이며 말했습니다. "차라리 이렇게 하자. 짐은 우리 우선 여기에 놔두고, 나중에 다시 엘리베이터를 타고 가지러 오자." 그들은 짐을 20층에 두었고, 훨씬 홀가분함을 느꼈습니다. 그러나 그들이 40층까지 올라갔을 때, 정말 너무 힘들다는 생각이 들어 앉아서 쉬었습니다. 형이 "다 내 탓이야. 정전 공지를 주의 깊게 보지 않았어."라고 말하자 동생이 말했습니다. "이게 다 형 탓은 아니야, 나도 못 봤는걸. 아무리 힘들어도 우리 같이 재미있는 얘기하면서 올라가면 금방 도착할 거야." 그들은 웃고 떠들며 계속 올라갔습니다. 그들이 80층에 거의 다 왔을 때, 형이 갑자기 "나 나쁜 소식이 하나 생각났어."라고 말했습니다. "아무리 나쁜 소식이라도 80층을 오르는 것보다 나쁠 게 없잖아." "열쇠를 내가 짐에 놔뒀어……."

왕밍의 우스갯소리를 듣고 박지민이 말했습니다. "나도 너희들한테 재미있는 이야기를 하나 해 줄게. 《想见你(보고싶다)》라는 드라마 너희 본 적 있니? 거기에 재미난 이야기가 하나 나와."

어느 날 국수와 찐빵이 말다툼을 했습니다. 국수의 키가 찐빵보다 훨씬 커서 찐빵을 한 대 때렸습니다. 찐빵은 돌아간 뒤 생각할수록 기분이 나빠져 빠오즈와 팥빵 등 형제를 불러 같이 국수에게 복수를 하러 찾아갔습니다. 그런데 국수는 집에 없었고, 찐빵은 생각했습니

다. "국수! 네가 아무리 잘 숨어도, 내가 꼭 너를 찾을 테니 기다려라!" 그들은 공원에도 찾으러 가봤지만 공원에서도 국수를 보지 못했습니다. 그들이 막 돌아가려던 때, 마침 라면과 마주쳤습니다. 몇은 두말없이 올라타서 바로 라면을 한 대 때렸습니다. 라면이 매우 억울해하며 "너희들 왜 날 때리는 거야?"라고 물었습니다. 찐빵은 "네가 머리를 볶아도, 난 널 안다고!"라고 말했습니다.

제11과

독해1

스즈키 소노코는 두유 마시는 것을 매우 좋아합니다. 예전에 그녀는 스스로 두유 만드는 것은 생각해 본 적이 없으며, 두유 만들기는 정말 쉽지 않은 일이라고 생각했습니다. 그런데 친구가 그녀에게 두유 제조기로 만들어 낸 두유 맛이 매우 좋다고 알려 줘서 스즈키 소노코도 두유 제조기를 한 대 샀습니다. 그녀는 포장을 풀고, 자세히 제품 설명서를 살펴보았습니다.

제품 특징:
1. 빠른 속도: 선진 기술을 도입해 빠르게 작동하여 시간을 절약할 수 있습니다.
2. 다기능: 두유, 주스, 죽 등 다양한 음료를 만들 수 있습니다.
3. 간편한 조작: 버튼을 누르기만 하면 만들 수 있고, 예약 기능도 있습니다.

사용 방법:
1. 재료 준비
   1) 대두 또는 다른 재료를 깨끗이 씻어 주세요.
   2) 준비된 재료를 두유 제조기에 넣고, 적당량의 물을 넣어 주세요.
2. 작동: 전원을 꽂고, 시작 버튼을 누르세요.
3. 완성: 제조가 완료되면 자동으로 멈춥니다.
……

사용 방법에 따라 그녀는 두유를 만들기 시작했습니다. 정말 너무 간단한 게, 대두는 아예 미리 불릴 필요가 없습니다. 대두를 넣고, 물도 넣고, '두유'를 선택한 뒤 버튼을 누르면 시작! 원래 만들기가 정말 쉽지 않다고 생각했던 두유를 겨우 25분 만에 다 만들었습니다. 이 두유 제조기가 생긴 뒤로, 스즈키 소노코는 매일 건강하고 맛있는 두유를 마실 수 있습니다!

독해2

쇠 절굿공이를 갈아 바늘을 만들다
(꾸준히 노력하면 어떤 일도 해낼 수 있다)

리우 선생님이 모두에게 물었습니다. "학우분들, 여러분은 이백을 아나요?"

톰이 바로 대답했습니다. "당연히 알죠. 그는 중국의 유명한 시인입니다."

"맞아요! 이백은 당나라의 낭만주의 시인입니다. 전하는 말에 따르면, 이백은 어렸을 때 공부를 열심히 하지 않았습니다. 그의 아버지는 그가 열심히 공부하게 하려고 그를 학당에 보냈지만, 그는 한 번도 열심히 공부한 적이 없었습니다. 게다가 그 제자백가 책들은 정말 배우기가 어려워서 이백은 더욱더 배우고 싶지 않았습니다. 하루는 이백이 공부하는 게 너무 재미없다는 생각이 들어 몰래 학당에서 도망쳐 나왔는데, 길에서 우연히 나이 지긋한 할머니를 한 분 만났습니다. 그 할머니는 커다란 쇠막대기 하나를 들고 바위에 갈고 있었습니다. 이백은 궁금한 생각이 들어 쪼그리고 앉아서 보았습니다. 한참을 보다가, 그는 할머니께 무엇을 하고 계시는지 여쭸고, 할머니는 그에게 쇠막대기를 갈아 바늘을 만들거라고 알려주셨습니다. 이백은 매우 놀랐고, 할머니가 왜 이렇게 하는지 이해할 수 없었습니다. 그는 이렇게 큰 쇠막대기는 갈아서 바늘로 만드는 게 불가능하다고 생각했습니다. 할머니는 고개를 들고는 친절하게 이백에게 알려주었습니다. "쇠막대기가 비록 굵지만 나는 매일 문지릅니다. 내가 계속 갈면, 아무리 굵은 쇠막대기도 언젠가는 바늘로 갈아낼 수 있을 겁니다." 이백은 할머니의 말을 듣자 가슴이 뻥 뚫리는 것 같았습니다. 꾸준히 하면 아무리 어려운 일도 성공할 수 있겠구나. 그는 일어서서 학당으로 돌아갔습니다. 그날 이후, 그는 열심히 공부하여 마침내 중국 역사상 위대한 시인이 되었습니다. 이후 이 이야기는 전해져 내려와 우리에게 무슨 일을 하든 끈기가 있어야 한다고 알려 줍니다."

"선생님, '滴水石穿(물 한 방울이 돌을 뚫는다)'도 이런 의미죠?" 후안이 리우 선생님께 물었습니다.

"맞아요. '滴水石穿'의 의미도 비슷합니다. 반대로, '三天打鱼, 两天晒网(사흘간 고기를 잡고 이틀간 그물을 말리다)'로는 성공할 수 없어요. 그러니 여러분, 중국어 공부는 매일 꾸준히 해야 합니다. 사흘 고기 잡고는 이틀 그물 말리는 식(三天打鱼, 两天晒网)으로 끈기 없이 하다 말다 하지 마세요!"

독해1

같이 한 번 날씨 상황을 살펴보겠습니다. 내일은 입추입니다 '立'은 '시작하다'라는 뜻입니다. 입추는 여름이 끝나고 가을이 시작되며 수확이 계절이 왔음을 의미합니다.

앞으로 일주일 동안 대부분 지역의 기온은 여전히 30도 이상을 유지하겠으며, 심지어 일부 지역은 35도의 고온인 날씨가 예상됩니다. 많은 분이 입추 이후에는 날씨가 조금 선선해야 하는데, 왜 아직도 이렇게 더운지 생각하실 것입니다. 입추가 계절 전환의 시작을 나타낸다고 해서 기온이 바로 떨어지는 않습니다. 이런 고온의 날씨는 입추 이후 몇 주, 심지어 그 이상 지속될 수 있습니다. 흔히 9월 중하순은 되어야 날씨가 서늘해지기 시작합니다.

그러나 입추부터는 북부 지역과 서북 지역에서 가을 바람이 조금씩 느껴질 것이고, 남부 지역은 기온이 높기는 하지만 습도는 점차 감소할 것입니다. 일부 사람들은 가장 더운 시기가 지나갔다고 생각해서 건강에 별로 신경 쓰지 않기도 하지만, 사실 이 시기에는 날씨 변화가 신체에 미치는 영향에 더욱 주의해야 합니다. 북부 지역에서는 아침저녁으로 일교차가 점점 커질 것입니다. 낮 동안은 고온의 날씨가 지속되므로, 다들 물을 많이 마시도록 주의해야 하고, 장시간 햇볕 아래서 활동하지 않도록 하십시오. 또한 아침저녁으로 조금 쌀쌀할 수 있으니 감기 걸리지 않게 옷을 한 벌 더 챙기십시오. 이 밖에도 기온 변화로 날씨가 건조해질 수 있으므로 화재 예방도 철저히 해야 합니다.

종합하면, 앞으로 며칠 동안은 날씨가 여전히 더울 것으로 예상되니, 모두들 생활 습관에 유의하셔서 건강하고 편안하게 즐거운 가을 보내시기 바랍니다. 이제 구체적인 도시별 일기 예보를 한번 살펴보겠습니다……

독해2

MBTI

박지민이 스즈키 소노코에게 "너 MBTI가 뭐니?"라고 물었습니다. 스즈키 소노코는 "나 테스트해 본 적 없어. 어떤 사람들은 별로 정확하지 않다고 하던데."라고 대답했습니다.

"물론 맹신해서는 안 되지. 다만 한 사람의 특징을 조금 이해해 볼 수는 있어."

"그럼 이따가 나도 테스트해 봐야겠다. 너는 내가 어떤 유형이라고 생각해?"

"내가 먼저 살짝 소개해 줄게. E는 외향형을 나타내

고, 이 유형의 사람들은 외출을 좋아해. 그들은 다른 사람과 교류하면서 에너지를 얻어. I는 내향형을 나타내는데, 이 유형의 사람들은 시끌벅적한 것을 별로 안 좋아해. 그들은 혼자서 쉬는 시간에 에너지를 얻어. 그리고 세심해. S는 감각인데, 이 유형의 사람들은 늘 자신이 듣고, 보고, 냄새 맡고, 느끼고, 맛 본 것을 통해 정보를 얻어. N은 직관이고 그들은 영감을 더 믿어. F는 감정인데 그들은 동정심이 많아서 '이 일은 내게 중요해……'라고 말하고는 하지. T는 사고인데, 이 유형의 사람들은 더 객관적이어서 자주 '왜냐하면… 그래서…'라고 말하고는 해. J는 판단인데, 그들은 항상 새로운 목표를 세우고 계획적으로 해야 할 일을 완성하려고 해. P는 감각으로, 새로운 환경에 적응하는 걸 좋아하고 목표를 끊임없이 바꾸려 해. 그들은 삶을 좀 더 편하게 살아. 이것 말고도, 사실 더 많은 특징들이 있어. 너는 외향적이지만, 시끌벅적한 건 별로 좋아하지 않지. 너는 다른 사람들의 감정을 중요시하고, 뭘 해도 다 계획이 있어. 그래서 내 생각에 너는 아마 ISFJ일 것 같아. 많은 사람 걸 내가 다 맞혔어. 예를 들어, 윤서, 후안……"

그들이 이야기하던 그때 후안이 다가와 물었습니다. "너희 무슨 이야기하는데, 이렇게나 재밌어?"

박지민과 스즈키 소노코는 이구동성으로 후안에게 말했습니다. "호랑이도 제 말 하면 온다더니!"

독해1

숲속에서 매년 운동회가 열리는데, 올해도 많은 동물들이 참가했습니다. 토끼가 거북이를 마주치자 말했습니다. "거북아, 거북아, 우리 경주하자, 어때?" 거북이가 자기를 상대해 주지 않는 걸 보고 토끼는 거북이를 비웃으며 말했습니다. "네가 제일 느린 걸 누가 몰라, 네가 어디서 감히 나랑 시합을 하겠어. 거북이, 거북이, 엉금엉금 기어서 아침 일찍 집을 나서네. 거북이, 거북이, 어서어서 가 보자! 저녁인데 아직도 문 앞이구나." 거북이는 화가 났습니다. "누가 나더러 감히 못한다고 해! 우리 지금 당장 시합하자." 토끼가 듣고는 크게 웃기 시작했습니다. "좋아, 그럼 우리 여기서 시작하자. 누가 먼저 저쪽의 큰 나무까지 뛰어가는지 보자고! 하나, 둘, 셋, 시작!"

토끼는 정말 빨리 달려서 금세 멀리까지 갔습니다. 그가 고개를 돌려 한번 보니, 거북이는 겨우 조금만 기었을 뿐이었습니다. 토끼는 생각했습니다. "내가 이렇게 빨리 결승점에 도착하면, 저 거북이가 얼마나 창피할까? 나는 우선 여기서 한 숨 자고 쟤가 여기까지 기어오면 다시 이어서 달리자."하고 생각했습니다. 생각을 마친 토끼는 바로 땅바닥에 누워 눈을 감고 잠이 들었습니다. 거북이는 느릿느릿 기어갔고, 그가 토끼 옆까지 기어갔을 때는 이미 지칠 대로 지쳤습니다. 토끼는 아직 자고 있었고, 거북이도 잠시 쉬고 싶었습니다. 그러나 그는 토끼가 자기보다 빨리 달린다는 것을 알았습니다. 만약 쉬면 어떻게 일등을 할 수 있겠습니까? 그래서 그는 쉬지 않고 앞으로 엉금엉금 기어갔습니다. 기어가면서 생각했습니다. "누가 나더러 토끼를 이길 수 없다고 해. 난 기필코 계속 기어갈 거야!" 거북이는 큰 나무에 점점 가까워졌고, 겨우 몇 십 보, 십 몇 보밖에 남지 않았습니다……

그때 주위의 동물들이 모두 소리치기 시작했습니다. "토끼야, 토끼야! 거북이가 거의 결승점에 다 왔어! 그만 자!" 토끼가 깨어나서 뒤를 돌아봅니다. 어? 거북이가 왜 안 보일까요? 더 앞을 보니, 이런! 거북이가 곧 큰 나무 아래로 기어가려고 합니다. 토끼는 황급히 결승점을 향해 달려갔지만, 이미 늦었습니다. 거북이가 이겼습니다.

독해2

인터넷 라이브 방송

박지민은 중국 생활을 기록으로 남기기 위해 동영상을 찍기도 하고, 인터넷 라이브 방송을 하기도 합니다. 이날은, 그가 친한 친구인 톰을 초대해 그와 함께 콘텐츠를 만들었습니다.

박지민: 여러분, 안녕하세요! 오늘은 제가 친한 친구를 여러분께 소개해 드리려고 해요. 톰, 먼저 여러분께 인사부터 좀 드려 주세요.

톰: 여러분, 안녕하세요! 저는 톰이라고 하고, 미국인입니다. 곧 새해네요. 여기 계신 여러분들 만사형통하시고, 소원 성취하시길 기원합니다.

박지민: 여러분, 보세요. 톰이 중국어를 아주 제대로 하죠. 톰은 저의 롤모델로서, 제가 배울만한 점이 가장 많은 친구예요.

톰: 아닙니다. 과찬이에요. 너 봐라. 컨텐츠도 만들고, 드라마 번역도 하고, 네가 더 대단하지!

박지민: 너랑 비교하면 난 아직 멀었지. 여러분 아시나요? 톰은 매일 이것저것 배우느라 눈코 뜰 새 없이 바쁘답니다. 오늘 정말 어렵게 톰을 여기로 오라고 초대한 거예요. 여러분께 네가 여가 시간에는 뭘 하는지 좀 말씀드려봐.

톰: 서예 연습을 하거나, 플로깅을 하러 가거나, 여기로 놀러 오거나죠. 무슨 특별한 게 있겠어요.

박지민: 톰은 너무 겸손하네요! 톰은 중국 노래도 엄청 잘 해요. 우리에게 한 곡 불러주세요, 네?

톰: 그럼 한 소절만 부를게요. 이 노래 가사를 제가 정말 좋아해요. '没有追求和付出哪来的成功，谁说我们一定要走别人的路，谁说辉煌背后没有痛苦，只要为了梦想不服输，再苦也不停止脚步。(추구와 헌신 없이 어떻게 성공이 있을까요, 누가 우리에게 남들이 가는 길로 가야 한다고 했나요. 누가 영광 뒤에 고통이 없다고 했나요. 꿈을 위해 실패에 굴복하지 않으면, 아무리 힘들어도 발걸음이 멈추진 않을 거예요.)'.

박지민: 톰, 봐봐. 모두들 네가 노래 정말 잘한다고 칭찬해. 너는 노래도 배우고, 서예도 배우고, 최근에는 만담도 배우기 시작한 걸로 알고 있어. 왜 이렇게 다양한 것들을 배우나요?

톰: 저는 중국 문화를 정말 사랑하고요. 제 좌우명이 '活到老，学到老(배움에는 끝이 없다)'거든요. 그래서 저는 끊임없이 배우려고 합니다!

박지민: 여러분, 제가 왜 톰을 제 롤모델로 삼았는지 아시겠죠? 그럼 만담 열심히 배우시고요. 언젠가 TV에서 톰이 만담하는 걸 볼 수 있길 기대하겠습니다.

제1과

독해 1 확인 학습

1. ②   2. ②

독해 2 확인 학습

1. ③   2. ②   3. ①

연습 문제

1. (1) ②   (2) ③

> **듣기 내용**
>
> 　　可能很多人看手机时，看得最多的就是视频。视频的内容越来越丰富，做视频的人也越来越多。最近王明和张燕对这方面很感兴趣，所以他们一起查找资料，写了一份关于中国娱乐直播方面的报告。
>
> 　　他们的报告中说，2022年一年主播账号开通了1032万个，比前一年增加了7%。中国主播账号一共开通了1.5亿个左右。也就是说，大概十个人中就有一个人是主播。
>
> 　　从性别来看，男性主播占52.2%，比女性主播多5%；从年龄来看，18-29岁的主播占全部主播的64.2%，比其他年龄段的主播多一倍；从收入来看，95%的人每个月收入在5000元以下，他们说还不如外卖员。因为竞争激烈，高收入主播的收入也在降低，甚至比以前降低了三分之一。
>
> 　　看了他们的报告，你觉得网络主播未来会怎样发展呢？

2. (1) ○   (2) ✕   (3) ✕

> **듣기 내용**
>
> (1) A: 你的成绩怎么样？
>   B: 我的成绩很好，不过我觉得还不如你。
> (2) A: 今年这台笔记本电脑的价格比去年降低了多少？
>   B: 今年这台笔记本电脑的价格比去年降低了三分之一。
> (3) A: 你是不是忘记了那件事？
>   B: 我差点儿没忘记那件事。

3. (1) 这次考试不如上次容易。/ 这次考试没有上次容易。
   (2) 我差点儿迟到了。/ 我差点儿没迟到。

4. (1) 那儿的风景不如这儿美。
   (2) 我差点儿没摔倒。
   (3) 我差点儿摔倒了。
   (4) 四分之三
   (5) 零点五六

5. (1) 今天不如昨天热。
   (2) 工作效率提高到两倍。
   (3) 我差点儿没忘记那件事。
   (4) 他的人品不如你好。
   (5) 拍马屁并不是一件容易的事情。

제2과

독해 1 확인 학습

1. ②   2. ②

독해 2 확인 학습

1. ②   2. ③   3. ②

연습 문제

1. (1) ③   (2) ②

> **듣기 내용**
>
> 　　今天汉语课上讨论的主题是《变化》。胡安第一个站起来，然后拿出一张照片给大家看。"你们猜猜照片上的人是谁？"有的人说是胡安的弟弟，有的人说是胡安的朋友，还有很多人说猜不出来。胡安说："这个人是我，是三年前的我。"同学们都很吃惊，因为照片上的人看起来好像有一百公斤，和胡安完全不一样。
>
> 　　"很多人都看不出来这是我。今天我就跟你们介绍一下我是怎么瘦下来的。上大学后，我选修了汉语课，很快就迷上了中国文化，后来决定去中国学习。为了准备留学费用，我想做兼职，可被几个地方拒绝了。好不容易开始在一家比萨饼店工作，但因为胖，工作起来觉得很吃力。我想，再这样胖下去，不但会影响我的健康，还会影响我的人生，于是我决定减肥。我每天坚持跳绳、跑步，好几次都想放弃，但因为家人的鼓励，我坚持了下来。一年的时间，我瘦了二十公斤左右，现在我的体重

保持在八十公斤上下。跟以前相比，我变得更
有自信，也更帅了。这就是我最大的变化！"

2. (1) ✕　　　　(2) ○　　　　(3) ✕

듣기 내용

(1) A: 你们等我一下，咱们一起走。
　　B: 你快一点儿，我们一会儿就得下去。
(2) A: 睡懒觉的习惯你改不过来吗？
　　B: 睡懒觉的习惯我改不过来。
(3) A: 今天气温下降了多少？
　　B: 今天气温下降了五度左右。

3. (1) "田" 倒过来看还是 "田"。
　　(2) 工作任务太多，我一个人忙不过来。

4. (1) 你们等我一下，咱们一起走。
　　(2) 老师一进来，教室突然就安静下来了。
　　(3) 这种水果看起来不怎么样，可是吃起来很
　　　　甜。
　　(4) 春节前后，各个商场都降价。
　　(5) 她是哪国人我看出来了。

5. (1) 昨天的作业我都写出来了。
　　(2) 比起蔬菜来，我家人更喜欢吃肉。
　　(3) 看起来，你的儿子十岁上下。
　　(4) 今天气温上升了七度左右。
　　(5) 工作任务太多，我一个人忙不过来。

제3과

독해1 확인 학습

1. ②　　　　　　2. ③

독해2 확인 학습

1. ①　　　　2. ③　　　　3. ②

연습 문제

1. (1) ③　　　　(2) ①

듣기 내용

　　"允瑞，允瑞！" 张燕叫了金允瑞好几
次，允瑞都没回答。
　　"你在看什么？我叫了你好几次，难道你
都没听见吗？" 张燕有点儿生气地说。

　　"对不起，我真的没听见！我在看大熊猫
的视频。它们长得圆圆的，胖胖的，走路的样
子可爱极了！这两只熊猫出生快两年了，像小
孩子一样调皮。不是一起打闹，就是抢竹子
吃。不是在地上打滚儿，就是爬到树上玩耍。
你看这个视频，熊猫爷爷让它们从外面回到房
间里，可它们就是不愿意回去。爷爷不是背，
就是抱，把它们背回去了，它们又爬出来，把
它们抱回去了，它们又逃出来。爷爷推了又
推，这样闹了半个多小时，它们才终于回到房
间里。疲惫的时候看这些视频的话，好像一切
都能治愈。所以只要一更新，就一定要马上
看，同一个视频也是看了又看。难道你不觉得
它们特别可爱吗？" 允瑞兴致勃勃地说着。
　　"你这么喜欢熊猫，那现在咱们就去动物
园看熊猫吧，下次有机会再去四川看。"

2. (1) ✕　　　　(2) ✕　　　　(3) ✕

듣기 내용

(1) A: 难道你还不知道那件事吗？
　　B: 我当然知道那件事。
(2) A: 他着急吗？
　　B: 我催了又催，他还是不着急。
(3) A: 他爸爸是老师吗？
　　B: 他爸爸不是老师，就是公务员。

3. (1) 我工作了六个小时。
　　(2) 难道你不相信我吗？

4. (1) 我来北京一年了。
　　(2) 我解释了又解释，他还是生气了。
　　(3) 难道你忘记了吗？
　　(4) 他爸爸不是老师，就是公务员。
　　(5) 我们下课已经三十分钟了。

5. (1) 她高中毕业五年了。
　　(2) 我讲了又讲，他还是不明白。
　　(3) 她大学毕业没几天。
　　(4) 难道你不觉得它们特别可爱吗？
　　(5) 那现在咱们就去动物园看熊猫吧！/ 那咱
　　　　们现在就去动物园看熊猫吧！

독해1 확인 학습

1. ①   2. ③

독해2 확인 학습

1. ①   2. ②   3. ③

연습 문제

1. (1) ②   (2) ②

> 듣기 내용
>
> 　为什么汉语中用"吃醋"这个词来表示"男女之间嫉妒"的意思？今天上课时刘老师给同学们讲了一个故事，这个故事发生在唐代。
>
> 　唐太宗李世民治理国家时，他的宰相房玄龄尽心尽力地帮助李世民。李世民说："你给国家做出了这么大的贡献，应该得到奖励，所以我要把两个美女赐给你。"房玄龄非常爱他的妻子，听了唐太宗的话，急忙说："我决不能接受，我的妻子会嫉妒的。"李世民听到后："我是皇帝，难道你们要违抗我的命令？你们应该感谢我才对。"房玄龄只好带着个美女回到了家。妻子看到后，非常生气地说："即使违抗命令，你也不应该接受。明天我要去见皇帝。"
>
> 　第二天，房玄龄的妻子来见李世民，"我并不想违抗您的命令，但我决不能接受。"李世民想了想，说："那我给你两个选择，第一，收下这两个女人；第二，喝下这杯毒酒。"房玄龄的妻子毫不犹豫地说："即使死，我也不能收下。"说完就把酒喝光了。李世民哈哈大笑："其实这并不是毒酒，而是醋。你都喝下了，那我就收回命令吧。"

2. (1) ○   (2) ×   (3) ○

> 듣기 내용
>
> (1) A: 李丽替妈妈做什么？
> 　　B: 今天是妈妈的生日，李丽替妈妈做了晚饭。
> (2) A: 你怎么弄坏了我的笔记本电脑？
> 　　B: 我并没有把你的笔记本电脑弄坏。
> (3) A: 快期末考试了，我应该复习吧？
> 　　B: 快期末考试了，你应该好好儿复习。

3. (1) 即使下大雪，我也要去郊区野营。
   (2) 你替朋友做什么？

4. (1) 现代人应该多走路，多晒太阳。
   (2) 我并没有把你的大衣弄脏。
   (3) 他感冒了，我替他去药店买了感冒药。
   (4) 他工作非常认真，即使生病也从来不请假。
   (5) 邻居们互相信任，出门的时候即使不锁门，也不会丢东西。

5. (1) 已经上午十一点了，你该起床了。
   (2) 这是我自己选择的，我决不后悔。
   (3) 你的意见即使不说我也知道。
   (4) 这并不是毒酒，而是醋。
   (5) 他是东北人，不应该怕冷吧。

독해1 확인 학습

1. ③   2. ②

독해2 확인 학습

1. ③   2. ②   3. ②

연습 문제

1. (1) ③   (2) ②

> 듣기 내용
>
> 　"一个小球，又圆又滑，东蹦西跳，两头挨打。"这是什么呢？
>
> 　这就是乒乓球。在中国，乒乓球是一项大众化的运动，普及率非常高，几乎在各个年龄段中都能看到人们打乒乓球的身影，无论是孩子还是老人，打乒乓球的都非常多。无论是在学校、公司、还是在小区，人们都可以方便地找到乒乓球桌一起娱乐。许多人通过打乒乓球来结交朋友、锻炼身体，并享受运动带来的乐趣。
>
> 　汤姆来到中国以后，也开始学习打乒乓球，到现在已经学了一年半了。在这个两米多长、一米多宽的乒乓球桌上，一个小球飞来飞去，汤姆觉得非常有意思。他还经常看乒乓球比赛，有时选手们为了接球，几乎退到场地的最后边，但还是能把球再打回球桌上；有时球

的速度快得几乎看不到球。汤姆感到不可思议，觉得这就是乒乓球的魅力。尽管汤姆在中国的生活很忙，但他想坚持学下去，争取明年参加一次乒乓球比赛。

2. (1) ✕   (2) ✕   (3) ○

듣기 내용

(1) A: 你练了多长时间的瑜伽？
    B: 我练了半个月瑜伽。
(2) A: 这条河有多深？
    B: 这条河有三米多深。
(3) A: 他成绩怎么样？
    B: 他成绩尽管已经很优秀了，可是他仍旧不断地努力。

3. (1) 他们俩几乎打了起来。
  (2) 这个行李有多重？

4. (1) 我学了两年半汉语。
  (2) 他家儿子大概(有)二十多岁。
  (3) 我几乎迟到了。
  (4) 尽管我忙得很，但是今天特意来看你。
  (5) 这条河有三米多深。

5. (1) 这个行李有十五公斤多重。
  (2) 再过半个月就开学了。
  (3) 她那个人尽管说话难听，但是人并不坏。
  (4) 早餐十多块钱并不算贵。
  (5) 我最近尽管忙得很，但是仍然坚持每天锻炼身体。

제6과

독해 1 확인 학습

1. ②   2. ③

독해 2 확인 학습

1. ②   2. ①   3. ③

연습 문제

1. (1) ②   (2) ②

듣기 내용

    随着人类社会的发展，环境问题越来越受到人们的重视。为了保护环境，垃圾分类是每

个人都要参与的。但有这么一群人，他们认为垃圾分类不是解决垃圾问题的根本方法，他们努力不制造垃圾，这就是零垃圾(Zero Waste)环保行动。

    2008年，贝亚·强生通过各种生活实验，成功地将一家四口本来每天几公斤的垃圾，减少到一年只有一小玻璃罐垃圾。贝亚·强生的故事被媒体报道后，无数人开始过零垃圾生活，其中一个人就是汤姆。

    所有人都在"双十一"疯狂购物时，汤姆尽量不在网上买东西；买东西时，他总是自带布袋，选择没有包装的产品；他很少买新衣服，而是买二手衣服或跟别人交换。很多人认为再环保也不能完全放弃生活中的便利。汤姆说："对。但我发现生活中有太多不需要的东西，这让我感到焦虑。可我开始把东西变少以后，我的生活没有变得不开心，而是活得更轻松、更自由。既让自己开心，又可以保护环境，这不是一举两得吗？其实'零'不是那么重要，每个人可以做到什么程度，都是自己的选择。"

2. (1) ✕   (2) ○   (3) ✕

듣기 내용

(1) A: 这个谜语你猜着了吗？
    B: 这个谜语我猜着了。
(2) A: 随着医学技术的发展，现代人的寿命有什么变化？
    B: 随着医学技术的发展，现代人的寿命越来越长。
(3) A: 你不是刚吃完饭吗？
    B: 对，我刚吃完饭，可是这么好吃的甜品，怎么能不吃呀？

3. (1) 那双鞋我终于买着了。
  (2) 明天不是有考试吗？

4. (1) 昨天丢的书包我找着了。
  (2) 过了一会儿两个孩子都睡着了。
  (3) 今天学的生词你都记住了没有？
  (4) 咱们顺着那条河散散步吧。
  (5) 明天有考试，我得努力学习。

5. (1) 那个好机会他抓住了。

(2) 随着时代的变化，科学技术日益发展。
(3) 顺着这条路一直走就是留学生宿舍。
(4) 我们再难也不要轻易放弃工作。
(5) 很多人认为再环保也不能放弃生活中的便利。

제7과

단어 확인 학습

제1과
1. 技术　　　　　2. 沟通
3. 降低　　　　　4. 丰富
5. 竞争

6. xiàolǜ　　　　7. zhànghào
8. shènzhì　　　 9. zūnjìng
10. tàidu

11. 통 증가하다, 더하다
12. 통 생방송하다
13. 명 기교, 테크닉
14. 통 ~에 능숙하다
15. 통 (행복·기쁨 따위를) 함께 나누다

제2과
1. 来不及　　　　2. 吃惊
3. 放弃　　　　　4. 传统
5. 老百姓

6. lǎn　　　　　 7. mí
8. gǔlì　　　　　 9. qíqiú
10. xísú

11. 조그만 일에 얽매여 큰일은 생각하지 않는다
12. 부 가까스로, 겨우
13. 명 음력
14. 형 가련하다, 불쌍하다
15. 명 국수

제3과
1. 提醒　　　　　2. 调皮
3. 离开　　　　　4. 演讲
5. 代表

6. jí　　　　　　 7. cuī
8. qiǎng　　　　 9. zhuàn

10. suàn

11. 쇠는 뜨거울 때 두들겨야 한다
12. 통 치유하다
13. 형 근심스럽고 슬프다
14. 형 실패적 통 실패하다
15. 부 부단히, 끊임없이

제4과
1. 即使　　　　　2. 吃醋
3. 贡献　　　　　4. 接待
5. 亲切

6. jídù　　　　　 7. háobù
8. bāoguǒ　　　　9. liánxì
10. huáiniàn

11. 시도 때도 없이 자주 만나다
12. 통 건너가다, 통과하다
13. 온갖 정성을 다하다
14. 통 망설이다
15. 통 제공하다

제5과
1. 大约　　　　　2. 几乎
3. 仍然　　　　　4. 挨打
5. 耐心

6. liàn　　　　　 7. jǐnguǎn
8. huá　　　　　 9. pǔjílǜ
10. shúliàn

11. 조급하게 서두르면 되는 일이 없다
12. 형 우수하다, 뛰어나다
13. 통 사귀다, 친분을 쌓다
14. 형 지루하다
15. 명 법칙, 도리

제6과
1. 招手　　　　　2. 随着
3. 日益　　　　　4. 轻易
5. 熬夜

6. zhújiàn　　　　7. hūshì
8. jiāng　　　　　9. jiāolǜ
10. fàngsōng

11. 일거양득, 일석이조

12. 명 수명
13. 명 매체
14. 명 면역력
15. 동 지지하다

문장 확인 학습

제1과

- Zhè ge shíhou zuò gōngjiāochē bù rú zuò dìtiě kuài.
  지금 시간에 버스 타는 것은 지하철 타는 것만큼 빠르지 않다.

- Tā zhè ge rén hěn huì pāi mǎpì.
  그는 아첨을 아주 잘 한다.

- sān diǎn yī sì yī wǔ jiǔ èr 3.141592

- 百分之七十五 75%

- 我差点儿吓死了。
  나는 하마터면 놀라 죽을 뻔했다.

- 今年我们公司的产量比去年减少了5%。
  올해 우리 회사의 생산량은 작년보다 5% 감소했다.

제2과

- Nǐ kuài yìdiǎnr, wǒmen zài dà ménkǒu děng nǐ.
  너 좀 서둘러. 우리는 대문 앞에서 널 기다릴게.

- Zuótiān de zuòyè yǐjīng jiāo shàngqù le.
  어제 숙제를 이미 제출했다.

- Xiǎo dù jī cháng de rén zǒngshì xǐhuan suànjì.
  도량이 좁은 사람은 항상 따지기를 좋아한다.

- 比起瑜伽，她更喜欢普拉提。
  요가에 비해서, 그녀는 필라테스를 더 좋아한다.

- 这么多资料，我看不过来。
  이렇게 많은 자료를 나는 나 볼 수 없다.

- 我弟弟今年长了五厘米左右。
  내 남동생은 올해 5cm 정도 자랐다.

제3과

- Wǒ gōngzuò le bā ge xiǎoshí.
  나는 8시간 일했다.

- Tā xiànzài bú shì zài jiā, jiù shì zài xuéxiào.
  그녀는 지금 집에 있지 않으면 학교에 있다.

- Tāmen rènshi yǐjīng liǎng ge yuè le.
  그들은 알게 된 지 이미 두 달이 되었다.

- 我们俩结婚还不到一年。
  우리 둘은 결혼한 지 아직 1년이 안 되었다.

- 学习要趁热打铁，学过的内容要马上复习。
  공부는 쇠뿔도 단김에 빼야 하듯이, 배운 내용을 바로 복습하라.

- 难道你不明白我的意思吗?
  설마 너 내 말뜻을 이해하지 못하는 거야?

제4과

- Zhème zhòngyào de shì, nǐ yīnggāi zǎo diǎnr gàosu tā.
  이렇게 중요한 일을 너는 그녀에게 좀 일찍 알려줘야 한다.

- Wǒ bìng méiyǒu bǎ nà zhāng xìnyòngkǎ nòngdiū.
  나는 결코 그 신용카드를 잃어버리지 않았다.

- Línjū zhījiān tái tóu bú jiàn dī tóu jiàn de, yīnggāi hùxiāng zhàogù, hǎohāor xiāngchǔ.
  이웃 간은 시도 때도 없이 자주 만나는데, 서로 배려하고 잘 지내야 한다.

- 凌晨一点了，妈妈又该生气了。
  새벽 1시야. 엄마가 또 화를 내실 거야.

- 即使再困难，我也要坚持下去。
  설령 아무리 어렵더라도, 나는 버텨 나갈 것이다.

- 我为朋友买了一份礼物。
  나는 친구를 위해 선물을 하나 샀다.

제5과

- Wǒ tán le bàn nián gāngqín.
  나는 반년 동안 피아노를 쳤다.

- Tā chéngjì jǐnguǎn yǐjīng hěn yōuxiù le, kěshì tā réngjiù búduàn de nǔlì.
  그는 성적이 이미 우수하지만, 여전히 끊임없이 노력한다.

- Xīn jí chī bu liǎo rè dòufu, zhè jiàn shì zài děngdeng, huì yǒu jiéguǒ de.

급할수록 돌아가듯이, 이 일은 좀 더 기다리면 결과가 있을 것이다.

- 早餐十多块钱并不算贵。

아침 식사로 십 위안 남짓이면 결코 비싼 편은 아니다.

- 他们俩几乎没打起来。

그 두 사람은 다행히도 싸우지 않았다.

- 她几乎摔倒了。　그녀는 하마터면 넘어질 뻔했다.

제6과

- Wǒ tǐng xǐhuan yùndòng de, dànshì jīntiān tài lèi, xiǎng xiūxi xiūxi.

나는 운동을 꽤 좋아하지만, 오늘은 너무 피곤해서 좀 쉬고 싶다.

- Wèile qǔdé hǎo chéngjì, tā měitiān kāi yèchē xuéxí.

좋은 성적을 얻기 위해, 그는 매일 밤을 새워 공부한다.

- Tā yì zhāo shǒu, nà liàng chūzūchē jiù lìkè tíngzhù le.

그가 손을 한 번 흔들자, 그 택시는 바로 멈춰 섰다.

- 随着时代的变化，科学技术日益发展。

시대의 변화에 따라 과학 기술은 나날이 발전한다.

- 我们再困难也要坚持下去。

우리는 아무리 어려워도 버텨 나가야 한다.

- 昨天你给我打电话的时候，我还没睡着呢。

어제 네가 나한테 전화했을 때, 나는 아직 잠들지 않았다.

주요 표현 확인 학습

제1과
① 两倍　　　　　　② 拍马屁
③ 不如　　　　　　④ 分之
⑤ 差点儿没

제2과
① 上去　　　　　　② 不过来
③ 相比　　　　　　④ 左右
⑤ 咱们

제3과
① 难道　　　　　　② 又

③ 趁热打铁　　　　④ 就是
⑤ 一天

제4과
① 替　　　　　　　② 决
③ 即使　　　　　　④ 应该
⑤ 为

제5과
① 多　　　　　　　② 几乎
③ 尽管　　　　　　④ 几乎没
⑤ 半

제6과
① 再　　　　　　　② 住
③ 不是　　　　　　④ 开夜车
⑤ 着

제8과

독해1 확인 학습

1. ③　　　　　　2. ①

독해2 확인 학습

1. ③　　　　2. ②　　　　3. ②

연습 문제

1. (1) ②　　　　(2) ②

듣기 내용

　　托马斯·爱迪生是一位伟大的发明家，他的名言——"天才是百分之九十九的勤奋加百分之一的灵感"成为让人们不断努力的座右铭。他上学只上过三个月，但他的发明有一千多种。一个读书不多的人，怎么会有这么多发明呢？这恐怕是由于他有强烈的好奇心，因此对于不明白的事情，他一定会不停地问。

　　爱迪生五岁的时候，有一天，他对于母鸡孵蛋感到很好奇，就问母亲："母鸡为什么把蛋坐在屁股下面？"母亲回答："它在孵小鸡呢。"下午，爱迪生突然不见了，家里人找来找去，终于在鸡窝里找到了他。原来，他为了了解母鸡怎么孵蛋，正学着母鸡的样子坐在鸡蛋上呢。还有一次，他看到小鸟在天上飞来飞去，想："鸟能飞，为什么人不能飞呢？"为了让朋友飞到天上，他找来一种药给朋友吃，结果朋友差点儿死了。

爱迪生上小学后，在一次数学课上，老师在黑板上写下了"2+2=4"，对于这个问题，他怎么也想不明白，就问老师："2加2为什么是4呢？"老师非常生气，以为爱迪生故意找麻烦，就把他赶回家了。

但是爱迪生的母亲没有批评他，她发现爱迪生对做实验特别感兴趣，就给他买了很多这方面的书，好让他自己按照书上的内容做实验。应该说，正是由于有这样的好奇心，因此爱迪生成为了最伟大的发明家。

2. (1) ✕　　　(2) ✕　　　(3) ○

듣기 내용

(1) A: 你为什么这么努力健身？
　　B: 我为了健康而努力健身。
(2) A: 对于自己所受到的待遇，他认为怎么样？
　　B: 对于自己所受到的待遇，他认为不公平。
(3) A: 他为谁办了一个派对？
　　B: 他为女朋友办了一个生日派对。

3. (1) 我为了出国留学(而)努力学习英语。
　(2) 由于下大雪，因此我决定不去野营了。

4. (1) 对于面试官的提问，他回答得很自然。
　(2) 早一点儿去，好坐在前边。
　(3) 他为了(=为)考上好大学(而)努力学习。
　(4) 他对人很客气。
　(5) 对于(=对)大家讨论的结果，你有什么看法？

5. (1) 我们一定要给父母打电话，好让他们放心。
　(2) 对于去哪儿旅游，大家意见不一致。
　(3) 由于工作比较忙，因此我很久没去看望您。
　(4) 他对母鸡孵蛋感到很好奇，就问母亲。
　(5) 我输给你，好让你帮我照顾它几天。

제9과

독해1 확인 학습

1. ②　　　　　　　2. ②

독해2 확인 학습

1. ②　　　　　2. ②　　　　　3. ③

연습 문제

1. (1) ②　　　　　(2) ③

듣기 내용

主持人： 有网友提问，"用我的青春换您全部的财富，您换吗？"这个网友是02年出生的。

马云： 当然换！财富没有可以再赚，青春过去就不会再回来。拿我们这种财富来说，只是社会让我们把这个财富管理得更好，不是我们自己的。所以我当然愿意换，只是这位网友会后悔。

主持人： 第二个问题，"如果您回到和现在年轻人一样的起点，您竞争得过年轻人吗？"

马云： 如果是二十年前的我，我肯定竞争不过现在的年轻人，但今天凭我五十年的经历和犯的错误，我一定比年轻人更好。这种人生的经历，不管你在学校怎么努力学习，都学不到，这是通过犯错误学到的。

主持人： 还有一位朋友问，"您凭商业成就出名，但最近您的画也出名了，据报道，在香港卖出了五百四十万美元。十年后，您的艺术成就会比商业更大吗？"

马云： 我很惊讶我的作品能卖那么贵。我觉得我是一个艺术家，不是企业家。淘宝和阿里巴巴对我来说是艺术，一个三万四千多人完成的艺术。我们改变，我们创造，不管是谁，都不可能复制我们的这个艺术作品，这跟画画儿、音乐是一样的。如果你想做一个好的领导者，管理是一门科学，而领导是一门艺术。

改编自电视节目《开讲啦》

2. (1) ✕   (2) ○   (3) ○

(1) A: 你的梦想是什么?
    B: 拿梦想来说，我想成为一名成功的艺术家。
(2) A: 据专家分析，新产品将会很受欢迎。
    B: 哦！太好了，谢谢你告诉我这么好的消息。
(3) A: 你抢到回家的火车票了吗?
    B: 还没呢。不管票有多难买，我都相信功夫不负有心人。我会想尽办法买票。

3. (1) 他一天就看了三部电影。
   (2) 据天气预报说，明天会下雨。

4. (1) 我们五个人才吃了一盘比萨饼。
   (2) 这张桌子是拿什么做的?
   (3) 据统计数字显示，我们专业逐渐受到人们的关注。
   (4) 不管有没有课，我都早上七点左右就起床。
   (5) 凭你的能力，你一定可以通过这个考试。

5. (1) 他一个人就吃了一盘比萨饼。
   (2) 据专家分析，这个产品将会很受欢迎。
   (3) 拿梦想来说，我想成为一名成功的企业家。
   (4) 不管是中国菜还是韩国菜，我都喜欢吃。/
       不管是韩国菜还是中国菜，我都喜欢吃。
   (5) 无论做什么工作，他都非常认真。

제10과

독해1 확인 학습

1. ③   2. ②

독해 2 확인 학습

1. ①   2. ②   3. ③

연습 문제

1. (1) ②   (2) ①

汉语中很多语言现象，外国人都觉得既难，又有意思。胡安也这么认为，他最近把自己觉得有趣的内容整理了一下。

首先，有时候词的顺序变了，句子的意思却没什么变化。例如，"写好信了"和"信写好了"的顺序不同，意思却差不多。可有时候词的顺序变了，句子的意思就会变得截然不同。例如，"这些人我都不认识"和"这些人我不都认识"，"不"和"都"的前后顺序不同，两个句子的意思就不同。"这些人我都不认识"是"我没有一个人认识"，但"这些人我不都认识"是"有的人我认识，有的人我不认识"。

汉语中更有趣的是，两个词看起来明明不一样，但句子的意思却完全相同。例如，"好容易买到了入场券"，很多人都以为"好容易"是"很容易"的意思，其实"好容易"和"好不容易"都是"不容易"的意思。再比如，"差点儿滑倒了"和"差点儿没滑倒"明明差一个"没"字，但它们的意思竟然相同，都是"没摔倒"的意思。还有一个，"甲队大胜乙队"和"甲队大败乙队"，"胜"和"败"两个词的意思相反，但两个句子都是说"甲队赢了"。

胡安说，当他学到这些内容的时候，感到汉语更有魅力。因此，他对自己说，哪怕再难，也一定要学好汉语。

2. (1) ○   (2) ✕   (3) ✕

(1) A: 领导交代的事情，你做完了没有?
    B: 领导交代的事情，我已经做完了。
(2) A: 当你感到孤单的时候，你会做什么?
    B: 当我感到孤单的时候，我会和朋友聊天。
(3) A: 今天的同学聚会，你想参加吗?
    B: 今天的同学聚会，我不想参加。

3. (1) 书架上的书不都是科技类的。
   (2) 哪怕下雨，我也要去跑步。

4. (1) 录取通知书，我今天终于收到了。
   (2) 当旅行的时候，我喜欢尝试当地的美食。
   (3) 这些人我都不认识。

(4) 这些人我不都认识。

(5) 笑一笑，十年少，生活要保持乐观的态度。

5. (1) 今天的比赛他参加，明天的我参加。/
今天的比赛我参加，明天的他参加。

(2) 当我感到孤单的时候，我会和朋友聊天。

(3) 这些词我们全没学过。/ 这些词我们没全
学过。

(4) 他说的都不是真的。/ 他说的不都是真的。

(5) 哪怕再难，我也一定要学好汉语。

제11과

독해 1 확인 학습

1. ②   2. ①

독해 2 확인 학습

1. ②   2. ②   3. ②

연습 문제

1. (1) ③   (2) ②

듣기 내용

　　铃木园子很喜欢喝豆浆。以前她从没想过
自己做豆浆，觉得做豆浆是一件很不容易的事
情。但朋友告诉她，豆浆机做出来的豆浆味道
也非常好，所以铃木园子也买了一台豆浆机。
她打开包装，仔细看了看产品说明书。

产品特点：

1. 快速：采用先进技术，能快速制作，节省
时间。

2. 多功能：可以制作豆浆、果汁、粥等多种
饮品。

3. 操作简单：只需要按下按钮就可以开始
制作，并且有预约功能。

使用方法．

1. 准备原料：

1) 把黄豆或其他原料洗干净。

2) 把准备好的原料倒进豆浆机中，再加适
量的水。

2. 启动：插上电源，按下启动按钮。

3. 完成：制作完成后，会自动停止。

……

　　按照使用方法，她开始做豆浆。真的非常
简单，黄豆根本不需要提前泡。黄豆放进去，
水也放进去，选择"豆浆"，按下按钮，开始！
本来以为做起来很不容易的豆浆，只用了短短
的二十五分钟就做好了。自从有了这台豆浆
机，铃木园子每天都能喝到健康美味的豆浆！

2. (1) ○   (2) ✕   (3) ✕

듣기 내용

(1) A: 你找到你的手机了吗？

B: 刚刚找到！

(2) A: 你从什么时候开始喜欢游泳？

B: 自从我学会了游泳，我就喜欢上了游泳。

(3) A: 这里的交通方便吗？

B: 这里的交通很不方便，上下班路上要花
不少时间。

3. (1) 这个问题根本不容易解决。

(2) 我自从练了瑜伽，身体变得健康了。

4. (1) 下雨了，出去别忘了带伞！

(2) 这件事情根本不重要，你不用担心。

(3) 那道菜不很好吃，太油腻了。

(4) 我自从戒烟之后，身体状态好多了。

(5) 那个电影很不好看，我感到非常失望。

5. (1) 给我买一杯拿铁咖啡来吧！

(2) 国庆期间天气一直不太好，经常下雨。

(3) 这个问题太不容易解决了。

(4) 他们来自不同的国家。

(5) 那条新闻根本不可信，你不要轻信。

제12과

독해 1 확인 학습

1. ②   2. ②

독해 2 확인 학습

1. ③   2. ②   3. ③

1. (1) ②　　　　　　　(2) ②

듣기 내용

(기상캐스터 멘트)

　　我们来看一下天气情况。明天是立秋，"立"是"开始"的意思。立秋表示夏天的结束，秋天的开始，收获的季节到了。

　　未来一周大部分地区的气温仍然保持在30度以上，甚至有些地方还会出现35度的高温天气。可能很多人会觉得，立秋后天气应该<u>稍微</u>凉爽一些，怎么还这么热呢？因为立秋表示季节转换的开始，并不表示气温会立即下降。这种高温的天气可能会持续到立秋后的几周甚至更久，往往要到九月的中下旬，天气才能凉爽起来。

　　不过，从立秋开始，北方和西北地区会逐渐感觉到秋风，而南方地区，尽管气温较高，但湿度逐渐减少。有些人认为最热的时期过去了，所以不怎么关注身体健康，其实在这个时期更需要注意天气变化对身体的影响。北方地区，早晚温差会越来越大。白天高温天气持续，大家要注意多喝水，不要长时间在阳光下活动；早晚会<u>稍微</u>凉一些，所以要多带上一件衣服，避免感冒。除了这些以外，气温的变化也会使天气变得干燥，因此还要做好防火工作。

　　总的来说，未来几天天气仍然很热，希望大家注意生活习惯，健康、舒适地度过一个愉快的秋天。下面来看一下具体的城市天气预报……

2. (1) ✕　　　　(2) ○　　　　(3) ✕

듣기 내용

(1) A: 除了北京以外，你还去过哪个城市？
　　B: 除了北京以外，别的城市我都没去过。

(2) A: 你赶得到吗？
　　B: 离高铁发车只有十分钟，我怎么赶得到呢！

(3) A: 你觉得这双鞋怎么样？
　　B: 我觉得这双鞋稍微大了点儿。

3. (1) 除了香蕉以外，我还买了葡萄。
　　(2) 我觉得这本教材稍微有点儿难。

4. (1) 下雪了，但是天气不怎么冷。
　　(2) 我跟他说过，他怎么不知道呢！
　　(3) 天气稍微暖和了一些。
　　(4) 除了汉语以外，我还会说英语和西班牙语。
　　(5) 我不怎么喜欢喝茶。

5. (1) 除了北京以外，别的城市我都没去过。
　　(2) 他病了，他怎么会来？
　　(3) 我觉得这篇作文稍微修改一下就行。
　　(4) 除了大行李以外，我还有两个小包。/ 除了两个小包以外，我还有大行李。
　　(5) 我没测过，有些人说不怎么准。

제13과

독해 1 확인 학습

1. ②　　　　　　　2. ②

독해 2 확인 학습

1. ①　　　　　2. ③　　　　　3. ②

연습 문제

1. (1) ③　　　　　　　(2) ②

듣기 내용

　　森林里每年都举办运动会，今年也有很多动物们参加。兔子碰见乌龟，说："乌龟，乌龟，咱们来赛跑，好吗？"看到乌龟不理他，兔子笑话乌龟："谁不知道你跑得最慢，你哪儿敢跟我比赛。乌龟，乌龟，爬爬爬，一早走出家门；乌龟，乌龟，走走走，晚上还在门口。"乌龟生气了："谁说我不敢！我们现在就比赛吧。"兔子一听，大笑起来："好，那咱们从这儿开始，看谁先跑到那边的那棵大树。一、二、三，开始！"

　　兔子跑得真快，一会儿就跑远了。它回头一看，乌龟才爬了一小段，想："我这么快就跑到终点的话，人家乌龟会感到多么丢脸呀！我在这儿先睡一觉，等他爬到这儿的时候再继续跑吧。"说完，兔子就躺在地上，闭上眼睛睡着了。乌龟慢慢地爬呀爬，等他爬到兔子身边，已经累得不行了。兔子还在睡觉，乌龟也想休息一会儿，可他知道，兔子跑得比他快，如果休息，哪儿有可能拿到第一呢。于是，他不停地往前爬、爬、爬，一边爬，一边想："谁说我赢不了兔子，我一定要坚持爬下去！"乌龟离大树越来越近了，只差几十步了，十几步了……

这时，周围的动物们都大叫起来："兔子兔子！人家快到终点了！别睡了！"兔子被叫醒后，向后一看，唉？乌龟怎么不见了？再往前一看，哎呀！乌龟马上就要爬到大树下了。兔子急忙向终点跑去，可已经来不及了，乌龟赢了。

2. (1) ✕　　　　(2) ✕　　　　(3) ○

듣기 내용
(1) A: 我们叫小王一起去看电影吧！
　　B: 人家在准备明天的面试呢！别打扰他。
(2) A: 这条裙子30块，这么便宜啊！
　　B: 哪儿啊！你看错了，哪儿有那么便宜的裙子啊！
(3) A: 对了，听说上海的冬天不那么冷。
　　B: 谁说上海的冬天不那么冷！上海的冬天湿冷，没有暖气，感觉特别冷。

3. (1) 最近我忙不过来，哪有时间去旅游？
　 (2) 人家在准备考试呢！别打扰她。

4. (1) 你怎么现在才来，人家等你半天了。
　 (2) 她哪儿不知道啊？
　 (3) 最近我忙不过来，我哪能休息两天？
　 (4) 这次假期，要么去云南大理，要么去海南岛，我都行。
　 (5) 谁说胡安最近不太用功！他一直很努力学习，这次口语考试取得了好成绩！

5. (1) 人家在写毕业论文呢！
　 (2) 谁知道他反对你的意见，我一直以为他会同意。
　 (3) 如果休息，哪儿有可能拿到第一呢。
　 (4) 今天下午，要么去捡跑，要么练书法，我都行。/ 今天下午，要么练书法，要么去捡跑，我都行
　 (5) 真是活到老，学到老啊！

제14과

단어 확인 학습

제8과
1. 好奇　　　　　　2. 敏感
3. 提问　　　　　　4. 名言
5. 故意

6. jì　　　　　　　7. shàng
8. dàiyù　　　　　 9. qínfèn
10. jīngguò

11. 뛰는 놈 위에 나는 놈이 있다
12. 혱 심하다, 대단하다
13. 동 보장하다, 확보하다
14. 동 ～할 용기가 있다, 과감하게 ～하다
15. 혼잣말을 하다

제9과
1. 据　　　　　　　2. 财富
3. 名胜古迹　　　　4. 显示
5. 团圆

6. fēnxī　　　　　 7. dùjià
8. zhǔchí　　　　　9. fùzhì
10. ruǎnjiàn

11. 노력은 뜻있는 사람을 저버리지 않는다
12. 부 제때에
13. 실수하다, 잘못하다
14. 명 시작점, 출발점
15. 혱 평범하다

제10과
1. 交代　　　　　　2. 减压
3. 有趣　　　　　　4. 截然不同
5. 实在

6. diàntī　　　　　7. gōnggào
8. wěiqu　　　　　 9. chōu//kòng
10. shùnxīn

11. 혱 외롭다, 쓸쓸하다
12. 동 예를 들다
13. 부 뜻밖에도, 의외로
14. 동 복수하다
15. 호흡을 가쁘게 몰아쉬다

1. 靠谱
2. 值得
3. 预约
4. 毅力
5. 戒烟

6. kǎoròu
7. jiéshěng
8. tíngzhǐ
9. jiǎnqīng
10. sān tiān dǎ yú, liǎng tiān shài wǎng

11. 휑 기름지다
12. 꾸준히 노력하면 어떤 일도 해낼 수 있다
13. 퉁 (기계를) 작동시키다
14. 퉌 ~부터, ~한 후
15. 퉁 기념으로 남기다

제12과
1. 修改
2. 凉爽
3. 判断
4. 类型
5. 防火

6. jùtǐ
7. zhǔn
8. suíyì
9. shāowēi
10. zhíjué

11. 호랑이도 제 말하면 온다
12. 그다지, 별로
13. 퉁 적응하다
14. 퉌 즉시, 바로
15. 전반적으로 말해서

제13과
1. 榜样
2. 甜蜜
3. 尤其
4. 业余
5. 万事如意

6. yāoqǐng
7. tán liàn'ài
8. liǎobuqǐ
9. jǔbàn
10. huīhuáng

11. 배움의 길은 끝이 없다
12. 퉁 체면이 깎이다, 창피 당하다
13. 퉁 실패(패배)를 인정하다
14. 휑 습하고 차다
15. 마음이 절실하면 이뤄진다

문장 확인 학습

제8과

- Wǒmen yídìng yào zhǎodào tā, hǎo xiàng tā biǎoshì gǎnxiè.
  우리는 꼭 그를 찾아야 한다. 그에게 감사를 표하기 위해서.

- Duìyú biéren de píngjià, tā biǎoxiàn de guòyú mǐngǎn.
  다른 사람들의 평가에 대해 그녀는 지나치게 민감하게 반응한다.

- Duìyú nǐ tíchū de jiànyì, dàjiā rènwéi hěn yǒu jiàzhí.
  네가 제시한 건의에 대해 모두가 매우 가치가 있다고 생각한다.

- 为了确保安全，请系好安全带。
  안전을 위해 안전벨트를 매주세요.

- 他为这件事非常高兴。
  그는 이 일로 무척 기뻤다.

- 天外有天，人外有人，比我们厉害的人很多。
  뛰는 놈 위에 나는 놈이 있다고. 우리보다 대단한 사람은 많다.

제9과

- Tā yí ge rén jiù fānyì le sānshí duō yè, wǒmen liǎ cái fānyì le èrshí yè.
  그는 혼자서 30여 쪽을 번역했는데, 우리 둘은 겨우 20쪽을 번역했다.

- Wúlùn rénmen lí jiā yǒu duō yuǎn, dōu huì gǎn huí jiā hé jiārén, péngyou jùzài yìqǐ.
  사람들은 집에서 아무리 멀리 떨어져 있어도, 다들 집으로 돌아가 가족 친구와 함께 모인다.

- Jù diàochá jiéguǒ xiǎnshì, dàjiā dōu zhīchí zhè xiē yìjiàn.
  조사 결과에 따르면, 모두 이러한 의견들을 지지하는 것으로 나타났다.

- 拿饮食习惯来看，中国南北方有很大的不同。
  식습관을 놓고 보자면. 중국의 남방과 북방은 큰 차이가 있다.

- 不管刮风下雨，我也要骑自行车上班。
  비가 오나 눈이 오나 나는 자전거를 타고 출근하고자
  한다.

- 功夫不负有心人，只要你继续努力，就一定
  能成功。
  꾸준히 노력하면 어떤 일도 해낼 수 있으니, 네가 계속
  노력하면 분명 성공할 수 있다.

제10과

- Nà ge rén, wǒ rènshi le.
  그 사람을 나는 안다.

- Dāng tiānqì qínglǎng shí, wǒ xǐhuan zuòzài
  yángtái shang shài tàiyáng.
  날씨가 맑을 때, 나는 발코니에 앉아 햇볕 쬐는 것을
  좋아한다.

- Nǎpà shì yí jiàn xiǎo shì, wǒ yě yào rènzhēn
  duìdài.
  비록 작은 일이라 해도, 나는 진지하게 대할 것이다.

- 不要不开心，笑一笑，十年少，不顺心的事
  情都会过去的。
  속상해 하지마, 낙천적으로 살아야 해. 마음에 들지 않
  은 일은 모두 지나갈 거야.

- 这些东西全不是我的。
  이 물건들은 전부 내 것이 아니다.

- 这些东西不全是我的。
  이 물건들이 전부 내 것은 아니다.

제11과

- Wǒ cóng méi qù guo Yúnnán, tīngshuō nàli
  de fēngjǐng fēicháng měi.
  나는 아직까지 윈난에 가 본 적이 없는데, 듣자 하니
  그곳의 풍경이 매우 아름답다고 한다.

- Zhè jiā cāntīng de kǎoròu hěn bù hǎochī, tài
  yìng le.
  이 식당의 불고기는 정말 맛이 없다. 너무 질기다.

- Zhè ge xiāoxi gēnběn bú kàopǔ, nǐ yào
  shènzhòng kǎolǜ yíxià.
  이 소식은 전혀 믿을 만하지 않으니, 너는 신중히 생각
  해야 한다.

- 三天打鱼，两天晒网，做什么都不会成功的。
  사흘간 물고기를 잡고, 이틀간 그물을 말리는 식으로
  하면, 뭘 해도 성공할 수 없다.

- 自他走后，我们就一直没有联系过。
  그가 떠난 뒤, 우리는 줄곧 연락하지 않았다.

- 甜的吃多了对身体很不好，要少吃甜品！
  단 걸 많이 먹으면 몸에 몹시 안 좋으니, 단 걸 적게 먹
  어야 한다!

제12과

- Zhè ge shǒujī APP wǒ bù zěnme yòng.
  이 휴대폰 APP을 나는 별로 사용하지 않는다.

- Nǐ bú gàosu wǒ, wǒ zěnme zhīdào!
  네가 알려주지 않는데 내가 어떻게 알겠니!

- Jiàqian shāowēi guì le diǎnr, néng bu néng
  zài piányi yìdiǎnr?
  가격이 좀 비싼데, 좀 더 싸게 해 주실 수 없나요?

- 我们正说起你呢，真是说曹操，曹操就到。
  우리 마침 네 이야기를 하고 있는데, 정말 호랑이도 제
  말 하면 오는구나.

- 除了瑜伽以外，我还喜欢爬山。
  요가 외에 나는 등산하는 것도 좋아한다.

- 他是我们班的同学，我怎么不认识他！
  그는 우리 반 친구인데, 내가 어떻게 그를 모르겠니!

제13과

- Rénjia zuòdào de, wǒmen wèishéme zuò bú
  dào?
  다른 사람들이 하는 걸 우리가 왜 못 하겠는가?

- Rúguǒ xiūxi, nǎr yǒu kěnéng nádào dì yī ne?
  쉬면 어떻게 1등을 할 수 있겠는가?

- Míngtiān wǒmen jùhuì de shíhou, yàome chī
  Shāndōngcài, yàome chī Sìchuāncài, wǒ dōu
  xíng.
  내일 우리 모일 때, 산동 요리를 먹든지, 쓰촨 요리를
  먹든지, 나는 다 좋다.

- 爷爷七十岁开始学日语，真是活到老，学到
  老啊！
  할아버지는 70세에 일본어를 배우기 시작하셨다. 정말
  배움의 길은 끝이 없다!

- 谁说不是呢? 누가 아니래?

- 我的座右铭是"活到老，学到老"，所以我
  会不断学习!
  제 좌우명은 '배움에는 끝이 없다'에요. 그래서 저는 끊
  임없이 배우고자 합니다!

주요 표현 확인 학습

제8과

① 好　　　　　② 为
③ 对于　　　　④ 对
⑤ 为了

제9과

① 才　　　　　② 凭
③ 不管　　　　④ 都
⑤ 据

제10과

① 当　　　　　② 哪怕
③ 全没　　　　④ 没全
⑤ 也

제11과

① 根本　　　　② 自
③ 从不　　　　④ 很不
⑤ 不太

제12과

① 除了　　　　② 怎么
③ 稍微　　　　④ 不怎么
⑤ 都

제13과

① 谁　　　　　② 哪
③ 要么　　　　④ 哪儿啊
⑤ 哪里哪里